全过程工程咨询指南丛书

天津理工大学
中国建设监理协会 组织编写
一砖一瓦科技有限公司

城市公共建筑开发与建设项目
全过程工程咨询
实施指南

下册：高星级酒店

主编：陈丽玲　陆鑫　李美　张静　乔俊杰　朱成爱
主审：尹贻林
主编单位：天津理工大学　云南晨翔工程管理咨询有限公司

中国建筑工业出版社

图书在版编目（CIP）数据

城市公共建筑开发与建设项目全过程工程咨询实施指南.下册,高星级酒店/陈丽玲等主编.—北京：中国建筑工业出版社，2020.9

（全过程工程咨询指南丛书）

ISBN 978-7-112-25465-1

Ⅰ.①城⋯ Ⅱ.①陈⋯ Ⅲ.①饭店—建筑工程—咨询服务—指南 Ⅳ.①F407.9-62

中国版本图书馆CIP数据核字（2020）第264265号

本书编委会

下册：高星级酒店

主　编：陈丽玲　陆　鑫　李　美　张　静　乔俊杰
　　　　朱成爱
主　审：尹贻林
主编单位：
　　　　天津理工大学
　　　　云南晨翔工程管理咨询有限公司
编　委：陆　鑫　李　美　张　静　乔俊杰　朱成爱
　　　　刘　贺　穆昭荣　樊莹莹　李佳恬　程　露
　　　　肖婉怡　董　然　高明娜　宋海波　程　帆
　　　　毛慧敏
编写人：
　　　　第1章：陆　鑫　刘　贺　穆昭荣
　　　　第2章：陆　鑫　樊莹莹　毛慧敏
　　　　第3章：陆　鑫　李佳恬　程　露　肖婉怡
　　　　第4章：陆　鑫　董　然　高明娜
　　　　第5章：朱成爱
　　　　第6章：陆　鑫　宋海波　程　帆

目 录
CONTENTS

第1章 高星级商务酒店项目决策阶段

1.1 可行性研究报告的编审 ·········· 229
- 1.1.1 可行性研究报告的编制依据 ·········· 229
- 1.1.2 可行性研究报告编制标准及深度 ·········· 229
- 1.1.3 可行性研究报告编制的内容 ·········· 230
- 1.1.4 建筑类政府投资项目可行性研究报告评审重点 ·········· 232

1.2 目标市场调查与可行性分析 ·········· 237
- 1.2.1 区域市场的社会环境调查 ·········· 237
- 1.2.2 客源构成与市场需求调查 ·········· 244
- 1.2.3 综合技术指标的评价与分析 ·········· 245

1.3 酒店的功能定位分析 ·········· 246
- 1.3.1 星级商务酒店类型 ·········· 246
- 1.3.2 星级商务酒店规模 ·········· 247
- 1.3.3 星级商务酒店功能设置 ·········· 248

1.4 酒店的选址区域分析 ·········· 249
- 1.4.1 选址策划 ·········· 249
- 1.4.2 交通位置 ·········· 251
- 1.4.3 地理位置 ·········· 252

1.5 建筑规划与设计分析 ·········· 252
- 1.5.1 建筑设计 ·········· 253
- 1.5.2 功能规划与设计 ·········· 254
- 1.5.3 设施设备规划与设计 ·········· 254

1.5.4　室内环境规划与设计 ……………………………………… 256
1.6　酒店运营管理方案分析 …………………………………………… 257
　　1.6.1　特许经营 …………………………………………………… 257
　　1.6.2　委托管理 …………………………………………………… 258
　　1.6.3　合作经营 …………………………………………………… 259
　　1.6.4　自主经营 …………………………………………………… 259
　　1.6.5　租赁经营 …………………………………………………… 260
　　1.6.6　顾问管理 …………………………………………………… 261
1.7　商务酒店项目目标成本分析 ……………………………………… 262

第 2 章　高星级商务酒店项目勘察阶段

2.1　勘察文件编审内容 ………………………………………………… 269
2.2　岩土勘察报告审核内容 …………………………………………… 271
　　2.2.1　基坑工程 …………………………………………………… 271
　　2.2.2　勘察点布置要求 …………………………………………… 272
　　2.2.3　勘探深度 …………………………………………………… 272
　　2.2.4　取土试样和进行原位测试 ………………………………… 272
　　2.2.5　桩基岩土工程勘察 ………………………………………… 273
　　2.2.6　专项地质勘查 ……………………………………………… 273
　　2.2.7　地下水位量测 ……………………………………………… 274
2.3　高层建筑岩土工程勘察要点 ……………………………………… 289
　　2.3.1　勘察深度 …………………………………………………… 289
　　2.3.2　基础承载力 ………………………………………………… 289
　　2.3.3　基坑挖掘 …………………………………………………… 289
　　2.3.4　水文地质勘察 ……………………………………………… 290
2.4　高层建筑岩土工程勘察重点 ……………………………………… 290
　　2.4.1　勘察孔深 …………………………………………………… 290
　　2.4.2　勘察钻孔间距 ……………………………………………… 290
　　2.4.3　原位测试 …………………………………………………… 290
　　2.4.4　室内试验 …………………………………………………… 291
2.5　高层建筑岩土工程勘察难点 ……………………………………… 291
　　2.5.1　水文信息的收集 …………………………………………… 291

2.5.2 试样采集等级低 ······ 291
　　2.5.3 抗震要求 ······ 291
　　2.5.4 受力复杂 ······ 292
　　2.5.5 勘察流程复杂 ······ 292
　　2.5.6 限制条件多 ······ 292
2.6 勘察阶段桩基工程造价影响因素及控制措施分析 ······ 292
　　2.6.1 桩基的概述 ······ 293
　　2.6.2 桩基造价影响因素分析 ······ 295
2.7 勘察阶段基坑支护工程造价影响因素及控制措施分析 ······ 297
　　2.7.1 基坑支护的特点 ······ 297
　　2.7.2 基坑支护的适用范围 ······ 298
　　2.7.3 基坑支护造价影响因素分析 ······ 299
　　2.7.4 设计阶段基坑支护造价控制措施 ······ 300

第3章 高星级商务酒店项目设计阶段

3.1 高星级商务酒店概述 ······ 302
3.2 酒店建筑设计原则 ······ 304
　　3.2.1 融合总体环境 ······ 304
　　3.2.2 创造突出形象 ······ 305
　　3.2.3 寻找独特风格 ······ 306
　　3.2.4 把握经济标准 ······ 306
　　3.2.5 保证酒店安全 ······ 307
3.3 酒店建筑设计理念 ······ 308
　　3.3.1 高星级酒店建筑设计分类 ······ 308
　　3.3.2 高星级酒店总体布局分类 ······ 308
　　3.3.3 高星级酒店大堂设计理念 ······ 320
　　3.3.4 高星级酒店功能要素配置 ······ 321
3.4 酒店各功能区域设计 ······ 328
　　3.4.1 酒店规模面积配比 ······ 328
　　3.4.2 酒店客房面积指标 ······ 329
　　3.4.3 酒店大堂设施指标 ······ 332
　　3.4.4 酒店宾客服务区指标 ······ 333

3.4.5 酒店休闲活动区指标 —— 334
　　　3.4.6 酒店附属设施指标 —— 335
　3.5 高星级酒店经济技术指标 —— 336
　　　3.5.1 五星级酒店（超高层）造价估算指标 —— 336
　　　3.5.2 四星级酒店造价估算指标 —— 340
　　　3.5.3 三星级酒店造价估算指标 —— 344
　3.6 酒店设计阶段审查点 —— 347
　　　3.6.1 设计任务书的编制 —— 347
　　　3.6.2 方案设计审查 —— 349
　　　3.6.3 初步设计审查 —— 350
　　　3.6.4 设计图纸审核 —— 350
　3.7 酒店项目设计优化 —— 363
　　　3.7.1 价值规划 —— 363
　　　3.7.2 成本优化 —— 365

第4章 高星级商务酒店项目招标采购阶段

4.1 招标采购管理概述 —— 371
　　4.1.1 招标采购管理的目标 —— 371
　　4.1.2 招标采购管理的组织架构 —— 372
　　4.1.3 招标策划的工作内容 —— 373
4.2 招标采购前期策划 —— 374
　　4.2.1 招标方式的选择 —— 374
　　4.2.2 发包模式的确定 —— 377
　　4.2.3 材料采购招标 —— 382
　　4.2.4 项目标段的划分 —— 383
　　4.2.5 承包商的选择 —— 394
4.3 招标采购过程管理 —— 413
　　4.3.1 招标采购计划编制 —— 413
　　4.3.2 项目采购计划的编制 —— 420
　　4.3.3 招采阶段评标办法 —— 423

第5章 高星级商务酒店项目施工阶段

5.1 高星级商务酒店施工重难点分析 ………………………………… 429
- 5.1.1 幕墙工程施工策划方案 ………………………………… 429
- 5.1.2 机电工程施工策划方案 ………………………………… 443

5.2 施工阶段进度管理 ………………………………………………… 447
- 5.2.1 项目进度管理策划 ……………………………………… 447
- 5.2.2 项目进度控制工具 ……………………………………… 450
- 5.2.3 项目进度管控要点 ……………………………………… 454
- 5.2.4 项目进度管控措施 ……………………………………… 467

5.3 施工阶段质量管理 ………………………………………………… 468
- 5.3.1 项目质量管理策划 ……………………………………… 468
- 5.3.2 项目质量控制方法 ……………………………………… 471
- 5.3.3 项目质量管控要点 ……………………………………… 474
- 5.3.4 项目质量管控措施 ……………………………………… 488

5.4 施工阶段投资管理 ………………………………………………… 494
- 5.4.1 项目投资管理策划 ……………………………………… 494
- 5.4.2 项目投资管控措施 ……………………………………… 496

5.5 施工阶段安全管理 ………………………………………………… 525
- 5.5.1 项目安全管理策划 ……………………………………… 525
- 5.5.2 项目安全管理方法 ……………………………………… 528
- 5.5.3 项目安全管理要点 ……………………………………… 529
- 5.5.4 项目安全管控措施 ……………………………………… 540

5.6 酒店工程专项施工方案 …………………………………………… 551
- 5.6.1 酒店大堂施工重难点解决方案 ………………………… 551
- 5.6.2 酒店客房施工重难点解决方案 ………………………… 559

第6章 高星级商务酒店项目竣工阶段

6.1 竣工阶段组织模式 ………………………………………………… 569
6.2 竣工阶段工作内容 ………………………………………………… 569
- 6.2.1 高星级酒店项目竣工验收管理 ………………………… 572
- 6.2.2 高星级酒店项目竣工结算管理 ………………………… 572

6.2.3 高星级酒店项目竣工资料管理 ………………………… 572
6.2.4 高星级酒店项目竣工移交管理 ………………………… 572
6.2.5 高星级酒店项目竣工决算管理 ………………………… 573
6.2.6 高星级酒店项目工程维护期管理 ……………………… 573

第1章 高星级商务酒店项目决策阶段

1.1 可行性研究报告的编审

1.1.1 可行性研究报告的编制依据

可行性研究的依据主要有：

①项目建议书（初步可行性研究报告），对于政府投资项目还需要项目建议书的批复文件。

②国家和地方的经济和社会发展规划、行业部门的发展规划，如江河流域开发治理规划、铁路公路路网规划、电力电网规划、森林开发规划以及企业发展战略规划等。

③有关法律、法规和政策。

④有关机构发布的工程建设方面的标准、规范、定额。

⑤拟建场（厂）址的自然、经济、社会概况等基础资料。

⑥合资、合作项目各方签订的协议书或意向书。

⑦与拟建项目有关的各种市场信息资料或社会公众要求等。

⑧有关专题研究报告，如市场研究、竞争力分析、场（厂）址比选、风险分析等。

1.1.2 可行性研究报告编制标准及深度

可行性研究的成果是可行性研究报告。可行性研究及其报告应达到以下深度要求：

①可行性研究报告应达到内容齐全、数据准确、论据充分、结论明确的要求，以满足决策者定方案、定项目的需要。

②可行性研究要以市场为导向，围绕增强核心竞争力做工作，以经济效益

或投资效果为中心，最大限度地优化方案，提高投资效益或效果。对项目可能的风险做出必要的提示。

③可行性研究中选用主要设备的规格、参数应能满足预订货的要求。引进技术设备的资料应能满足合同谈判的要求。

④可行性研究中的重大技术、财务方案应有两个以上方案的比选。

⑤可行性研究中确定的主要工程技术数据应能满足项目初步设计的要求。

⑥可行性研究阶段对投资和成本费用的估算应采用分项详细估算法，投资估算的准确度应能满足决策者的要求。

⑦可行性研究确定的融资方案应能满足项目资金筹措及使用计划对投资数额、时间和币种的要求，并能满足银行等金融机构信贷决策的需要。

⑧可行性研究报告应反映可行性研究过程中出现的对某些方案的重大分歧及未被采纳的理由，以供决策者权衡利弊进行决策。

⑨可行性研究报告应符合国家、行业、地方或公司有关法律、法规和政策，符合投资方或出资人有关规定和要求，应附有可供评估、决策审批所必需的合同、协议和城市规划、土地使用、资源利用、节约能源、环境保护、水土保持、交通运输等相关主管部门的意见，出具相应行政许可文件。报告中采用的法规文件应是最新的和有效的。

1.1.3 可行性研究报告编制的内容

项目可行性研究的内容，因项目性质不同、行业特点而异，可行性研究的重点是研究论证项目建设的可行性，必要时还需要进一步论证项目建设的必要性，项目的可行性研究其内容主要包括：

（1）项目建设的必要性

要从两个层次进行分析，一是结合项目功能定位，分析拟建项目对实现企业自身发展，满足社会需求，促进国家、地区经济和社会发展等方面的必要性；二是从国家发展战略、规划、政策角度，分析拟建项目是否符合合理配置和有效利用资源的要求，是否符合区域规划、行业发展规划、城市规划的要求，是否符合国家产业政策和技术政策的要求，是否符合保护环境、可持续发展的要求等。

（2）市场与竞争力分析

调查、分析和预测拟建项目产品（或服务）和主要投入产品的国际、国内市场的供需状况和销售价格；研究确定产品的目标市场；在竞争力分析的基础上，预测可能占有的市场份额；研究产品的营销策略，提出市场风险。

（3）建设方案

主要包括产品方案与建设规模，工艺技术和主要设备方案，场（厂）址，主要原材料、辅助材料、燃料供应，总图运输和土建方案，公用工程，节能、节水措施、环境保护治理措施方案，安全、职业卫生措施和消防设施方案，项目的组织机构与人力资源配置等。对于政府投资项目，还应包括招标方案和代建制方案等，提出技术、装备、环境、安全等相关风险。

（4）投资估算与融资方案

在确定项目建设方案工程量的基础上估算项目的建设投资，分别估算建筑工程费、设备购置费、安装工程费、工程建设其他费用、基本预备费、涨价预备费，还要估算建设期利息和流动资金。在投资估算确定融资额的基础上，研究分析项目的融资主体，资金来源的渠道和方式，资金结构及融资成本、融资风险等。结合融资方案的财务分析，比较、选择和确定融资方案。

（5）财务分析（也称财务评价）与经济分析

按规定科目详细估算营业收入和成本费用，预测现金流量；编制现金流量表等财务报表，计算相关指标；进行财务盈利能力、偿债能力分析以及财务生存能力分析，评估项目的财务可行性。对于财务现金流量不能全面、真实地反映其经济价值的项目，应进行经济分析。从社会经济资源有效配置的角度，识别与估算项目产生的直接和间接的经济费用与效益，编制经济费用效益流量表，计算有关评价指标，分析项目建设对社会经济所做出的贡献以及项目所耗费的社会资源，评价项目的经济合理性。对于非营利性项目以及基础设施、服务性工程等，主要分析投资效果以及财务的可持续性，提出项目持续运行的条件。

（6）经济影响分析

对于行业、区域经济及宏观经济影响较大的项目，还应从行业影响、区域经济发展、产业布局及结构调整、区域财政收支、收入分配以及导致垄断可能性等角度进行分析。对于涉及国家经济安全的项目，还应从产业技术安全、资源供应安全、资本控制安全、产业成长安全、市场环境安全等角度进行分析。

（7）资源利用分析

对于高耗能、高耗水、大量消耗自然资源的项目，如石油和天然气开采、石油加工、发电等项目，应分析能源、水资源和自然资源的利用效率；一般项目也应进行节能、节水、节地、节材分析；所有项目都要提出降低资源消耗的措施。

（8）土地利用及移民搬迁安置方案分析

对于新增建设用地的项目，应分析项目用地情况，提出节约用地措施。涉搬迁和移民的项目，还应分析搬迁方案和移民安置方案的合理性。

（9）社会评价或社会影响分析

对于涉及社会公共利益的项目，如农村扶贫项目，要在社会调查的基础上分析拟建项目的社会影响，分析主要利益相关者的需求和对项目的支持和接受程度，分析项目的社会风险，提出需要防范和解决社会问题的方案。

（10）风险分析

对项目主要风险因素进行识别，采用定性和定量分析的方法估计风险程度，研究提出防范和降低风险的对策措施。

建设项目环境影响评价、安全预评价和节能评估是由环境影响评价机构、安全预评价、节能评估机构具体执行的，是与项目可行性研究工作并行的重要工作。可行性研究报告项目建设方案中提出的环境保护治理、保障建设和运行安全以及节能的措施与方案，应充分体现环评、安评和能评的具体要求。

通常情况下，可行性研究报告是编制项目申请书的基础，上述内容是针对列入《核准目录》的企业投资项目设置的，对于备案的企业投资项目，其可行性研究报告的内容可以进行适当简化或调整。

1.1.4 建筑类政府投资项目可行性研究报告评审重点

建筑类政府投资项目是政府投资的一个重要内容，针对此类政府投资项目的特点，就其可行性研究报告评审的要点进行简要分析。

1. 评审的总体要求

①认真审核可行性研究报告中反映的各项情况是否属实。

②分析项目可行性研究报告中各项指标计算是否正确，包括各种参数、基础数据、定额费率的选取。

③国家和社会等方面综合分析和判断工程项目的经济效益和社会效益。

④分析和判断项目可行性研究的可靠性、真实性和客观性，最终提出项目建设是"可行的""基本可行的""不可行的"或"暂缓建设"的结论性意见。

2. 建筑类政府投资项目评审要点

（1）必要性的评审

①是否对项目建设的实际需求进行了调查和分析论证。

②是否对项目相关的规划目标进行了分析评价。

③是否从社会经济发展战略规划的角度，对项目目标的功能定位进行了分析论证。

（2）场址选择的评审

评审可研报告是否在项目建议书提出的场址初选方案的基础上，进一步落实各项建设条件，并加以分析论证，确定用地面积和界限。主要需要评审的建设条件有：

①项目是否通过规划、国土、环评等预审。

②场址所在地和周边环境对拟建项目性质、规模是否适当。

③场址自然条件，包括地形、地貌、地震设防等级、水文地质、气象条件等是否适合本项目建设。

④城市基础设施条件，包括给水排水、供电、供气、供热、通信、交通等是否能满足本项目需要。

⑤地上建筑的动迁情况是否影响项目建设。

⑥地上古迹、地下文物、资源、矿产等情况是否影响拟建项目建设及处理方案。

（3）建设规模的评审

根据政府对项目立项批复的建设总目标、功能定位和建设规模的控制数，依据有关规范、规定指标或参考实践经验测算、论证可研报告提出的建设规模，即总建筑面积及其总体框架是否科学合理。评审总体框架包含的各组成子项，或各功能板块、各功能区的划分和整合是否合理并成为有机整体。

评审可研报告按各部分功能用房分类测算相互适应的分项建筑面积是否合理，例如行政办公楼、含办公用房（办公和办公辅助用房）、特殊业务用房、设备用房、附属用房、警卫用房、人防等将其分别列出所需的建筑面积。

建设规模的评审要重点审查采用的依据是否充分，是否经过调查研究和科学论证。有规范指标规定的，是否结合项目实际情况进行了测算，如办公楼中各级办公人员的办公用房、办公辅助用房、警卫人员用房以及人防、食堂、车库等均有面积指标可查，卫生间洁具的数量、走道宽度、大厅面积也都有规范限制，设备用房根据公用专业选用的设备方案也可测得需用面积，可以说大部分均可以找到依据。调查研究和科学论证是指那些目前还缺乏依据的，例如办公楼中一些特殊业务用房等，是否实地调查其使用要求，并根据过去的使用经验分析论证当前和今后之所需，实事求是地确定其面积。

建筑面积测算结果是否列出分类说明，评审应采用综合指标对比检验是否适合。在实际工作中，往往出现"建筑规模过大"和"建设标准过高"的问题，而"规模大小"和"标准高低"都是相对的，首先必须有个评价标准，才能以理服人。这个标准便是各类公益性项目对口的主管部门,如文化部、教育部、卫生部、体育总局等会同国家发展改革委、住房和城乡建设部制定的有关规定、指标体系。其次,掌握好标准并处理好现实条件与前瞻性之间的辩证关系。各类项目虽属同一类别,但之间还是有差别的,不能用一个标准,至少有上限、下限之别。还有就是项目各自有不同的具体情况,如使用要求、周围环境等。因此,要"适度"掌握标准,各有关方面必须本着实事求是的态度,分析项目实际情况,共同商量。"适度"就是因地制宜,区别对待,该高则高,该低则低,充分结合当前国情,贯彻国家政策并考虑国家、地区的整体经济水平。

(4)建设方案的评审

评审可研报告是否根据立项批准的项目建设总目标、功能定位,经认真测算建筑面积并提出建设方案。建设方案包括工艺方案、总体规划方案、建筑结构方案、各公用专业方案等。

1)总平面布局的评审要点

①是否符合有关主管部门提出的控制指标,例如总建筑面积、建筑控制高度、容积率、绿化率、机动车车位数、自行车车位数、主要出入口。

②是否处理好了人流、物流、车流等交通路线的规划布置,以及规划消防车道是否符合消防规范要求。

③是否结合地形地貌、周边环境以及项目使用特点、工艺流程要求,合理地布局各功能分区和各子项工程。

④如为改扩建工程,是否充分利用原有建筑和设施,是否充分考虑新增和原有室外管线的拆改、拆接方案。

2)建筑结构方案的评审要点

①应明确设计指导思想和实用、经济、安全、美观的原则,进行多方案比较。评审可研报告是否以满足使用功能要求,确保结构安全,保护生态环境,与周边氛围协调、节能降耗、节约建设投资为基本立足点。

②评审设计方案是否符合有关规范规定,是否合理地确定了建筑结构的安全等级、使用年限、抗震设防类别、人防抗力等级等。

③评审是否科学地处理了单体工程功能分区,空间布局,建筑造型以及平、立、剖面之间的关系,减少辅助空间,降低建筑系数,以期获得最佳组合效果。

④评审是否针对项目情况,对基础、地上结构方案进行方案比较。例如,有的高层建筑由于场地限制、施工周期短等因素,对于采用的钢筋混凝土结构或钢结构可进行技术经济分析。

⑤对于利用原有建筑或购置二手房进行改扩建的项目，评审其是否具有房屋结构鉴定书和房屋价位评估报告，并应审核其改扩建方案是否合理地利用了原有建筑。

3）公用工程和信息化、智能化系统工程设计方案的评审要点：

①公用工程包括空调暖通、给水排水、供电、供热、供气、通信等工程。

②评审公用工程设计方案是否包括需用量（水、电、气、热力等）测算及供应方案、系统框架设计和设备选用，是否提出了主要设备清单及其价格。

③信息化、智能化系统是现代化建筑的重要组成部分，评审是否根据项目性质、使用特点和需求进行了配置。

（5）项目实施方案的评审

在对项目建设方案评审论证的基础上，根据项目性质，对项目的组织实施方案进行评审论证，以保证项目能够顺利和有效实施。重点评审以下内容：

1）项目实施进度计划分析；

2）项目法人组建及运营组织机构模式评价；

3）项目人力资源配置方案及人员培训计划评价；

4）项目实施招投标方案评价。

项目实施进度评审，应评审项目建设工期是否科学合理，是否符合项目建设的实际需要；评审各阶段工作量所需时间和时序安排衔接是否合理，分析实施进度表（横线图）的制定是否合理。

对于政府直接拨款投资的项目，应重视招标方案评价，应按照《中华人民共和国招投标法》和《中华人民共和国政府采购法》等政策法规要求，重点评审以下内容：

①需要招标的内容。根据有关规定，全部使用国有资金投资或国有资金投资占控股或占主导地位的项目和重点项目应当公开招标。在项目实施过程中需要进行招标采购的内容，包括工程勘察设计、施工监理服务、工程承包、设备材料供应等，应按照有关规定分析是否存在重大遗漏等。

②招标方式。评价采取自主组织还是委托招标代理机构进行公开招标或邀请招标，选用的招标方式是否合理。

（6）总投资估算和资金来源的评审

1）总投资估算的评审要点：

①评审总投资估算的组成是否完整、是否符合规范要求。例如，是否应包括土地征用及拆迁安置费、建筑安装工程费用、设备费用、其他费用和预备费用等。

②评审总投资估算的准确性和合理性，分析论证投资估算依据和采用国家和当地政府颁布的现行标准定额的准确性，分析和论证是否有重复计算和漏项，分析投资估算精度是否能满足控制初步设计总概算的要求。

③评审设备单价的确定是否有充分的依据，是否说明供应商的咨询报价参照了同类工程的实际成本价，尤其对大型、精密设备仪器和采购量大的设备仪器更需进行认真论证。

④凡是投资额大的费用，如征地拆迁费、绿地补偿费、市政基础设施费的确定，应评审其是否具有明确的依据和相关协议文件。

⑤针对项目特点和可能发生的问题，是否提出控制项目投资的主要对策，确保总投资控制在政府批准的额度内。

2）资金筹措方案的评审：

资金筹措方案评审是政府投资项目可研评审的重要内容，应评价拟建项目采用的政府投入方式的合理性。对于资金来源可靠性的评价，主要应评价其能否按项目所需投资得到足额、及时的资金供应，即评价政府出资、地方政府配套投资、项目法人单位自筹资金等各类投入资金在币种、数量和时间安排上能否满足项目建设需要。中央及地方政府配套政府投资，应通过分析项目是否符合政府投资的支持对象，是否纳入了本年度政府投资计划等，分析其可靠性。除政府拨款外，自筹部分应说明来源、数量和可靠性，必要时提供相关证明材料。

（7）社会效益分析

政府财政拨款投资项目具有较强的社会发展目标，涉及扶贫、区域综合开发、文化教育、体育、公共卫生等，应重点评审社会影响分析和评价，是否在社会调查的基础上识别关键利益相关者，分析主要利益相关者的需求、对项目的支持意愿、目标人群对项目内容的认可和接受程度；评价投资项目的社会影响，并在确认有负面影响的情况下，阐明需要解决的社会问题及解决方法，提出减轻负面社会影响的对策措施。

综上所述，各类可行性研究报告内容侧重点差异较大，重点评估下面几项可行性论证。

1）投资的可行性

主要根据市场调查及预测的结果以及有关的产业政策等因素，论证项目投资建设的必要性。

2）技术的可行性

主要从项目实施的技术角度，合理设计技术方案，并进行比选和评价。

3）财务的可行性

主要从项目及投资者的角度设计合理的财务方案，从企业理财的角度进行资本预算，评价项目的财务盈利能力，进行投资决策，并从主体（企业）的角度评价股东投资收益、现金流量计划及清偿能力。

4）组织的可行性

制定合理的项目实施进度计划、设计合理的组织机构、选择经验丰富的管理人员、建立良好的协作关系、制定合适的培训计划等，保证项目顺利执行。

5）经济的可行性

从资源配置的角度衡量项目的价值，评价项目在实现区域经济发展目标、有效配置经济资源、增加供应、创造就业、改善环境、提高人民生活等方面的效益。

6）社会可行性

分析项目对社会的影响，包括政治体制、方针政策、经济结构、法律道德、宗教民族、妇女儿童及社会稳定性等。

7）风险因素控制的可行性

对项目的市场风险、技术风险、财务风险、组织风险、法律风险、经济及社会风险等因素进行评价，制定规避风险的对策，为项目全过程的风险管理提供依据（表1-1）。

1.2 目标市场调查与可行性分析

1.2.1 区域市场的社会环境调查

区域环境调查分析是在项目所在区的区域经济政策的环境背景下，从该区的地理位置、区域特征、自然环境和发展规划四个方面进行的调查分析，并涵盖繁荣程度、商圈分布状况、文化氛围、居民素质、交通状况、基础设施建设程度、安全保障程度等方面的影响因素。

酒店改造建设项目具有以酒店为主的商务综合型商业综合体的特征，结合房地产项目市场环境调查理论，有针对性地开展调查。

（1）城市宏观经济调查：城市经济发展水平、开发区经济发展水平、增长能力、人口增长情况、消费结构和水平。

（2）政策环境调查：国家在青岛城市建设的相关政策（鼓励扶持与限制等）、开发区在城市建设发展中的战略地位、城市规划中的功能分区（划分）以及相关的房地产政策。

（3）社会环境调查：居民收入情况、社会就业率、居民素质、国家关系等方面。

高星级酒店项目可行性研究阶段评审要点

表 1-1

指标层	分指标层	评审要点	审查标准及依据	评价指标	评价标准参考标准
可行性研究阶段评价指标	初步可行性研究阶段评价指标	酒店项目建设必要性评审	项目建设分析的全面性：报告是否结合项目现状及面临的问题、项目相关发展规划等，从宏观、微观等各个层面、各个角度对项目建设的必要性进行分析。 依据的充分性、有效性：报告是否符合各相关法律法规、宏观调控政策、产业政策等规定，是否符合项目相关的各类规划要求，是否满足行业准入标准，自主创新局优化、重大布局优化。 结论的合理性：评估可行性研究报告必要性结论得出是否合理	材料搜集是否齐全	资料搜集齐全，充分满足需要 资料收集基本能满足需要 搜集不全，不能满足需要
		酒店项目需求分析评审	评估初步可行性研究报告对项目需求的分析论证，面临的问题、考虑的问题是否全面；分析过程所采用的依据是否充分、有效；分析方法是否科学、分析是否客观，结论是否合理等。评估要解满足社会需求和可持续发展的要求，是否有适当扩展空间，项目的目标和功能是否合理	材料考察是否到位	现场考察充分、到位，能满足后续工作要求 基本满足要求 考察不到位，需要补充考察
		酒店建设内容、规模与建设标准合理性评审	根据国家有关法律、法规、相关政策文件、行业技术规程、行业政策和评估专家意见、现场踏勘结果和评估专家意见，对拟建项目是否能够解决项目兴建前遇到的问题和实际需要；项目建设目标、功能和内容是否紧密结合了当地发展规划和标准是否符合相关行业规范、项目建设规模和标准是否符合相关行业规范、评估其建设内容、规模与建设标准的合理性，并提出评估及调整意见		
		项目建设选址及用地规模的合理性评审	对该项目建设地点、场址土地权属类别及用地周边条件等方面进行分析，土地利用地方案是否符合有关法律法规的要求；评估项目建设用地是否符合项目土地利用规划和其他土地管理政策法规的要求，是否符合城市规划、评估项目用地规模是否合理；评估其合理性，并对拟建项目用地周边条件与拟建项目的适应性，并对项目用地规模是否合理等提出评估意见	信息资料获得是否充足	包含指标中的各种资料、信息采集依据充分、内容准确 考察不到位，信息采集依据不足，内容不全

续表

指标层	分指标层	评审要点	审查标准及依据	评价指标	评价标准参考标准
可行性研究阶段评价指标	初步可行性研究阶段评价指标	项目经济效益、生态环境效益和社会效益评审	政府投资项目主要侧重于社会效益及环境效益的评价。对于有一定影响的建设项目，应依据相关文件和评价方法对项目做出的项目经济效益、生态环境效益和社会效益分析是否合理结果的合理性评价的拟建项目，应评估其评价过程及评价结果的合理性	信息资料获得是否充足	资料不符合要求
		项目运作方案评审	根据国家和有关部门的相关法律、法规，结合类似建设项目经验，对拟建项目设想的运作方案（包括项目建设和运营的组织与管理及资金筹措方案等）的合规性、有效性和可操作性及建设周期的合理性提出评估意见，同时应审查项目资金筹措的落实情况	数据评估是否准确	数据来源准确、可靠，依据充分
					数据来源基本准确
		酒店项目建设规模的评审	对于建设规模的评审，要重点审查其采用的依据是否充分，是否经过调查研究和科学论证		数据来源依据不足，可靠性差
		建设方案的评审	评审可研报告是否根据立项批准的项目建设总目标、功能定位，经认真测算建筑面积并提出建设方案。建设方案包括施工艺方案，总体规划方案，建筑结构方案，各公用专业方案等。建筑结构方案评审：①应明确设计指导思想和实用、经济、安全、美观的原则，进行多方案比较。②评审设计方案是否符合有关规范规定，使用年限、抗震设防分区、人防抗力等级等。③评审是否建筑结构安全等级、地上结构方案进行比较。④审是否针对项目情况，对基础，减少辅助空间，降低建筑系数，以期获得最佳组合效果。例如，有的高层建筑由于场地情况、施工周期短等因素，可对其采用钢筋混凝土结构或钢结构进行技术经济分析	技术经济论证的充分性	依据充分、程序合规，内容准确
					基本符合规定
					不符合规定

续表

指标层	分指标层	评审要点	审查标准及依据	评价指标	评价标准参考标准
可行性研究阶段评价指标	初步可行性研究阶段评价指标	项目实施方案的评审	①项目实施进度计划分析。②项目法人组建及运营组织机构模式评价。③项目人力资源配置方案及人员培训计划评价。④项目实施招投标方案评价。⑤项目实施进度评审，应评审项目建设工期是否科学合理，是否符合项目建设实际需要。⑥评审项目建设各阶段工作量所需时间和顺序的安排衔接是否合理，分析实施进度量（横线图）的制定是否合理	建议提案的可行性	判断分析准确、依据充分；判断依据不足，出现判断错误
		总投资估算和资金来源的评审	①评审总投资估算的组成是否完整，符合规范要求，例如是否包括土地征用及拆迁安置费、建筑安装工程费用、设备费用、其他费用等。②评审总投资估算的准确性和合理性，分析投资估算的比例精度是否有充分的依据，是否说明供应商的总概算的要求。③评审设备单价的实际成本价，尤其对大型、精密设备仪器和采购的设备仪器参照了同类工程的实际成本价，尤其对大型、精密设备仪器和采购的设备仪器更需进行认真论证。④凡是投资额大的费用，如大是投资额大的费用，应评审其是否具有明确的依据和相关协议文件。⑤针对项目特点和可能发生的问题，是否提出控制投资的主要对策，确保总投资控制在政府批准标准的额度内。⑥资金筹措方案的评审；主要评价其采用的政府投入方式的合理性。对于资金来源可靠性的评价，应评价项目能否按项目所需的投资得到足额、及时的资金供应，项目法人单位自筹资金等各类投入资金是否满足项目建设需要	投资估算准确性	可行性研究投资估算精度是否满足要求，精度在90%以上的为满分1分，精度每降低10%扣除0.1分；可行性研究费用投资总额的比例能够满足要求，满足国家标准的不扣除分数，即得1分，每超过标准10%扣除0.1分

续表

指标层	分指标层	评审要点	审查标准及依据	评价指标	评价标准参考标准
可行性研究阶段评价指标	评价报告评价指标	酒店区域市场的社会环境调查	区域环境调查分析是项目所在区域经济政策的环境背景下，对该区域的地理位置、区域特征、自然环境和发展规划四个方面进行的，并涵盖繁荣程度、商圈分布状况、文化氛围、居民素质、交通设施建设程度、安全保障程度等方面的影响因素	可研报告内容完整性	材料非常齐全，不缺少其中任何一项手续得1分，上述材料每缺少一项扣除0.1分（由于特殊性不自目本身所缺涉及某项材料的情况除外）
		客源构成与市场需求调查	客源构成包括客源数量、客源结构、客源特征。市场需求调查内容主要包括酒店服务市场容量、价格以及市场竞争力的现状，各个部分调查结果都应附有相应的表格		
		酒店综合技术指标的评价与分析	酒店市场的综合技术指标的评价主要内容包括：酒店行业供给情况、酒店需求情况以及竞争环境等相关内容		
		酒店选址策划分析	酒店选址应尽可能方便目标客源，并与目标客源所属地吻合。选址应尽可能地选择经济安全比较稳定的区域，用地性质符合城市总体规划或不相容的城市公益设施用地性质相符；与周边性质相符：避开与项目性质不符或不相容的城市公益设施现有或规划用地。选址不能造成对环境的污染和破坏，选址地及其周边地区应符合防疫、防洪、消防、交通、绿化以及防震、防地质灾害等方面的要求	可研报告内容的深度	内容、深度符合规定
		酒店交通位置分析	交通区位条件可以用可达性或可达性及可达时间来进行衡量。如拟选地及其附近是否有地铁统从某一给定区位到达城市交通枢纽道路具有良好的可视性和进入性		基本符合规定
		酒店地理位置分析	①自然因素：主要包括自然资源和自然条件。包括地形地貌、水文、气候和工程地质条件等，这些要素更多地影响酒店的建筑设计与工程施工，进而影响酒店的建设成本。②经济技术因素：包括拟选地址及其所在区域的经济实力与经济活动、人口素质与数量、市场竞争活动、基础设施与配套设施		不符合规定

续表

指标层	分指标层	评审要点	审查标准及依据	评价指标	评价标准参考标准
可行性研究阶段评价指标	评价报告评价指标	酒店功能规划与设计	酒店功能规划是按照现代酒店管理模式的运作要求以及客人在酒店的活动规律，对酒店内外的建筑设施进行设计。酒店总体功能设施划分为三大部分，即公共部分、客房部分和后场部分，三大功能设施之间既要划分明确又要有机联系	可研报告的规范性	依据充分，程序合规，内容准确
		酒店设施设备规划与设计	在策划酒店机电设计时主要考虑给水排水系统、电气、暖通空调、动力系统等，并符合其他相关国家规范、政策法规、地方标准、酒店消防设计应符合国家现行的设计规范和标准、技术措施的规定（注：应采用酒店现行的规范、标准）		基本符合规定
		酒店室内环境规划与设计	酒店内的主要功能房间的室内噪声级和建筑隔声应符合现行国家标准《民用建筑隔声设计规范》GB 50118—2010 的规定。酒店建筑的主要功能房间，如客房、餐厅、行政走廊等应具有良好的户外视野，并要避免视线干扰。酒店内的主要功能房间应有自然采光，其采光系数标准值应满足现行国家标准《建筑采光设计标准》GB 50033—2013 的规定		不符合规定
		投资的可行性	主要根据市场调查及预测的结果，以及有关的产业政策等因素，论证项目投资建设的必要性	决策程序合法性	依据充分，程序合规，方法得当
	方案审核与评价指标	技术的可行性	主要从项目实施的技术角度、合理设计技术方案，并进行比选和评价		基本符合规定
		财务的可行性	主要从项目及投资者的财务角度，设计合理的财务方案，从企业理财的角度进行投资决策，从从主体（企业）的角度评价股东投资收益、现金流量计划及清偿能力		不符合规定

242

续表

指标层	分指标层	评审要点	审查标准及依据	评价指标	评价标准参考标准
可行性研究阶段评价指标	方案审核与评价指标	组织的可行性	制定合理的项目实施进度计划，设计合理组织机构，选择经验丰富的管理人员，建立良好的协作关系，制定合适的培训计划等，保证项目顺利执行	决策内容合理性	决策内容、深度符合规定
		经济的可行性	从资源配置的角度衡量项目的价值，评价项目在实现区域经济发展目标、配置经济资源、增加供应、创造就业、改善环境、提高人民生活等方面的效益		基本符合规定
		社会可行性	分析项目对社会的影响，包括政治体制、方针政策、经济结构、法律道德、宗教民族、妇女儿童及社会稳定性等		不符合规定
		风险因素控制的可行性	对项目的市场风险、技术风险、财务风险、组织风险、法律风险、经济及社会风险等因素进行评价，制定规避风险的对策，为项目全过程风险管理提供依据	决策方法科学性	决策方法科学、合理
					基本符合规定
					不符合规定

1.2.2 客源构成与市场需求调查

(1)客源构成

客源构成包括客源数量、客源结构、客源特征,对商务酒店的策划有直接影响。商务酒店的客源一般由消费水平较高的高端商务、旅游人士构成,且国外客源比例偏大,客源本身对于酒店的要求较高。在设计过程中,应明确目标人群的消费水平、消费偏好和潜在需求,针对不同的客源构成,有针对性地进行项目策划和投资(表1-2)。

客源调查内容　　　　　　　　　　　　　　　表1-2

客源数量	每年客源人数
	国外客源人数
	国内客源人数
不同时间段客源量	客源增长数量
	一年内客源峰值
客源结构调查	商务、旅行、探亲访友等
	散客或团队
	普通、回头客、会员
客源特征	性别、年龄、职业、收入等

(2)市场需求调查

市场需求调查内容主要包括酒店服务市场容量、价格以及市场竞争力的现状,各个部分的调查结果都应附有相应的表格。

1)市场容量调查:①供应状况,主要是调查拟投资区域市场的酒店数量、酒店所在的地理位置、酒店档次与类型以及经营项目、酒店客房数量。②需求状况:主要是调查拟投资区域市场的酒店消费者细分市场以及消费构成等。

2)价格状况调查:包括国内及拟投资区域市场各类酒店的最高房价与平均房价及变化情况;酒店挂牌价、散客入住执行价与协议价等,此外,还要调查当地地方政府对房价的调控情况。

3)竞争力状况:调查区域内市场主要酒店企业的产品特性、市场份额、市场地位以及主要的竞争手段等。

1.2.3 综合技术指标的评价与分析

酒店市场的综合技术指标的评价主要包括：酒店行业供给情况、酒店需求情况以及竞争环境等相关内容。

（1）酒店市场供给状况分析

酒店市场供给的区域限制性是指酒店建筑本身的物理特性决定了酒店一旦建好便无法移动，也因此使得酒店提供的大部分商品与服务都无法转移，客房商品只能在当地生产并消费；剩余供给既不能转移到其他区域，不足的供给也无法在异地得到补偿。

区域是指以中心城区为圆心向周边辐射，城镇基础设施逐步减少的环形范围。当消费者住宿需求在当地无法满足时，不会在区域外得到补充，或者说到区域外寻找住宿设施的时间、费用等机会成本对于消费者来说并不可取。

（2）酒店市场需求状况分析

1）市场需求的异地性。酒店市场供给的异地性是指区域内的需求主要来自于区域外部到该区域访问并有住宿需求的顾客。一般而言，对于区域内的居民，居住需求的满足是由消费者在当地稳定而长期居住的房屋来承担的。

2）酒店市场对区域经济的依赖性。在酒店市场供给的区域限制性以及市场需求异地性的共同作用下，酒店市场对区域经济产生了较强的依赖性。

酒店消费者住宿消费或是商业原因，或是旅游或休闲。对于酒店市场来说，除了典型旅游城市或地区的住宿顾客是旅游或休闲顾客，大部分区域性的酒店市场还是以商务客源为主。

因此，经济越发达的地区对外交流越频繁，商务活动越活跃，活跃的商务活动产生了庞大的住宿需求，需求推动了供给，区域性酒店市场因经济持续发展而不断扩张。

3）酒店市场的敏感性。酒店市场的敏感性是指其对外界因素反应的高时效性。外界因素的影响有正向和负向两个方面，前者如2010年上海世博会，后者如瘟疫等流行性传染病、政局不稳、暴力事件等。

酒店市场的敏感性源于其需求市场的异地性，即区域内一旦出现正向刺激或负向削弱经济或旅游业的因素，就会立即在外部市场产生影响，庞大需求在短期内迅速聚拢或大幅消减。

4）酒店市场的季节性。酒店市场的季节性指市场对客房商品需求的阶段性、周期性波动。除传统的季节性因素外，还包含由于不同类型细分市场需求所表现的周期性特征。例如，东北滑雪市场在冬季形成了非传统旺季的酒店市场需求和岁末年初会议型酒店的旺季需求等。

（3）竞争环境分析

选择目标市场范围内，占市场份额较大、实力较强的几家竞争对手，将项目自身条件与竞争对手条件的优势、劣势对比并排序。

竞争对手的市场竞争力主要由其区位、管理和服务、安全性、舒适度、价格与营销策略以及前述优劣势影响因素决定。酒店投资者应通过各种方式或途径收集竞争对手近几年经营活动的有关素材，确定竞争对手的产品特性、市场份额、市场营销手段和市场地位等，并在此基础上确定拟投资酒店项目自身在市场中的竞争位置。

市场需求分析是酒店策划的基础，分析市场需求并为确定功能提供依据。酒店策划必须以市场研究为前提，并进行精准的定位。经验表明，市场错位是酒店亏损之根，正确定位则是成功经营的关键。

1.3 酒店的功能定位分析

酒店功能确定，根据市场需求，以市场分析为基础，对酒店的市场进行精准定位，并对其类别进行分析，在同类别的经验教训中，找到现有酒店策划提升改造的方向，设置合理的功能。中高档酒店包含豪华五星级、五星级、四星级酒店，其功能配置相对齐全，水平相对高级，其他档次酒店的建筑设计可在此基础上做相应调整。

通过SWOT分析，对项目资源、市场、文化进行系统整合，形成对项目的系统定位，包括：酒店的类型（商务酒店、旅游度假酒店、会议酒店、经济型酒店、主题型酒店等）档次（星级标准）、规模（占地面积、客房数量、餐厅座位数等）、文化（文化形象及经营理念）、功能项目的设定（根据酒店实际情况选择，如娱乐、健身、特色餐饮、商品店等经营项目）、运营战略等。

1.3.1 星级商务酒店类型

星级商务酒店多位于城市繁华街区，以商旅客源为主，配套设施丰富，具有高等级的商务会议和保安设施的高档酒店。本节根据其功能将商务酒店分为四类。

(1)城市商务酒店

该类型的商务酒店位于商业活动较发达的城市中,交通便利。以大型、大中型规模为主,拥有强大的会议、宴会功能,大型停车场和宽大的商务客房。

20世纪初,埃尔斯沃斯·斯代特雷为现代城市商务酒店确立了标准,他创立的斯代特雷酒店为以后的商务酒店树立了一个典范。

(2)会议型商务酒店

此类型的商务酒店包括会议酒店和会议度假酒店。会议酒店以接待团体会议和安排与会人员食宿为主要功能,一般位于城市中心交通便捷处,有大中小各类会议厅,有供交易会使用的展览厅,有团体登记处和会议服务区,还有大型宴会厅。很多旅游酒店附带会议中心,成为会议度假酒店,以满足团体接待的要求。

(3)商务度假酒店

近年来,商务旅游迅速发展,现代商务度假酒店也应运而生。其除了提供传统的商务旅游之外,还包括各种会议旅游、奖励旅游以及大型商业性活动和大型体育活动引发的旅游服务等。

(4)枢纽型机场商务会议酒店

位于国际型或门户型的枢纽机场中,有直接或间接廊桥与候机楼连接,提供出售机票、办理快速登机手续、转机手续、行李托运与寄存等空港服务;提供舒适和最佳隔声条件的客房,有非标准游泳池和休闲设施。以接待飞行会议商务客人为主、散客为辅的大型高档酒店。

1.3.2 星级商务酒店规模

商务酒店规模策划与定位的正确与否,在一定程度上制约着商务酒店的整体合理性。

(1)确定酒店规模的相关因素

确定酒店总体规模就是要确定酒店的定位、客房数和资金这三个基本要素。目标客源、酒店性质、酒店客房数、酒店档次和星级、资金投入等问题都需要一个明确的选择。

(2)确定酒店客房数

高星级商务酒店与旅游酒店服务一般不同,主要供会议、商务休息之用,其规模的确定关键是要定位酒店等级和房间数。一般通过目标市场调查,优先综合考虑基地的周边道路与环境、其他同业竞争者的规模、每年入住的顾客构成及未来数量等因素。

（3）确定酒店的功能与面积

客房数确定后，要进一步细化酒店的客房区、公共区和后勤区等各个功能部位，例如，客房的面积大小、餐厅的种类和座位数、健身方式、娱乐休闲设施以及员工用房规模等，从而计算出各功能区的面积，以及后勤、服务、设备、交通等面积，最终确定酒店的总建筑面积，以及各功能部位的合理比例。

业主在投资商务酒店时，不应一味追求豪华和气派，或五星级标准，进而配套一些没有市场需求的经营项目，加大非营业面积的比例会加大成本。城市酒店提档费用投入大，其每一点面积都需要充分利用，设备房、厨房、总仓等后勤用房，以及员工用房都可设置在地下层。洗衣房通过外包方式减少后勤配比，酒店办公、健康中心、娱乐设施也可放在夹层和地下，腾出更多的空间用来建造客房和增加营业性用房。

1.3.3 星级商务酒店功能设置

星级商务酒店多位于城中繁华地段或风景旅游区，商业价值高且土地供应紧张、地价较高，特别是位于城中的酒店，常采用集中式布局，建筑体量为高层甚至超高层，设计师在进行功能规划时应首先对其结构、使用、设备等功能要求进行综合考量，并保证经济合理。与此同时，还要结合拟建酒店所在地区的市场环境和自然气候等条件，进行由内到外、再由外到内地的规划和设计。

（1）星级商务酒店一般功能要求

国家旅游局《旅游饭店星级的划分和评定》GB/T 14308—2010，在我国酒店等级的划分标准中对不同等级的酒店功能配置列出了具体的要求，并在星级商务酒店目标成本预测阶段，拟建星级商务酒店应根据国家规范的相应要求进行规划。从功能上划分，现代高星级可分为公共区域、客房区域、后勤区域三大功能区（表1-3）。

星级商务酒店一般功能要求　　　表1-3

序号	区域	经营定位	人流特点	功能单元
1	公共区域	配套兼盈利	住宿客流兼非住宿客流	大堂
2				餐饮
3				商业
4				商务
5				康乐

续表

序号	区域	经营定位	人流特点	功能单元
6	客房区域	盈利	住宿客流	标准间
7				套房
8	后勤区域	配套	工作人员	办公区
9				员工区
10				服务支持区

（2）星级商务酒店功能要求分析

1）公共区域

整个酒店建筑内部流线最复杂、人流量最大的区域为公共区域。酒店感官的第一视觉印象形成于公共区域，同时也是酒店自身展示品牌形象的最重要部位。星级商务酒店的公共区域通常包括大堂空间、餐饮空间、商业空间、商务空间和康乐空间五大功能区域。

相对星级商务酒店的后勤区域来说，公共区域是面向公众的配套兼盈利空间，为酒店经营利润的提高起到决定性作用。公共区域功能配置合理性的同时也为酒店公共盈利区带来了更好的广告效应。

2）客房区域

住宿顾客在酒店中停留时间最长的场所即客房区域，也是酒店设施、服务、感官、文化能否满足客人各项需求的集中反映区。按照服务内容，客房区域可分为客房、行政酒廊、后勤服务和交通空间四大部分，客房按类型又可分为标准间、套房和无障碍客房，其中套房又可细分为普通套房、豪华套房、行政套房等。

3）后勤区域

后勤区域由办公区、员工区和服务支持区构成，满足酒店管理与人事机构、饮食制作、机械设备与工程维修、洗衣房等各项功能，一些交通不便的城郊或旅游风景区星级商务酒店还包括员工宿舍楼等。

星级商务酒店总体功能布局如图1-1所示。

1.4 酒店的选址区域分析

1.4.1 选址策划

（1）以地理要素、经济水平、旅游发展、社会人文、交通条件、建设方式等要素为基础，从宏观方面考虑适合商务酒店孕育的场所，进而确定商务酒店的选址。

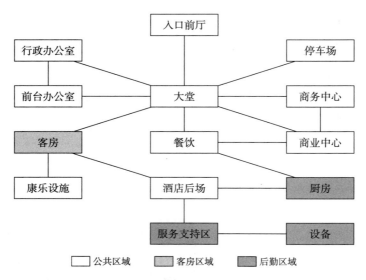

图 1-1 星级商务酒店总体功能布局

（2）选址确定之后，对基地的各项现状条件进行收集和分析，如表 1-4 所示。基地的各项现状条件是对建筑设计的限制因素，分为有利因素和不利因素，都是建筑设计的必要基础。通过策划阶段的基地调查，有助于在建筑设计中有效地发挥有利因素，而对不利因素则会加以消解和运用（表 1-5）。

商务酒店选址要素　　　　　　　　　　表 1-4

选址要素	地理要素	地理位置 地形地貌
	经济水平	城市与人均 GDP 城市行政等级
	旅游发展	国内外客源统计 旅游收入水平
	社会人文	城市行政等级 历史与文化
	交通条件	周边城市通达情况 用地周围交通状况
	建设方式	改扩建（保护性/非保护性）新建

酒店选址应尽可能方便目标客源，并且与目标客源所属地区相吻合。例如，对于经济型酒店，应尽可能选择位于商业活动比较发达的大中城市，以便更好地为商务旅游顾客提供服务。对于度假酒店，尽可能选址于风景区或疗养胜地，以便更好地为休闲度假游客提供服务。

基地调研要点　　　　　　　　　　　　表 1-5

改建建筑选址	新建建筑选址
历史保护建筑等级评定	基地范围及使用面积
建筑使用性质及设计时期	基地气候、地理等自然条件
建筑结构形式及结构现状	基地周围建筑与环境
空间、材质、结构、装饰等建筑特色	内外交通条件
建筑面积、层高、交通方式等	古树、古迹等基地内现状评定
建筑平面布局、空间形态	主要景观朝向、视野范围
建筑水电气等设备及市政设施	城市文脉、社会资源等
基地周围环境、交通及消防条件	规定的建设限制及要求

　　酒店的选址应尽可能靠近或适当方便顾客的交通可达性较好的地段。例如，在特大城市市区，应尽可能选择靠近地铁站点附近，或附近有多条通达商业中心、机场、车站、码头的公交站线。同时，交通流动性要好，进出口应便利宽敞。

　　从可见性方面看，则要求具有良好的可见度，最好是位于十字路口，且有一定的广告位，使顾客能够从几个方向直接观察。

　　选址应尽可能选择经济和治安比较稳定的区域，重点还要考虑所选地点在预期经营期内不会受到城市扩建、改造、违章的影响。用地性质符合城市总体规划布局中相容的用地性质，与周边性质相符，避开与项目性质不符或不相容的城市公益设施现有或规划用地。

　　选址不能造成对环境的污染和破坏，应符合地区环保、防疫、消防、交通、绿化以及防洪、防震、防地质灾害等方面的要求。

1.4.2 交通位置

　　交通区位条件可以用可达性或可及性进行衡量，它是指利用一种特定的交通系统从某一给定区位到达活动地点的便利程度。例如，拟选地段及其附近是否有地铁站，在没有地铁的地区或城市中，选址点附近是否有多条能通达商业中心、机场、车站、码头的公交站线，是否邻近城市交通枢纽道路且具有可停留性，是否具有良好的可视性和可进入性。

　　由于酒店的投资建设有可能给所在社区带来热能效应和噪声等环境污染，甚至因流动人口的增加带来各种社会治安隐患，并非所有的社区居民均持普遍的支持态度。因此，对于所在社区是否接受酒店的投资兴建，也是酒店选址时应该考虑的因素之一。

政治因素方面主要涉及地方政府的区域规划及其开发投资政策。地方政府的区域规划往往涉及有关投资的优惠政策、限制政策以及对土地征用的具体规定。对于酒店投资者来讲，首先考虑的是所选地块是否涉及改造和拆迁，如果盲目确定地址，开业后遇到拆迁和重建，不仅会造成一定的经济损失，还会丢失部分客源。其次是了解地块的权属是否清晰，地块性质是否为商业服务业用地或可改变为该用途。如果是投资收购既有的建筑物，同样也要考虑该物业的权属与用途。

1.4.3 地理位置

（1）自然因素

主要包括自然资源和自然条件。前者如山水景观、温泉等自然资源，它们本身就是某些酒店未来的经营性资产。后者则包括地形地貌、水文、气候和工程地质条件等，这些要素更多影响的是酒店的建筑设计与工程施工，进而影响酒店的建设成本。

（2）经济技术因素

经济技术因素包括拟选地址及其所在区域的经济实力与经济活动、人口素质与数量、市场竞争状况、基础设施与配套设施等。

一定区域或地段的经济实力与经济活动是支撑酒店运营的基础，经济实力越强、经济活动类型广而频繁，则酒店的市场潜力越大，酒店投资效益可能会越好。因此，在考察酒店选址时，首先就要调查了解该区域是否有大量的贸易会、展览会等商业活动，是否有各种大型集会、会议或学术交流会等会议与文体娱乐活动。人口素质越高、人口密度越大，则意味着该区域酒店的消费市场越大，另一方面有可能增加探亲、交友活动机会，从而使酒店的潜在顾客群扩大。

市场竞争状况包括拟选地周边地区各类酒店的分布密度及其品牌效应、服务、质量、环境、价格、出租率等情况。基础设施包括水、电、气等必备条件，影响酒店经营状况。配套设施指在拟选地周边地区是否齐备的文化、娱乐、体育与商业服务设施，如超市、银行、餐厅、咖啡店、茶艺馆、酒吧、邮局、洗衣店、加油站等。

1.5 建筑规划与设计分析

酒店总体设计是按照酒店管理模式的运作要求以及客人在酒店内的活动规

律，对酒店内外的建筑设施进行科学、合理的功能组织以及空间布局设计，以满足客人活动的方便性和舒适度，同时使建筑更加适应酒店运作和管理的需要，为酒店经营目标的实现奠定良好的基础。酒店总体规划布局通常考虑的因素有：塔楼客房层的朝向、建筑物与周边城市环境的关系、建筑物与周边城市交通的关系、主体建筑与室外园林的关系。这些酒店布局规划要素都会对酒店流线的形成、设计等产生决定性、深刻的影响。

在总体设计过程中，功能布局、面积配比和交通流线是核心因素，三者之间应相互协调，合理布局，从而形成酒店基本的格局，并在此基础上，考虑其他因素与之有机结合的问题。设计时应从经营者的角度把握原则与方法，注重酒店美观坚固，良好的采光和视野，顾客的私密性、安全性、便捷性等因素。在进行总体设计时应遵循以下原则：

①酒店总体规划应与周边环境协调一致，注重合理、科学、艺术地将周边环境景观与酒店主体建筑进行有机融合。设计时，应尊重酒店所在位置的地理条件、地形地貌特征及视线内的感官体验，力图塑造一种错落有致、纵深搭配、虚实结合的环境氛围。

②功能分区明确。酒店的功能布局应分区明确，各功能区之间既有机联系又互不干扰，同时注重建筑自然采光、通风和良好的视野景观等因素，争取将室外景观直接或间接引入建筑内部。

③流线组织合理。酒店流线的组织需尊重以人为本的原则，让客人准确、便捷、快速地到达目的地，并在行走的过程中感觉身心愉悦，同时物品与服务流线应做到简洁高效。

④体现酒店的类型特色。不同类型的酒店针对的目标客源有所不同，因此其功能和设施要求会有所不同，对于不同类型的酒店，必须根据相应类型的标准进行有针对性地设计。

1.5.1 建筑设计

酒店建筑工程设计的内容在总体设计阶段包含：规划布局中的一书两证；各类基地控制线、日照、防火间距、面宽、光污控制、防火、防噪、防视线干扰；总体交通中的人行道车道、停车场、出入口设计；屋面工程中的屋面平台及绿化、屋面室外泳池；绿化景观中的地形地貌利用、地域文化融合、相关管线综合、水景设置、环境小品设置、绿化种植设置，另外，还要注意各专业之间的协调。

单体设计内容有：平面设计中的形式、分区、流线、尺度；立面及细部设计中的形式、功能、比例、材质；剖面空间中的组合模式、功能分区、交通流线、尺度比例；卫生间设计中的定位选择、数量大小、视线遮挡、通风换气、设施配置；管线综合设计中的纵向协调、横向协调、尺度空间；内部交通中的流线、分区、楼电梯、出入口。

建筑专项设计包含：防水设计中的屋面防水、墙身防水、地下室防火、水池防水；消防设计中的防火间距、消防通道、消防登高面、防火防烟分区、安全疏散流线、安全疏散宽度、消防楼电梯；无障碍设计中的入口、地面、走坡道、楼电梯升降台、台阶扶手及门、厕所及浴室、车位轮椅位、无障碍住房；室内污染控制中的总平面布置、形体和朝向、对流门窗、天井中庭。此外，专项设计的内容还包括自然通风设计、自然采光设计、隔声设计。

1.5.2 功能规划与设计

酒店功能规划是按照现代酒店管理模式的运作要求以及客人在酒店的活动规律，对酒店内外建筑设施进行科学、合理的功能组织以及空间布局设计。酒店总体功能设施分为三大部分，即公共部分、客房部分和后场部分，三大功能设施之间既要划分明确，又要有机联系。

酒店建筑的公共部分是整个酒店建筑内部流线最复杂、人流量最大的区域，是酒店展示自身品牌定位的最重要部分，通常包括大堂区、餐饮区、会议区、康体娱乐区。客房部分是住宿客人停留时间最长的场所，客房部分可分为客房区、行政层区，客房按性质又可分为标准间、普通套房、豪华套房和无障碍客房。后场部分以管理与人事机构、饮食制作、机械设备与工程维修、洗衣房与管家部为主。

1.5.3 设施设备规划与设计

在策划酒店机电设计时主要考虑给水排水系统、电气、暖通空调、动力系统等。

（1）给水排水系统

酒店建筑给水排水设计，应符合国家和行业现行的设计规范和标准、技术措施的规定：

①《城镇给水排水技术规范》GB 50788—2012；

②《建筑给水排水设计标准》GB 50015—2019；

③《旅馆建筑设计规范》JGJ 62—2014；

④《建筑设计防火规范》GB 50016—2014；

⑤《自动喷水灭火系统设计规范》GB 50084—2017；

⑥《公共建筑节能设计标准》GB 50189—2015；

⑦《绿色建筑评价标准》GB/T 50378—2019；

⑧《建筑给水排水标准》GB/T 50106—2010；

⑨其他相关的国家规范、政策法规、地方标准、技术规程。

酒店消防设计，应符合国家现行的设计规范和标准、技术措施的规定（注：应采用设计时现行的规范、标准）。如有酒店管理要求，还应满足相关品牌酒店的设计标准。

当上述设计与标准不一致时，宜按较高标准设计；当上述标准之间有矛盾时，由设计院、业主方、酒店管理公司（或相关机电顾问）协商解决方案。

酒店建筑（按功能区）需要提供给水排水的部位：客房及公共区的卫生间、餐饮、厨房、咖啡吧、茶吧、酒吧、健身中心、水疗＆桑拿、美容美发、泳池、员工淋浴、洗衣房、车库、垃圾房、卸货平台、绿化浇洒、楼层服务间、有用水需求的设备间、冷却塔补水、水景、景观用水等（表1-6）。

酒店建筑各功能区，需要提供给水排水的部位　　　　表1-6

功能区域	需要关注给水排水需求的部位
大堂区	大堂吧、茶室、水景、咖啡吧
餐饮区	餐厅、厨房、制冰间、备餐间、酒吧、水（含咖啡等）吧
多功能厅（含会议、宴会厅等）	厨房、备餐、制冰间
娱乐/康健区	健身中心、美容美发、泳池、足疗室、水疗理疗室、SPA
客房区（含行政层）	制冰间、服务间、行政酒廊、行政餐厅
后场区	厨房、员工厨房、员工餐厅、洗衣房、服务间、茶水间、花房、垃圾房、卸货平台、有用水需求的设备间
垂直交通	消防电梯基坑排水

（2）电气

酒店建筑电气设计应执行的主要设计规范：

①《供配电系统设计规范》GB 50052—2009；

②《低压配电设计规范》GB 50054—2011；

③《民用建筑电气设计规范》JGJ 16—2008；

④《建筑照明设计标准》GB 50034—2013；

⑤《智能建筑设计标准》GB/T 50314—2015；

⑥《商务酒店建筑设计规范》JGJ 62—2014；

⑦《旅游饭店星级的划分与评定》GB/T 14308—2010；

⑧《清洁生产标准—宾馆饭店业》HJ 514—2009；

⑨其他相关的国家规范、政策法规、地方标准技术规程等。

（3）暖通空调、动力系统

1）冷热源的容量

①《民用建筑供暖通风与空气调节设计规范》GB 50736—2012 第 8.2.2 条规定：电动压缩式冷水机组的总装机容量应根据计算的空调系统冷负荷值直接选定，不另做附加；在设计条件下，当机组的规格不能符合计算冷负荷的要求时，所选择机组的总装机容量与计算冷负荷的比值不得超过 1.1。

②《民用建筑供暖通风与空气调节设计规范》GB 50736—2012 第 8.11.8 条规定：当一台锅炉因故停止工作时，剩余锅炉的设计换热量应符合业主保障供热量的要求，并且对于寒冷地区和严寒地区供热（包括供暖和空调供热），剩余锅炉的总供热量分别不应低于设计供热量的 65% 和 70%。

③酒店管理公司出于提高运营安全性的目的，考虑设备效率的衰减、单台冷（热）源主机故障对冷（热）源供冷（热）量的影响等因素，均要求设计单位在配置冷、热源主机时留有 30%～50% 的余量。

2）冷、热源可持续设计

酒店管理公司对冷、热源的可持续设计提供了常用的备选方案，可在技术经济分析合理时采用：

①冬季或过渡季利用冷却塔提供空调冷水；

②冷水机组冷凝热回收，用于酒店生活热水加热；

③锅炉烟气侧热回收，加热补水或回水；

④采用变频调节的冷水机组；

⑤空调冷、热水系统和冷却水系统变频控制。

1.5.4 室内环境规划与设计

酒店内的主要功能房间的室内噪声级和建筑外墙、隔墙、楼板和门窗隔声性能应符合现行国家标准《民用建筑隔声设计规范》GB 50118—2010 的规定。

电梯机房及井道不应贴邻有安静要求的房间布置，有噪声、振动的房间应远离有安静要求、人员长期工作的房间或场所，当相邻设置时，应采取有效的降噪减振措施，避免相邻空间的噪声干扰。有观演功能的厅堂、房间和其他有声学要求的重要房间应进行专项声学设计。

酒店建筑的主要功能房间，如客房、餐厅、行政走廊等应具有良好的户外视野，并避免视线干扰。酒店内的主要功能房间应有自然采光，其采光系数标准值应满足现行国家标准《建筑采光设计标准》GB 50033—2013 的规定。

酒店建筑设计可采用下列措施改善建筑室内自然采光效果：

①大进深空间设置中庭、采光天井、屋顶天窗等增强室内自然采光。

②外窗设置反光板、散光板、光导设施，将室外光线反射到进深较大的室内空间。

③控制建筑室内表面装修材料的反射比，顶棚面 0.60~0.90，墙面 0.30~0.80，地面 0~0.50。

酒店建筑的主要功能房间应以自然通风为主，空间布局、剖面设计和外窗设置应有利于气流组织；建筑外窗可开启面积不应小于外窗总面积的 30%，建筑幕墙应具有可开启部分或设有通风换气装置。过渡季节典型工况下，90% 以上靠外墙布置的主要功能房间平均自然通风换气次数不应小于 2 次 /h。酒店建筑的地下空间宜引入自然采光和自然通风。

1.6 酒店运营管理方案分析

国务院于 2007 年 1 月底通过的《商业特许经营管理条例》规定，商业特许经营要拥有注册商标、企业标志、专利、专有技术等经营资源，特许人从事特许经营活动应至少拥有 2 个直营店，并且经营时间超过 1 年。2009 年底美国权威酒店业杂志《酒店》的一篇文章称，品牌酒店缺乏的中国和印度已为市场发展提供了巨大的机遇并拥有灿烂的前景，品牌特许经营者遇到了十分利好的机会，其中美国品牌特许经营占了绝大部分的份额。

1.6.1 特许经营

特许经营的合同内容主要有：

（1）甲方（特许人）将拥有的"×××"商标、经营模式、经营理念以特许经营加盟协议的形式授予乙方（受许人）使用；

（2）甲方提供《特许经营管理手册》；

（3）甲方提供订房网络与营销系统；

（4）甲方提供技术顾问、培训及服务标准督导；

（5）合同订立前，乙方须向甲方一次性缴纳特许经营加盟费若干万元；

（6）在合同有效期内，乙方应按特许酒店总营业收入的百分之几向甲方交纳特许经营权使用费，或按酒店客房数量比例关系缴纳固定的特许经营费；

（7）合同订立前，乙方须向甲方缴纳若干万元保证金，合同期满后甲方将保证金退还乙方。若乙方拖延缴纳特许经营权使用费，甲方有权用保证金冲抵；

（8）自酒店开业之日起，乙方应在每月结束后的一周内，将该月的特许经营使用费汇至甲方账户。

由于特许人不需要像委托管理那样组织庞大的管理队伍，没有寻找优秀管理人才的负担，所以这种管理形式的扩张特别迅猛。许多国际酒店集团在中国的扩张也采用了特许经营模式，获得了迅速发展，如万豪旗下的华美达，近年来以特许经营的方式在中国攻城略地，在武汉、大连、苏州、广州、杭州等地都发展了加盟店，并以每年10~20家新加盟店的速度扩张。天天集团、豪生和最佳西方等集团每年也以5~10家的速度扩张。

1.6.2 委托管理

酒店委托管理是非股权式的一种酒店经营方式，通过酒店业主与酒店管理公司签署酒店管理合同来约定双方的权利、义务和责任。酒店业主雇佣酒店管理公司作为自己的代理人，承担酒店经营管理职责。作为代理人，酒店管理公司以酒店业主的名义，拥有酒店的经营自主权，负责酒店日常经营管理，定期向酒店业主上交财务报表和酒店经营现金流，并根据合同约定获得管理酬金。作为委托人，酒店业主提供酒店土地使用权、建筑、家具、设备设施、运营资本等，并承担相应的法律与财务责任。酒店委托管理的核心是酒店管理合同，它是双方权利与义务得以实现的保证。

（1）少数规模很大、档次很高的酒店可选用国外一线品牌的酒店管理集团。中国当代酒店业的形成和发展在总体上还比较稚嫩，与世界酒店强国还有着很大的距离。所以，一些大中型城市特别是省会城市的极少数豪华大型酒店，有必要聘请国外著名品牌的酒店管理公司来管理，甚至有必要聘请国外一流的酒店设计大师来设计酒店，帮助我们在酒店建设和管理方面积累先进经验，为创立和发展我国自己的酒店品牌提供借鉴和帮助。但是，这类酒店的投资者必须具备较强的经济实力，且酒店的预期效益能支撑住高额的管理费和外聘人员的工资福利待遇。

（2）四星级和一般的五星级及其类似档次规模的酒店可选用对等的国内酒店管理公司。

这种选择必须具备两个条件，一是酒店投资人必须具备一定的经济实力，即能付得起管理费，养得起管理团队；二是该酒店管理公司必须有酒店实体，且拥有的酒店在业内有良好的业绩和品牌。

1.6.3 合作经营

这种管理形式的特点是，让受委托管理方成为酒店的股东，简称带资管理。选择带资管理合同，意味着酒店管理公司参股酒店，和酒店业主成为联合投资人。带资管理是管理咨询界很常用的方式，就是资本和管理同时进行，这种带资管理的方式主要体现在国际或国内的品牌酒店管理公司。其中最典型的是香格里拉集团，其国内管理的28家酒店都是带资管理。国内的锦江集团、华天集团的扩张很大程度上依赖于这种带资管理的方式。带资管理的方式严格来说不是国际上的通行方式，却是现在中国市场上比较流行的产物，通过控股或参股或间接投资方式获取酒店经营管理权，并对其下属系列酒店实行相同品牌标识、相同服务程序、相同预订网络、相同采购系统、相同组织结构、相同财务制度、相同政策标准、相同企业文化以及相同经营理念。这种管理方式的优点是，管理公司和酒店业主的利益捆绑到了一起，防止管理公司做出不利于业主的决策。上面所述的特许经营和委托管理，酒店管理公司始终是"旱涝保收"，酒店的盈利与管理公司关联不大，当投资者想要多些参与和过问时，又顾忌"干预管理""外行指挥内行"之嫌。那么，酒店管理公司参股后，就会在经营管理方面更加尽心，在用人用钱方面会更加用心，在制定政策和决策时会更加细心和小心。同时，管理公司通过对酒店的参股或控股，可以提高对被托管酒店的控制力，加强在制定酒店战略计划和设计经营管理方面的话语权，促进管理公司平稳健康地发展。

因此，对于那些资金不足而又缺乏管理经验和管理资源的酒店业主，合作经营不失为一种较好的选择，往往能达到双赢的良好效果。酒店业主若资金充裕，自己又有管理酒店的人才，合作经营这种管理方式则不建议使用。

1.6.4 自主经营

自主经营，就是酒店投资者采用自己经营管理的方式运营酒店，也就是选择单体酒店（Independent Hotel）的存在方式。这种单体酒店的经营方式在我国最为常见，目前大量的国有酒店和房地产商开发的酒店都采用了这种方式。在国外，随着各种形式的酒店集团的发展，大型品牌酒店集团凭借其强大的品牌及营销优势、管理费用的相对廉价、酒店管理公司社会运作体制的成熟和其较高的诚信度，对单体酒店形成了巨大压力，大量自己经营的单体酒店纷纷加入某个酒店集团的系统，因此，在欧美等酒店业十分发达的国家，自主经营的单体酒店在酒店业的比重呈逐年降低的趋势。

自主经营的优点在于酒店投资者可以从所有权、管理权、营销权等各个方面对酒店进行严格的控制，如果酒店的投资者拥有良好的管理人才，酒店就可以获得良好的发展。更为重要的是，这种方式可以使酒店投资者得到酒店经营所产生的所有利润。

自主经营的缺点在于这种单体酒店不能通过网络化经营实现规模效益，在提高酒店品牌知名度和扩大营销渠道方面存在一定的困难。在欧美等酒店业发达的国家，住客无论是旅游或外出公干，主要依赖于网上订房，那么酒店品牌及网络化经营就显得十分重要。

1.6.5 租赁经营

把酒店租赁给他人经营，其原因是多种多样的，或是因为自有建设资金不足，或是因为没有管理酒店的人才和经验，或是因为需筹集资金建设其他项目，或是因为自己经营亏本。

（1）建筑主体租赁，机电安装和室内装修由承租人负责

有些建筑建设方已将机电安装做完，那么承租人只需投入室内装修这种租赁期限应在10年或10年以上，若是期限过短，承租人一般不会租赁，因为酒店的回报并不高，要收回投入的建设成本，还要有利可图，所以这种租赁方式的期限一般在10～15年，且考虑到物价上涨因素，在租赁的第二年起或第四年起有个租金上涨幅度。若是租赁期为10年，承租人一般会在中间时段对酒店改造一次，若租赁期为15年，承租人一般会对酒店改造两次。另外，出租人应考虑酒店的设计和建设周期，给予承租人合理的安装和装修时间，在此期间不收租金。这种租赁方式优点很多，比较可取。首先，由于承租人需带资建设，投入较多，避免了租赁经营中常会出现的短期行为。其次，承租人可以按照自己的使用要求进行设计和建设，方便日后的经营和管理。

（2）酒店装修完成出租，或者正在经营中的酒店打包出租

有些业主本来想自己经营，把酒店建成后，发现找不到合适的管理人才，又担心自己经营不好，或是因为其他项目缺乏资金，于是决定把酒店租赁出去；有些业主原本自己经营，但年年亏损，又找不到能够扭亏转盈的人才或办法，最后只能将酒店打包出租。

投资人在采用这种租赁方式时要特别谨慎。首先，租赁期不宜过长，一般应在3～5年。其次，要看承租人的经济实力如何，合同中应写明一定数额的抵押金和起码提前半年的租金预付。再次，承租人经营口碑较好、有同类酒店管理经验者为宜。最后，承租人最好有自己的酒店品牌。

酒店投资人在出租自己酒店物业时，不要一味追求租金的多少，应重点考察承租人的口碑、经济实力、有无同类酒店成功经营管理的经验。这种方式可用于较小规模、较低档次的酒店，那些规模较大、档次较高的酒店不宜采用这种经营方式。

1.6.6 顾问管理

酒店顾问管理可分为酒店投资顾问、酒店设计顾问、酒店建设顾问、酒店融资顾问和酒店管理顾问等，现就常见的顾问管理内容分述如下：

（1）酒店设计顾问

设计中涵盖了外形、建筑、机电安装、室内装饰、景观、经营管理等诸多内容，涉及面广，专业性强，不仅关系酒店的造价，还关系酒店今后的经营管理结果，关系整个酒店的品质和生命力。酒店设计顾问，为投资人选准选对建筑设计院和室内设计公司，从酒店经营管理的角度向设计师们提供自己的设计见解和理念，帮助审查和修改设计公司的设计成果，协调投资人、酒店管理者和设计师之间的矛盾。

（2）酒店建设顾问

酒店建设顾问在项目中扮演了重要的角色，其主要任务是对施工队伍的选择、施工质量的管理和材料设备的采购提出建设性的意见和操作手段。该顾问应首先对酒店投资人组织的基建班子进行审查，帮助建立一支高效敬业、作风正派且专业知识较强的队伍。其次，帮助投资人选准能力较强、素质较高、搞过同档次同规模酒店建设的施工队伍，不必讲究什么大公司，着重考察投标的项目经理和其率领的技术管理队伍，考察该项目经理做过的酒店项目的质量和工期完成情况。再次，帮助投资人制定一套科学的适于该项目运作的采购程序，确定甲乙供材的范围，编制好各种材料设备的招标文件，确定评标方法和评标人选，把好合同关。最后，帮助投资人科学规范地管理工程，按酒店的标准对施工工艺和质量进行全程跟踪和监督检查，确保达到酒店的硬件服务标准。

（3）酒店管理顾问

这一阶段的顾问工作是针对酒店开业后而言的，至于筹建期的顾问，会在后续内容中单独论述。一些经济实力不强、自己具有管理团队的酒店，为了提升管理水平，注入新的管理理念，在酒店开业后聘请一个顾问团队，这也是一种明智的选择。其顾问的主要职责是：针对酒店在经营管理及服务中出现的问题，为酒店管理方在创新管理制度、优化服务流程、完善岗位职责、提升执行力、强化协调力等方面提供帮助。

1.7 商务酒店项目目标成本分析

（1）星级商务酒店目标成本

星级商务酒店开发项目目标成本的预测模型的构建，采用的是"倒推法"，即通过对酒店规模、档次、品牌、功能配置的确定，结合竞争市场环境下同类项目或类似已建成的酒店的经营情况和目标利润进行预测，从而倒推出星级商务酒店开发项目为满足既定目的建筑安装工程目标成本。一个成功的企业开发项目所消耗的综合成本应经受住市场的检验，要以"竞争市场价格－目标利润＝目标成本"为战略导向。因此，作为一个想在激烈竞争环境下生存的企业，必须结合市场价格走势并在此基础上合理确定目标利润，从价格和利润两方面确定星级商务酒店开发项目应达到的目标成本，以实现事先控制酒店建筑及运营目标成本和项目功能的匹配，从而实现星级商务酒店开发项目对企业的战略价值，如图 1-2 所示。

根据浩华管理顾问公司（Horwath HTL）的调查统计，目前国内星级商务酒店投资回报率大约在 7%～15%，若平均每年的入住率达到 70%～80%，8～12年可收回投资，若入住率为 50%～60%，则资金回收周期为 15 年以上。因此，星级商务酒店开发项目目标成本预测中设定的数值应在以上数据的范围内。

（2）星级商务酒店目标成本预测模型构建过程

1）目标收入和利润的预测

在行业内有一定地位和市场声誉的房地产企业，通用的企业目标利润制定方式为：根据行业基准收益率，结合以往业绩较好的年度/项目利润率，在此基础上提高适当幅度确定企业在下一经营年度或项目的目标利润。

对于大多数普通企业而言，目标利润可根据行业基准收益率直接确定，亦可根据企业单位开发面积的边际利润率确定。对于星级商务酒店开发项目，可根据酒店单位开发面积边际利润率或单个房间的边际利润率来确定。在微观经济学中边际利润被定量化，表示增加单位产量所产生的利润增加额：

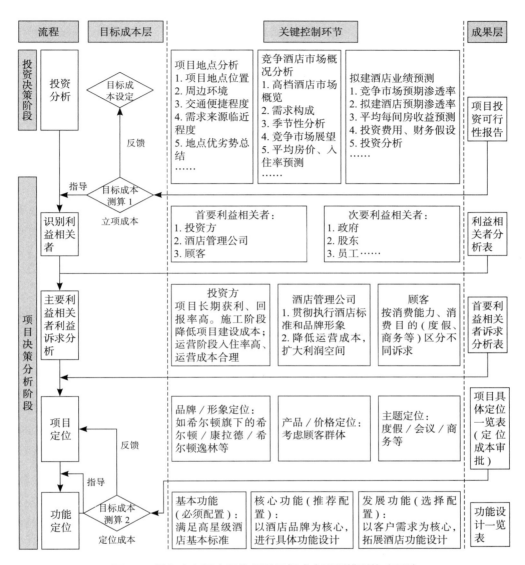

图 1-2 星级商务酒店开发项目目标成本预测模型构建思路

单位产品边际利润（PM）= 销售单价（P）- 单位产品变动成本（$C变$）

设某房地产企业开发某星级商务酒店项目，用于建筑安装的固定成本总额为 C_1，按照市场形势、酒店档次确定的平均房价为 P，均摊每间房的其他消费为 ρ，按照企业成本控制水平确定的单位变动成本为 C_2，预计出租量为 Q，总房间数为 Q_t，出租率为 τ，（$Q=Q_t \times \tau$），边界利润为 PM，边界利润率为 PMR，利润为 TP，则

$$PM = P - C_2$$

$$PMR=(P-C_2)/P$$

酒店运营预计出租量为 Q^*，保本出租量为 Q_0，则

$$P \times Q_0 = C_1 + C_2 \times Q_0$$

$$Q_0 = C_1/(P-C_2)$$

因此，星级商务酒店开发项目的目标利润为：

$$TP^* = (Q^* - Q_0)/PMR$$
$$= (PQ^* - PQ_0)/(P-C_2)$$

星级商务酒店开发项目的目标收入 E、目标成本 TI 为：

$$E = Q_t \times P(1+\rho)$$
$$TI = Q_t \times P(1+\rho) - TP^*$$

2）各功能区域目标成本分配

各功能区域建筑规模

每间单项面积是酒店经营定位的决定因素，每间单项面积也最能体现星级商务酒店品牌的理念。由于目前我国尚未对每间单项面积的数据进行完整的统计和分析，酒店各功能区域的建筑规模直接可用的模板数据，星级评定标准只能作为一种参考。

客房面积包括交通面积，占总面积43%，公共区域面积，包括大堂、前台、商场、康乐设施，占总体面积19%，餐饮娱乐设施，包括冷库、厨房及相关部分，占总体面积16%，行政、生活面积，包括行政办公室、职工生活、后勤服务，占总体面积11%，包括机房等设备用地、维修工场、工程部办公室、备品备件仓库，占总体面积11%。

本节通过对14间2005年后开业的高星级商务酒店的平面图纸进行分析，将客房区域、公共区域、后勤区域划为三个分项（建成开业数据），每间单项面积如表1-7所示。

星级商务酒店三大功能分区每间单项面积（m^2/间） 表1-7

序号	酒店名称	星级	规模（间）	客房区域	公共区域	后勤区域	每间综合面积（m^2）
1	北京王府井希尔顿酒店	5	255	67.57	42.23	30.39	140.19
2	海口希尔顿酒店	5	459	69.87	38.82	27.59	136.28
3	三亚山海天酒店	5	296	64.05	35.99	20.57	120.61
4	深圳君悦酒店	5	470	105.92	39.38	28.34	173.64
5	深圳皇庭V酒店	5	506	82.31	18.48	17.00	117.79

续表

序号	酒店名称	星级	规模（间）	客房区域	公共区域	后勤区域	每间综合面积（m²）
6	深圳JW万豪酒店	5	417	73.06	23.06	22.85	118.97
7	广州四季酒店	5	330	144.04	37.58	24.43	206.05
8	广州富力君悦酒店	5	405	75.32	40.76	36.01	152.09
9	广州南沙蒲州酒店	5	324	63.75	39.16	30.97	133.88
10	广州海航威斯汀	5	445	90.37	31.68	24.53	146.58
11	重庆凯悦酒店	5	321	79.71	39.31	31.06	150.08
12	南昌香格里拉酒店	5	504	75.56	46.79	35.76	158.11
13	扬州香格里拉酒店	5	320	71.64	39.76	33.85	145.25
14	苏州吴江海悦花园酒店	5	543	72.4	45.48	16.54	134.42
取值范围			320~543	64.63~143.94	18.38~46.69	16.44~35.66	114.49~205.75
均值			399	81.11	36.88	26.99	144.99

通过对以上数据进行分析，可以得出星级商务酒店的三大区域的建设规模比例，如表1-8所示。

星级商务酒店每间单项面积比值表 表 1-8

序号	功能分区	比值	面积取值范围（m²/间）	面积比浮动范围（%）
1	客房区域	89.03%	64.63~143.94	48~70
2	公共区域	8.23%	18.38~46.69	16~34
3	后勤区域	2.74%	16.44~35.66	12~32

功能分区的面积比反映了酒店建筑工程投资量在各部分的分配比例，与每间单项面积的意义是不同的。即使一家酒店每间客房面积大于另一家，也并不能说明客房所占面积比就一定比另家高。因此，对上述14家酒店的功能组成面积比进行统计，结果如表1-9所示。

综合上述两种分析结果，对三个区域的建筑规模进行细分，客房区域包括交通面积，占总面积43%；公共区域面积，包括大堂、前台、商场、康乐设施，占总体面积19%，餐饮娱乐设施，包括冷库、厨房及相关部分，占总体面积16%；行政、生活区域，包括行政办公室、职工生活、后勤服务，占总体面积11%，后勤区域，包括机房等设备用地、维修工厂、工程部办公室、备品备件仓库，占总体面积11%。

星级商务酒店功能组成面积比值表　　　　　表 1-9

序号	酒店名称	建筑类型	客房区域（%）	公共区域（%）	后勤区域（%）
1	北京王府井希尔顿酒店	单体	53	24	23
2	海口希尔顿酒店	单体	59	21	20
3	三亚山海天酒店	单体	54	25	21
4	深圳君悦酒店	综合体	62	21	16
5	深圳皇庭V酒店	超高层	69	17	14
6	深圳JW万豪酒店	单体	63	19	18
7	广州四季酒店	超高层	71	17	12
8	广州富力君悦酒店	综合体	52	25	23
9	广州南沙蒲州酒店	单体	51	26	23
10	广州海航威斯汀酒店	综合体	61	23	16
11	重庆凯悦酒店	综合体	55	24	21
12	南昌香格里拉酒店	单体	49	29	22
13	扬州香格里拉酒店	单体	47	31	22
14	苏州吴江海悦花园酒店	单体	57	32	21
	均值		57.36	23.86	19.43

（3）各功能区域目标成本确定

基于上述分析，拟建酒店各功能区域的成本分配比例应综合两方面规划参数确定，设拟建酒店客房区域的占比为 a_1，公共区域的占比为 a_2，后勤区域的占比为 a_3，则拟建星级商务酒店的各功能区域的目标成本为：

$$TI = (TI \times a_1 + TI \times a_2 + TI \times a_3)$$

（4）项目总投资估算

项目经济策划的首要工作是进行项目总投资估算。就建设项目而言，项目的总投资估算包括项目的前期费用、项目工程建设造价和其他投资费用等，其中，工程造价是项目总投资最主要的组成部分。

项目总投资估算一般分为以下五个步骤：

1）根据项目组成对工程总投资进行结构分解，即进行投资切块分析并进行编码，确定各项投资与费用的组成，其关键是不能有漏项。

2）根据项目规模分析各投资分解项的工程数量，由于此时尚无设计图纸，因此要求估算师具有丰富的经验，并对工程内容做出许多假设。

3）根据项目标准估算各投资分解项的单价，此时，尚不能套用概预算定额，要求估算师拥有大量的经验数据及丰富的估算经验。

4）根据数量和单价计算投资合价。得出每一投资分解项的投资合价以后，即可进行逐层汇总。每一项投资合价都是子项各投资合价汇总之和，最终得出项目投资总估算，并形成估算汇总表和明细表。

5）对估算所做的各项假设和计算方法进行说明，编制投资估算说明书。项目总投资估算主要是用来论证投资规划的可行性以及为项目财务分析和财务评价提供基础，进而论证项目建设的可行性。一旦项目实施，项目投资估算也是投资控制的重要依据。

第 2 章　高星级商务酒店项目勘察阶段

高星级酒店（超高层建筑）一般具有以下特点：

（1）建造成本高

这就更需要施工单位进行更详细的测算，做好各项预算，并制定合理有效的施工计划，统筹安排各部门的施工进度。

（2）提升所在城市的地位及国家的形象

超高层建筑大多位于繁华的商业地段，在人流、物流的传输和信息传递方面具有显著的作用。超高层建筑的建成将成为城市中独特的风景，这能极大提升城市的知名度，展现城市的综合实力。在此因素的驱动下，世界各地的超高层建筑不断涌现，刷新各项纪录。

（3）集约化利用土地资源

随着我国城市化进程的加快，农村人口不断涌入城市，城市规模也随之不断扩大，这给城市周边的土地尤其是耕地带来了巨大的压力。而超高层建筑因其集约化利用土地、有效缓解建设用地紧张的独特优势，获得了广泛青睐。超高层建筑的出现也为建筑业的发展开辟了新的道路，它充分利用了现有的土地资源，有效缓解了土地资源稀缺的现状。

（4）超高层建筑实现资源高度共享，提高投资收益

超高层建筑将酒店、办公和商业等各种功能集约式布置，突显了配套设施的规模效应，提高了资源利用率，如酒店和办公为商业提供了稳定的客源，酒店和商业也增强了办公空间的吸引力等。资源的共享和互惠互利显著提高了超高层建筑的投资收益。

为了给高层建筑岩土工程勘察作业水平提升可靠保障，并得到实践中所需的勘察成果，则需要注重这类建筑岩土工程勘察关键点的探讨。这些关键点包括以下几个方面：

1）落实好勘察前的准备工作

在高层建筑岩土工程勘察作业计划实施前，为了避免给后续工作开展造成不利影响，需要勘察企业及人员能够落实好勘察前的准备工作。具体表现为：①对建设单位提供的勘察计划及任务书进行分析，明确实践中的勘察范围；②设计单位应及时提供实践中所需的设计平面图，且考虑勘察技术要求、进度要求等；③勘察单位及作业人员应进行实地考察，了解高层建筑岩土工程勘察区域的环境状况，并检查勘察工具是否准备齐全，确保这类建筑岩土工程勘察前准备工作的充分性。

2）明确实践中的勘察任务及目的

为了使高层建筑岩土工程勘察作业的开展更具针对性，并提升工作的潜在价值，需要明确其在实践中的勘察任务及目的。其中，高层建筑岩土工程的勘察任务为：

①对不良地质的性质、范围、深度及其对建筑物的影响程度进行勘察。

②对建筑地基的地层分布、深度、结构类型、工程特性等进行勘察，从而为高层建筑的选址工作开展提供参考信息。

③对地基内的岩土层进行勘察，了解其变形模量、承载力状况等。

④对地下水的分布状况、深度、积极性变化情况等进行勘察。

⑤对建筑地基范围内地质的抗震等级进行勘察，从而为高层建筑场地类型、土层剪切速度等地震相关参数的设置提供参考依据。

2.1 勘察文件编审内容

（1）项目勘察阶段咨询服务的依据主要有：

1）经批准的项目建议书、可行性研究报告等文件；

2）勘察任务书；

3）《建设工程勘察设计管理条例》国务院令第293号令（2017年修订）；

4）《工程建设项目勘察设计招标投标办法》发展计划委员会2003年第2号令（2013年修订）；

5）《建设工程勘察设计资质管理规定》原建设部2007年第160号令（2015年修订）；

6）《建设工程勘察质量管理办法》原建设部2002年第115号令（2007年修订）；

7）《实施工程建设强制性标准监督规定》原建设部2000年第81号令（2015

年修订）；

　　8)《中华人民共和国建筑法》主席令第 29 号令（2019 年修订）；

　　9)《岩土工程勘察规范》GB 50021—2001（2009 年版）；

　　10）其他相关专业的工程勘察技术规范标准。

　（2）勘察方案的编审

　　勘察方案应由全过程工程咨询单位勘察专业工程师编制、设计专业工程师进行审查，编审主要包括以下内容：

　　1）钻孔位置与数量、间距是否满足初步设计或施工图设计的要求；

　　2）钻孔深度应根据上部荷载与地质情况（地基承载力）确定；

　　3）钻孔类别比例的控制，主要是控制性钻孔的比例以及技术性钻孔的比例；

　　4）勘探与取样，包括采用的勘探技术手段方法，取样方法及措施等；

　　5）原位测试，原位测试包括多种，主要包括标贯试验，重探试验、静力触探、波速测试、平板载荷试验等。在勘察投标中应明确此类测试的目的、方法、试验要求、试验数量；

　　6）土工试验，土工试验项目应该满足建筑工程设计与施工所需要的参数，例如为基坑支护提供参数的剪切试验，地基土强度验算时的三轴剪切试验，以及水质分析等；

　　7）项目组织，包括机械设备、人员组织；

　　8）方案的经济合理性。通过对勘察方案的编制和审查，保证勘察成果满足设计需要、满足项目建设需要，为设计工作的开展提供真实的地勘资料。

　（3）勘察文件的编审

　　勘察文件是勘察工作的成果性文件，需要充分利用相关的工程地质资料，做到内容齐全、论据充足、重点突出。此外，勘察文件应正确评价建筑场地条件、地基岩土条件和特殊问题，为工程设计和施工提供合理适用的建议。因此，全过程工程咨询单位要全面细致地做好工程勘察文件的编制与审查，为设计和施工提供准确的依据。

　　全过程工程咨询单位须按照国家和省市制定的工程勘察标准、技术规范和有关政策文件，组织专业技术力量和设备等，组织开展工程勘察工作，精心编制和审查工程勘察文件，特别应重点做好以下几个方面的内容：

　　1）勘察文件是否满足勘察任务书委托要求及合同约定；

　　2）勘察文件是否满足勘察文件编制深度规定的要求；

　　3）组织专家对勘察文件进行内部审查，确保勘察成果的真实性、准确性、将问题及时反馈至地勘单位，并跟踪落实修改情况；

4）检查勘察文件资料是否齐全。有无缺少实验资料、测量成果表、勘察工作量统计表和勘探点（钻孔）平面位置图、柱状图、岩芯照片等；

5）工程概述是否表述清晰，有无遗漏，包括：工程项目、地点、类型、规模、荷载、拟采用的基础形式等各方面；

6）勘察成果是否满足设计要求。全过程工程咨询单位审查合格后要将勘察文件报送当地建设行政主管部门对勘察文件中涉及工程建设强制性标准的内容进行严格审查。并将审查意见及时反馈至专业咨询工程师（勘察），直至取得审查合格书。

2.2 岩土勘察报告审核内容

岩土工程勘察报告应根据任务要求、勘察阶段、工程特点和地质条件等具体情况编写，并应包括下列内容：

（1）勘察目的、任务要求和依据的技术标准；
（2）拟建工程概况；
（3）勘察方法和勘察工作布置；
（4）场地地形、地貌、地层、地质构造、岩土性质及其均匀性；
（5）各项岩土性质指标，岩土的强度参数、变形参数、地基承载力的建议值；
（6）地下水埋藏情况、类型、水位及其变化；
（7）土和水对建筑材料的腐蚀性；
（8）可能影响工程稳定的不良地质作用的描述和对工程危害程度的评价；
（9）场地稳定性和适宜性的评价。

2.2.1 基坑工程

基坑工程勘察，应与高层建筑地基勘察同步进行。初步勘察阶段应初步查明场地环境情况和工程地质条件、预测基坑工程中可能产生的主要岩土工程问题；详细勘察阶段应在详细查明场地工程地质条件基础上，判断基坑的整体稳定性，预测可能破坏模式，为基坑工程的设计、施工提供基础资料，对基坑工程等级、支护方案提出建议。

勘察区范围宜达到基坑边线以外两倍以上基坑深度，勘探点宜沿地下室周边布置，边线以外以调查或搜集资料为主，为查明某些专门问题可在边线以外布设勘探点。勘探点的间距根据地质条件的复杂程度宜为 11~30m，当遇到暗浜、暗塘或填土厚度变化很大或基岩面起伏很大时，宜加密勘探点。

勘探孔的深度不宜小于基坑深度的 2 倍；对深厚软土层，控制性勘探孔应穿透软土层；为降水或截水设计需要，控制性勘探孔应穿透主要含水层进入隔水层一定深度；在基坑深度内，遇微风化基岩时，一般性勘探孔应钻入微风化岩层 1~3m，控制性勘探孔应超过基坑深度 1~3m；控制性勘探点宜为勘探点总数的 1/3，且每一基坑侧边不宜少于 1 个控制性勘探点。

2.2.2 勘察点布置要求

详细勘察的单栋高层建筑勘探点的布置，应满足对地基均匀性评价的要求，且不应少于 4 个；对密集的高层建筑群，勘探点可适当减少，但每栋建筑物至少应有 1 个控制性勘探点。

2.2.3 勘探深度

（1）勘探孔深度应能控制地基主要受力层，当基础底面宽度不大于 5m 时，勘探孔的深度对条形基础不应小于基础底面宽度的 3 倍，对单独柱基不应小于 1.5 倍，且不应小于 5m。

（2）对高层建筑和需作变形验算的地基，控制性勘探孔深度应超过地基变形计算深度；高层建筑的一般性勘探孔应达到基底下 0.5~1.0 倍的基础宽度，并深入稳定分布的地层。

（3）对于只有地下室的建筑或高层建筑的裙房，当不能满足抗浮设计要求，需设置抗浮桩或锚杆时，勘探孔深度应满足抗拔承载力评价的要求。

（4）当有大面积地面堆载或软弱下卧层时，应适当加深控制性勘探孔的深度。

（5）在上述规定深度内遇基岩或厚层碎石土等稳定地层时勘探孔深度可适当调整。

2.2.4 取土试样和进行原位测试

（1）详细勘察采取土试样和进行原位测试应满足岩土工程评价要求，并符合下列要求：

1）采取土试样和进行原位测试的勘探孔的数量，应根据地层结构、地基土的均匀性和工程特点加以确定，且不应少于勘探孔总数的 1/2，钻探取土试样孔的数量不应少于勘探孔总数的 1/3。

2）每个场地每一主要土层的原状土试样或原位测试数据不应少于6件（组），当采用连续记录的静力触探或动力触探为主要勘察手段时，每个场地不应少于3个孔。

3）在地基主要受力层内，对厚度大于0.5m的夹层或透镜体应取土试样或进行原位测试。

4）当土层性质不均匀时，应增加取土试样或原位测试数量。

（2）当场地水文地质条件复杂，在基坑开挖过程中需要对地下水进行控制（降水或隔渗），且已有资料不能满足要求时，应进行专门的工程水文地质勘察。

2.2.5 桩基岩土工程勘察

进行桩基岩土工程勘察时，查明场地各层岩土的类型、深度、分布、工程特性和变化规律。

（1）当采用基岩作为桩的持力层时，应查明基岩的岩性、构造、岩面变化、风化程度，确定其坚硬程度、完整程度和基本质量等级，判定有无洞穴、临空面、破碎岩体或软弱岩层。

（2）查明水文地质条件，评价地下水对桩基设计和施工的影响，判定水质对建筑材料的腐蚀性。

（3）查明不良地质作用，可液化土层和特殊性岩土的分布及其对桩基的危害程度，并提出防治措施的建议。

（4）评价成桩可能性，论证桩的施工条件及其对环境的影响。

2.2.6 专项地质勘查

（1）拟建工程场地或其附近存在影响工程安全的岩溶时，应进行岩溶勘察。

（2）拟建工程场地或其附近存在影响工程安全的滑坡或有滑坡可能时，应进行专门的滑坡勘察。

（3）拟建工程场地或其附近存在影响工程安全的危岩或崩塌时，应进行危岩和崩塌勘察。

（4）拟建工程场地或其附近有发生泥石流的可能性并对工程安全有影响时，应进行专门的泥石流勘察。

（5）在抗震设防烈度不小于6度的地区进行勘察时，应确定场地类别。当场地位于抗震危险地段时，应根据现行国家标准《建筑抗震设计规范》GB 50011—2010的要求，提出专门研究的建议。

（6）地震液化的进一步判别应在地面以下15m的范围内进行；对于桩基和基础埋深大于5m的天然地基，判别深度应加深至20m。对判别液化而布置的勘探点不应少于3个，勘探孔深度应大于液化判别深度。

（7）凡判别为可液化的场地，应按《建筑抗震设计规范》GB 50011—2010的规定确定其液化指数和液化等级。

（8）勘察报告除应阐明可液化的土层、各孔的液化指数外，尚应根据各孔的液化指数综合确定场地液化等级。

2.2.7 地下水位量测

（1）遇地下水时应量测水位。

（2）对工程有影响的多层含水层的水位量测，应采取止水措施，将被测含水层与其他含水层隔开。

根据高层建筑的工程需要，应采用调查与现场勘察方法，查明地下水的性质和变化规律，提供水文地质参数；针对地基基础形式、基坑支护形式、施工方法等情况分析评价地下水对地基基础设计、施工和环境影响，预估可能产生的危害，提出预防和处理措施的建议。

（3）已有地区经验或场地水文地质条件简单，且有常年地下水位监测资料的地区，地下水的勘察可通过调查方法掌握地下水的性质和规律，其调查宜包括下列内容：

1）地下水的类型、主要含水层及其渗透特性；
2）地下水的补给排泄条件、地表水与地下水的水力联系；
3）历史最高、最低地下水位及近3～5年水位变化趋势和主要影响因素；
4）区域性气象资料；
5）地下水腐蚀性和污染源情况。

（4）在无经验地区，地下水的变化或含水层的水文地质特性对地基评价、地下室抗浮和工程降水有重大影响时，应在调查的基础上，进行专门的工程水文地质勘察，并应符合下列要求：

1）查明地下水类型、水位及其变化幅度；
2）与工程相关的含水层相互之间的补给关系；
3）测定地层渗透系数等水文地质参数；
4）对于缺乏常年地下水监测资料的地区，在初步勘察阶段应设置长期观测孔或孔隙水压力计；

5）对于与工程结构有关的含水层，应取有代表性的水样进行水质分析；

6）在岩溶地区，应查明场地岩溶裂隙水的主要发育特征及其不均匀性。

（5）当场地有多层对工程有影响的地下水时，应采取止水措施将被测含水层与其他含水层隔离后测定地下水位或承压水头高度。必要时，宜埋设孔隙水压力计，或采用孔压静力触探试验进行量测，但在黏性土中应有足够的消散时间。

（6）含水层的渗透系数等水文地质参数的测定，应根据岩土层特性和工程需要，宜采用现场钻孔或探井抽水试验、注水试验或压水试验求得。

（7）应按下列内容评价地下水对工程的作用和影响：

1）对地基基础、地下结构应考虑在最不利组合情况下，地下水对结构的上浮作用；

2）验算边坡稳定时，应考虑地下水及其动水压力对边坡稳定的不利影响；

3）采取降水措施时在地下水位下降的影响范围内，应考虑地面沉降及其对工程的危害；

4）当地下水位回升时，应考虑可能引起的回弹和附加的浮托力等；

5）在湿陷性黄土地区应考虑地下水位上升对湿陷性的影响；

6）在有水头压差的粉细砂、粉土地层中，应评价产生潜蚀、流砂、管涌的可能性；

7）在地下水位下开挖基坑，应评价降水或截水措施的可行性及其对基坑稳定和周边环境的影响；

8）当基坑底下存在高水头的承压含水层时，应评价坑底土层的隆起或产生突涌的可能性；

9）对地下水位以下的工程结构，应评价地下水对混凝土或金属材料的腐蚀性。

（8）基坑工程中采取降低地下水位的措施应满足下列要求：

1）施工中地下水位应保持在基坑底面下 0.5～1.5m；

2）降水过程中应防止渗透水流的不良作用；

3）深层承压水可能引起突涌时，应采取降低基坑下的承压，水头的减压措施；

4）应对可能影响的既有建（构）筑物、道路和地下管线等设施进行监测，必要时应采取防护措施（表 2-1、表 2-2）。

高星级商务酒店高层建筑岩土工程勘察要点及难点

表 2-1

序号	勘察要点	勘察的具体依据	勘察注意事项	勘察评审依据
1	勘察点布置	①单栋高层建筑勘探点的布置，应满足对地基均匀性评价的要求，且不应少于4个；②密集的高层建筑群，勘探点可适当减少，但每栋建筑物至少应有1个控制性勘探点		《岩土工程勘察报告编制规范》GB 50021—2001，《高层建筑岩土工程勘察标准》JGJ/T 72—2017
2	勘察孔深	①勘探孔深度应能控制地基主要受力层，基础底面宽度不大于5m时，勘探孔的深度对条形基础不应小于基础底面宽度的3倍，对单独柱基不应小于1.5倍，且不应小于5m；②对仅有地下室的建筑或高层建筑的裙房，当不能满足抗浮设计要求，需设置抗浮桩或锚杆时，勘探孔深度应按承载力评价的要求	①酒店高层建筑需要变形验算的地基，控制性勘探孔深度应超过地基变形计算深度；②若遇基岩或厚层碎石土等稳定地层时勘探孔深度可适当调整	
	勘察钻孔间距	①高层建筑的一般性勘探孔应达到基底下0.5~1.0倍的基础宽度，并深入稳定分布的地层；②当有大面积地面荷载或软弱下卧层时，应适当加深控制性勘探孔	对于特殊地质，如花岗石不均匀差距大的地方，岩脉等需加密钻孔	
	原位测试	①进行取土试样和原位测试的勘探点的数量，应根据地层结构、地基土的均匀性和工程特点确定，且不应少于勘探孔总数的1/2；②每个场地，每一主要土层的原状土试样或原位测试数据不应少于6件（组），当采取连续记录的静力触探或动力触探为主要勘察手段时，每个场地不应少于3个孔；③在主要受力层内，对厚度大于0.5m的夹层或透镜体应采取土试样或进行原位测试	①当土层性质不均匀时，应增加取土试样数量；②当场地水文地质条件复杂，在基坑开挖过程中需要对地下水进行控制（降水或截渗）时，应进行专门的水文地质勘察	《建筑工程地质勘探与取样技术规程》JGJ 87—2012

276

续表

序号	勘察要点	勘察的具体依据		勘察注意事项	勘察评审依据
2	勘察深度	室内试验	室内试验包括渗透系数试验、常规力学参数测试、三轴剪切试验、高压固结试验、固结快剪等		
3	基础承载力		高层建筑高度高，重量大，对地基的承载力和抗沉降变形能力要求高。因此，应针对勘察结果选择1～2个适合做基础评价的岩土层，查明各地层厚度和软弱地层的分布情况	全面勘察岩石的质量等级、完整程度，并综合实验室的岩土试验结果，对岩土层和持力层的承载力能力进行全面综合的分析，预估沉降变形量，为后期建筑设计做数据支持	
4	基坑挖掘		初步勘察阶段初步查明场地环境情况和工程地质条件，预测基坑工程中可能产生的主要岩土工程问题；详细勘察阶段应在详细查明场地地质条件的基础上，判断基坑的整体稳定性，完整度及其坚硬程度、破碎岩体或软弱岩层，预测可能破坏模式，为基坑工程的设计、施工提供基础资料，对基坑工程等级、支护方案提出建议	高层建筑一般建在人口活动密集的繁华地带，基坑的挖掘要保证对周边建筑、市政设施、居民生活产生最小的影响	
5	桩基岩土工程勘察		①查明场地各层岩土的类型、深度、分布、工程特性和变化规律； ②当采用基岩作为桩基持力层时，应查明基岩的岩性、构造、岩面变化、风化程度，确定其坚硬程度、完整程度和基本质量等级，判定有无洞穴、临空面、破碎岩体或软弱岩层； ③查明水文地质条件，评价地下水对桩基设计和施工的影响，判定水质对建筑材料的腐蚀性； ④查明不良地质作用，可液化土层和特殊性岩土的分布及其对桩基的危害程度，并提出防治措施的建议	评价成桩可能性，论证桩的施工条件及其对环境的影响	

房屋建筑工程勘察文件技术审查要点

表 2-2

序号	审查项目	审查依据	审查内容
1	基本规定		
1.1	基本要求	《岩土工程勘察规范》GB 50021—2001（2009年版）	1.0.3 各项建设工程在设计施工之前，必须按本建设程序进行岩土工程勘察。 1.0.3A 岩土工程勘察应按工程建设各勘察阶段的要求，正确反映工程地质条件，查明不良地质作用和地质灾害，精心勘察，精心分析，提出资料完整、评价正确的勘察报告
1.2	勘察要求	《岩土工程勘察规范》GB 50021—2001（2009年版）、《高层建筑岩土工程勘察标准》JGJ 72—2017	4.1.11 详细勘察应按单体建筑物或建筑物群提出详细的岩土工程资料和设计、施工所需的岩土参数；对建筑地基做出岩土工程评价，并对地基类型、基础形式、地基处理、基坑支护、工程降水和不良地质作用的防治等提出建议。主要应进行下列工作： （1）搜集附有坐标和地形的建筑总平面图，场区的地面整平标高，建筑物的性质、规模、荷载、结构特点、基础形式、埋置深度、地基允许变形等资料； （2）查明不良地质作用的类型、成因、分布范围、发展趋势和危害程度，提出整治方案的建议； （3）查明建筑范围内岩土层的类型、深度、分布、工程特性、分析和评价地基的稳定性、均匀性和承载力； （4）对需进行沉降计算的建筑物，提供地基变形计算参数，预测建筑物的变形特征； （5）查明埋藏的河道、塘穴、防空洞、孤石等对工程不利的埋藏物； （6）查明地下水的埋藏条件，提供地下水位及其变化幅度； （7）在季节性冻土地区，提供场地土的标准冻结深度； （8）判定水和土对建筑材料的腐蚀性。 4.9.1 桩基岩土工程勘察应包括下列： （1）查明场地各层岩土的类型、深度、分布、工程特性和变化规律； （2）当采用基岩作为桩端持力层时，应查明基岩的岩性、构造、岩面变化、风化程度，确定其坚硬程度、完整程度和基本质量等级，判定有无洞穴、临空面、破碎岩体或软弱岩层； （3）查明地下水文地质条件，评价地下水对桩基设计和施工的影响，判定水质对建筑材料的腐蚀性； （4）查明不良地质作用，可液化土层和特殊性岩土的分布及其对桩基的危害程度，并提出防治措施的建议；

续表

序号	审查项目	审查依据	审查内容
1.2	勘察要求	《岩土工程勘察规范》GB 50021—2001（2009年版）、《高层建筑岩土工程勘察标准》JGJ 72—2017	（5）评价成桩可能性，论证桩的施工条件及其对环境的影响。 3.0.6 详细勘察阶段应采用多种手段查明场地工程地质条件，应采用综合评价方法，对场地和地基稳定性做出结论；应对不良地质作用和特殊性岩土的防治、地基基础形式、地基处理、基坑工程支护方案的选型提出建议；应提供设计、施工所需的岩土工程资料和参数
2	勘探点的布置		
2.1	勘探点的布置原则	《岩土工程勘察规范》GB 50021—2001（2009年版）	4.1.16 详细勘察的勘探点布置，应符合下列规定： （1）勘探点宜按建筑物周边线和角点布置，对无特殊要求的其他建筑物可按建筑物或建筑群的范围布置； （2）同一建筑范围内的主要受力层或有影响的下卧层起伏较大时，应加密勘探点，查明其变化； （3）重大设备基础应单独布置勘探点；重大的动力机器基础和高耸构筑物，勘探点不宜少于3个； （4）勘探手段宜采用钻探与触探相配合，在复杂地质条件、湿陷性土、膨胀性土、风化岩和残积土地区，宜布置适量探井。 4.1.17 详细勘察的单栋高层建筑勘探点的布置，应满足对地基均匀性评价的要求，且不应少于4个；对密集高层建筑群，勘探点可适当减少，但每栋建筑物至少应有1个控制性勘探点
2.2	勘探点间距	《岩土工程勘察规范》GB 50021—2001（2009年版）	4.1.15 详细勘察勘探点的间距可按表4.1.15确定。 详细勘察勘探点的间距（m） 表4.1.15 | 地基复杂程度等级	勘探点间距	地基复杂程度等级	勘探点间距
一级（复杂）	10～15	三级（简单）	30～50
二级（中等复杂）	15～30			
2.3	勘探孔深度	《岩土工程勘察规范》GB 50021—2001（2009年版）	4.1.18 详细勘察的勘探深度自基础底面算起，应符合下列规定： （1）勘探孔深度应能控制地基主要受力层，当基础底面宽度不大于5m时，勘探孔的深度对条形基础不应小于基础底面宽度的3倍，对单独柱基不应小于1.5倍，且不应小于5m；

续表

序号	审查项目	审查依据	审查内容
2.3	勘探孔深度	《岩土工程勘察规范》GB 50021—2001（2009年版）	(2) 对高层建筑和需做变形验算的地基，控制性勘探孔的深度应超过地基变形计算深度；高层建筑的一般性勘探孔应达到基底下 0.5～1.0 倍的基础宽度，并应深入稳定分布的地层； (3) 对于只有地下室的建筑或高层建筑的裙房，当不能满足抗浮设计要求，需设置抗浮锚杆时，勘探孔深度应满足抗拔承载力评价的要求； (4) 当大面积地面堆载作用软弱下卧层时，应适当加深控制性勘探孔的深度； (5) 在上述规定深度内遇基岩或碎石土等稳定地层时，勘探孔深度可适当调整。 4.1.19 详细勘察的勘探孔深度，除应符合 4.1.18 条的要求外，尚应符合下列规定： (1) 地基变形计算深度，对中、低压缩性土可取附加压力等于上覆土层有效自重压力 20% 的深度；对于高压缩性土层可取附加压力等于上覆土层有效自重压力 10% 的深度。 (2) 建筑总平面内的裙房或仅有地下室部分（或当基底附加压力 p_0 不大于 0 时）的控制性勘探孔的深度可适当减小，但应深入稳定分布地层，且根据控制性勘探孔深度应根据具体条件不宜小于基底下 0.5～1.0 倍基础宽度； (3) 当需进行地基整体稳定性验算时，控制性勘探孔深度应根据验算条件满足要求； (4) 当需确定场地地震类别而邻近无可靠的覆盖层厚度资料时，应布置波速测试孔，其深度应满足确定覆盖层厚度的要求； (5) 大型设备基础勘探孔深度不宜小于基础底面宽度的 2 倍； (6) 当需进行地基处理时，勘探孔的深度应满足地基处理设计与施工要求；当采用桩基时，勘探孔的深度应满足本规范第 4.9 节的要求。 4.9.4 勘探孔的深度应符合下列规定： (1) 一般性勘探孔的深度应达到预计桩长以下 3～5d（d 为桩径），且不得小于 3m；对大直径桩，不得小于 5m； (2) 控制性勘探孔深度应满足下卧层验算要求；对需验算沉降的桩基，应超过地基变形计算深度； (3) 钻至预计深度遇软弱层时，应予加深，在预计勘探孔深度内遇稳定坚实岩土时，可适当减小； (4) 对嵌岩桩，应钻入预计嵌岩面以下 3～5d，并穿过溶洞、破碎带，到达稳定地层； (5) 对可能有多种桩长方案时，应根据最长桩方案确定

续表

序号	审查项目	审查依据	审查内容
3	取样与测试	《岩土工程勘察规范》GB 50021—2001（2009年版）	4.1.20 详细勘察采取土试样和进行原位测试满足岩土工程评价要求，并符合下列要求： （1）采取土试样和进行原位测试的勘探孔的数量，应根据地层结构、地基土的均匀性和工程特点确定，且不应少于勘探孔总数的1/2，钻探取土试样孔的数量不应少于勘探孔总数的1/3； （2）每个场地每一主要土层的原状土试样或原位测试数据不应少于6件（组），当采用连续记录的静力触探或动力触探为主要勘察手段时，每个场地不应少于3个孔； （3）在地基主要受力层内，对厚度大于0.5m的夹层或透镜体，应采取土试样或进行原位测试； （4）当土层性质不均匀时，应增加取土试样或原位测试数量
4	室内试验	《岩土工程勘察规范》GB 50021—2001（2009年版）国家标准《土工试验方法标准》GB/T 50123—2019，《工程岩体试验方法标准》GB/T 50266—2013	11.1.1 岩土性质的室内试验项目和试验方法应符合本章的规定，其具体操作和试验仪器应符合现行规定。 11.1.2 试验项目和试验方法，应根据工程要求和岩土性质的特点确定
5	地下水		
5.1	勘察	《岩土工程勘察规范》GB 50021—2001（2009年版）	7.1.1 岩土工程勘察应根据工程要求，通过搜集资料和勘察工作，掌握下列水文地质条件： （1）地下水的类型和赋存状态； （2）主要含水层的分布规律； （3）区域性气候资料，如年降水量、蒸发量及其变化规律； （4）地下水的补给排泄条件、地表水与地下水的补排关系及其对地下水的影响； （5）勘察时的地下水位、历史最高地下水位、近3～5年最高地下水位、水位变化趋势和主要影响因素； （6）是否存在对地下水和地表水的污染源及可能的污染程度。 4.8.5 当场地水文地质条件复杂，在基坑开挖过程中需要对地下水进行控制（降水或隔渗），且已有资料不能满足要求时，应进行专门的水文地质勘查

续表

序号	审查项目	审查依据	审查内容
5.2	水位	《岩土工程勘察规范》GB 50021—2001（2009年版）	7.2.2 地下水位的量测应符合下列规定： （1）遇地下水时应量测水位； （2）（此款取消）； （3）对工程有影响的多层含水层的水位量测，应采取止水措施，将被测含水层与其他含水层隔开
5.3	水土腐蚀性测试与判别	《岩土工程勘察规范》GB 50021—2001（2009年版）	12.1.3 水和土腐蚀性的测试项目和试验方法应符合下列规定： （1）水对混凝土结构腐蚀性的测试项目包括：pH值、Ca^{2+}、Mg^{2+}、Cl^-、SO_4^{2-}、HCO_3^-、CO_3^{2-}、侵蚀性CO_2、游离CO_2、NH_4^+、OH^-、总矿化度； （2）土对混凝土结构腐蚀性的测试项目包括：pH值、Ca^{2+}、Mg^{2+}、Cl^-、SO_4^{2-}、HCO_3^-、CO_3^{2-}的易溶盐（土水比1:5）分析； （3）土对钢结构的腐蚀性的测试项目包括：pH值、氧化还原电位、极化电流密度、电阻率、质量损失； （4）腐蚀性测试项目的试验方法应符合表12.1.3的规定。 12.1.4 水和土对建筑材料的腐蚀性，可分为微、弱、中、强四个等级，并可按本规范第12.2节进行评价
5.4	地下水评价	《岩土工程勘察规范》GB 50021—2001（2009年版）	7.3.1 岩土工程勘察应评价地下水的作用和影响，并提出预防措施的建议
6	场地和地基的地震效应		
6.1	划分有利、不利和危险地段	《建筑抗震设计规范》GB 50011—2010	4.1.9 场地岩土工程勘察，应根据实际需要划分的对建筑有利、一般、不利和危险的地段，提供建筑的场地类别和岩土地震稳定性（含滑坡、崩塌、液化和震陷特性）评价，对需要采用时程分析法补充计算的建筑，尚应根据设计要求提供土层剖面、场地覆盖层厚度和有关的动力参数
		《岩土工程勘察规范》GB 50021—2001（2009年版）	5.7.2 在抗震设防烈度等于或大于6度的地区进行勘察时，应确定场地类别。当场地位于抗震危险地段时，应根据《建筑抗震设计规范》GB 50011—2010的要求，提出专门研究的建议

续表

序号	审查项目	审查依据	审查内容
6.2	地震动参数	《建筑抗震设计规范》GB 50011—2010；《岩土工程勘察规范》GB 50021—2001（2009年版）	1.0.4 抗震设防烈度必须按国家规定的权限审批，颁发的文件（图件）确定 5.7.1 抗震设防烈度等于或大于6度的地区，应进行场地和地基地震效应的岩土工程勘察，并应根据国家批准的地震动参数区划和有关规范，提出勘察场地的抗震设防烈度、设计基本地震加速度和设计地震分组
6.3	场地类别	《建筑抗震设计规范》GB 50011—2010	4.1.2 建筑场地类别划分，应以土层等效剪切波速和场地覆盖层厚度为准。 4.1.6 建筑的场地类别，应根据土层等效剪切波速和场地覆盖层厚度按表4.1.6划分为四类，其中I类分为 I_0、I_1 两个亚类。当有可靠的近场地震作用依据时，应根据建筑的场地类别处于表4.1.6所列场地类别的分界线附近时，应允许按插值方法确定地震作用计算所用的特征周期
6.4	液化判别	《建筑抗震设计规范》GB 50011—2010；《岩土工程勘察规范》GB 50021—2001（2009年版）	4.3.2 地面下存在饱和砂土和饱和粉土时，除6度外，应进行液化判别；存在液化土层的地基，应根据建筑的抗震设防类别、地基的液化等级，结合具体情况采取相应的措施。 5.7.8 地震液化判别应在地面以下15m的范围内进行；对于桩基和基础埋深大于5m的天然地基，判别深度应加深至20m。对判别液化的勘探点不应少于3个，勘探孔深度应大于液化判别深度。 5.7.10 凡判别为可液化的场地，应按《建筑抗震设计规范》GB 50011—2010的规定确定其液化指数和液化等级。勘察报告除应阐明可液化的土层、各孔的液化指数外，尚应根据各孔液化指数综合确定场地液化指数和液化等级
7	不良地质作用		
7.1	基本要求	《高层建筑岩土工程勘察标准》JGJ 72—2017	8.1.2 对有直接危害的不良地质作用地段，不得选作高层建筑建设场地。对于有不良地质作用存在，但经技术经济论证可以治理的方案建设场地，应提出防治方案建议，采取安全可靠的整治措施
7.2	岩溶	《岩土工程勘察规范》GB 50021—2001（2009年版）	5.1.1 拟建工程场地或其附近存在对工程安全有影响的岩溶时，应进行岩溶勘察

续表

序号	审查项目	审查依据	审查内容
7.3	滑坡	《岩土工程勘察规范》GB 50021—2001（2009年版）	5.2.1 拟建工程场地或其附近存在对工程安全有影响的滑坡或有滑坡可能时，应进行专门的滑坡勘察
7.4	危岩和崩塌		5.3.1 拟建工程场地或其附近存在对工程安全有影响的危岩或崩塌时，应进行危岩和崩塌勘察
7.5	泥石流		5.4.1 拟建工程场地或其附近有发生泥石流的条件并对工程安全有影响时，应进行专门的泥石流勘察
8	特殊性岩土		
8.1	湿陷性土	《岩土工程勘察规范》GB 50021—2001（2009年版）、《湿陷性黄土地区建筑标准》GB 50025—2018	6.1.3 湿陷性土场地勘察，除应遵守本规范第4章的规定外，尚应符合下列要求： 6.1.4 湿陷性土的岩土工程评价应符合下列规定： 4.1.1 在湿陷性黄土场地进行岩土工程勘察应查明下列，并应结合建筑物的特点和设计要求，对场地、地基做出评价，对地基处理措施提出建议。 5.7.2 在湿陷性黄土场地采用桩基础，桩端必须穿透湿陷性黄土层，并应符合相应要求：
9	边坡工程		
9.1	一般规定	《建筑边坡工程技术规范》GB 50330—2013	4.1.1 一级建筑边坡工程应进行专门的岩土工程勘察；二、三级建筑边坡工程可与主体建筑勘察一并进行，但应满足边坡勘察的深度和要求；大型的和地质环境条件复杂的边坡宜分阶段勘察；地质环境复杂的一级边坡工程尚应进行施工勘察
9.2	勘察工作布置	《岩土工程勘察规范》GB 50021—2001（2009年版）	4.7.4 勘探线应垂直边坡走向布置，勘探点间距应根据地质条件确定。勘探孔深度应穿过潜在滑动面并深入稳定地层2～5m。除常规钻探外，采用应适当加密。当遇有软弱夹层或不利结构面时，可根据需要，采用探洞、探槽、探井和斜孔

284

续表

序号	审查项目	审查依据	审查内容
9.3	工作与评价要求	《岩土工程勘察规范》GB 50021—2001（2009年版）、《建筑边坡工程技术规范》GB 50330—2013	4.7.1 边坡工程勘察应查明下列内容： （1）地貌形态，当存在滑坡、危岩和崩塌、泥石流等不良地质作用时，应符合本规范第5章的要求； （2）岩土的类型、成因、工程特性、覆盖层厚度、基岩面的形态和坡度； （3）岩体主要结构面的类型、产状、延展情况、闭合程度、充填状况、力学属性组合关系、主要结构面与临空面关系，是否存在外倾结构面； （4）地下水的类型、水位、水压、水量、补给和动态变化、岩土的透水性和地下水的出露情况； （5）地区气象条件（特别是雨期、暴雨强度），汇水面积，坡面植被，地表水对坡面、坡脚的冲刷情况； 5. 岩土的物理力学性质和软弱结构面的抗剪强度 4.1.3 边坡工程勘察报告应包括下列内容： （1）在查明边坡工程地质和水文地质的基础上，确定边坡类型和可能的破坏形式； （2）提供验算边坡稳定性、变形和设计所需的计算参数值； （3）评价边坡的稳定性，并提出潜在的不稳定边坡应根据划分提供边坡的整治措施和监测方案的参数； （4）对需进行抗震设防的边坡应根据划分提供边坡抗震设防烈度的整治或建议； （5）提出边坡整治设计、施工注意事项的建议； （6）对所勘察的边坡工程是否存在滑坡（或潜在滑坡）等不良地质现象，以及开挖或构筑的适宜性做出结论； （7）对安全等级为一、二级的边坡开挖工程尚应提出沿边坡开挖线的地质纵、横剖面图
10	岩土参数		
10.1	统计范围	《房屋建筑和市政基础设施工程勘察文件编制深度规定》（2010年版）	4.4.3 岩土参数统计应符合所依据的技术标准，并按岩土单元分层统计： （1）岩土的物理力学性质指标，应按岩土层分层统计； （2）应提供岩土参数的统计个数、平均值、最小值、最大值； （3）岩土层的主要测试指标（包括孔隙比、压缩模量、黏聚力、内摩擦角、标准贯入试验锤击数、圆锥动力触探锤击数、岩石抗压强度等）应提供统计个数、平均值、最小值、最大值、标准差、变异系数等； （4）必要时提供参数建议值

续表

序号	审查项目	审查依据	审查内容
10.2	岩土测试指标统计	《岩土工程勘察规范》GB 50021—2001（2009年版）	14.2.2 岩土参数统计应符合下列要求： （1）岩土的物理力学指标，应按场地的工程地质单元和层位分别统计； （2）应按下列公式计算平均值、标准差和变异系数； （3）分析数据的分布情况并说明数据的取舍标准
11	岩土工程分析评价和成果报告		
11.1	岩土工程分析评价	《岩土工程勘察规范》GB 50021—2001（2009年版）、《房屋建筑和市政基础设施工程勘察文件编制深度规定》（2010年版）	14.1.3 岩土工程分析评价应在定性分析的基础上进行定量分析。岩土体的变形、强度和稳定应定量分析；场地的适宜性、场地地质条件的稳定性，可仅做定性分析。 4.5.2 岩土工程分析评价应包括下列内容： （1）场地稳定性、适宜性评价； （2）特殊性岩土评价（本规定第7章）； （3）地下水和地表水评价； （4）岩土工程参数分析； （5）地基基础方案分析；
11.1	岩土工程分析评价	《岩土工程勘察规范》GB 50021—2001（2009年版）、《房屋建筑和市政基础设施工程勘察文件编制深度规定》（2010年版）	（6）根据工程需要进行基坑工程分析； （7）其他岩土工程相关问题的分析、评价。 4.5.6 地基基础分析评价应在充分了解拟建工程的设计条件前提下，根据建筑场地工程地质条件，结合工程经验，考虑施工条件对周边环境的影响，材料供应以及地区工程抗震设防烈度等因素，对天然地基、桩基础和地基处理进行评价，提出安全可靠、技术可行、经济合理的一种或几种合理的地基基础方案建议

续表

序号	审查项目	审查依据	审查内容
11.2	天然地基	《高层建筑岩土工程勘察标准》JGJ 72—2017	8.2.1 天然地基分析评价应包括以下基本内容： (1) 场地、地基稳定性和处理措施的建议； (2) 地基均匀性； (3) 确定和提供各岩土层尤其是地基持力层承载力特征值和使用条件； (4) 预测高层和高低层建筑地基的变形特征； (5) 对地基基础方案提出建议； (6) 抗震设防区应对场地高低层、场地类别、覆盖层厚度、地震稳定性等做出评价
11.3	桩基础	《高层建筑岩土工程勘察规程》JGJ 72—2004、《岩土工程勘察规范》GB 50021—2001（2009年版）	8.3.2 桩基评价应包括以下基本内容： (1) 推荐经济合理的桩端持力层； (2) 对可能采用的桩型、规格及相应的桩端入土深度（或高程）提出建议； (3) 提供所建议桩型的侧阻力、端阻力和桩基设计、施工所需的其他岩土参数； (4) 对沉（成）桩可能性、桩基施工对环境影响的评价和对策以及其他应注意事项提出建议。 4.9.7 对需要进行沉降计算的桩基工程，应提供计算所需的各层岩土的变形参数，并宜根据任务要求，进行沉降估算
11.4	地基处理	《岩土工程勘察规范》GB 50021—2001（2009年版）	4.10.1 地基处理的岩土工程勘察应满足下列要求： (1) 针对可能采用的地基处理方案，提供地基处理设计和施工所需的岩土特性参数； (2) 预测所选地基处理方法对环境和邻近建筑物的影响； (3) 提出地基处理方案的建议； (4) 当场地条件复杂或缺乏成功经验时，应在施工现场对拟选方案进行试验或对比试验，检验方案的设计参数和处理效果
11.5	基坑工程与地下水控制	《岩土工程勘察规范》GB 50021—2001（2009年版）	4.8.11 与基坑工程勘察报告中与基坑工程有关部分应包括下列内容： (1) 与基坑开挖有关的场地条件、土质条件和工程条件； (2) 提出支护方式、计算参数和支护结构选型的建议； (3) 提出地下水控制方法、计算参数和施工控制的建议； (4) 提出施工方法和施工中可能遇到问题的防治措施的建议； (5) 对施工阶段的环境保护和监测工作的建议

续表

序号	审查项目	审查依据	审查内容
11.6	成果报告	《岩土工程勘察规范》GB 50021—2001（2009年版）、《高层建筑岩土工程勘察标准》JGJ 72—2017、《房屋建筑和市政基础设施工程勘察文件编制深度规定》（2010年版）	14.3.3 岩土工程勘察报告应根据任务要求、勘察阶段、工程特点和地质条件等具体情况编写，并应包括下列内容： （1）勘察目的、任务要求和依据的技术标准； （2）拟建工程概况； （3）勘察方法和勘察工作布置； （4）场地地形、地貌、地层、地质构造、岩土性质及其均匀性； （5）各项岩土性质指标，岩土的强度参数、变形参数，地基承载力的建议值； （6）地下水埋藏情况、类型、水位及其变化； （7）土和水对建筑材料的腐蚀性； （8）可能影响工程稳定的不良地质作用的描述和对工程危害程度的评价； （9）场地稳定性和适宜性的评价。 10.2.2 详细勘察报告应满足施工图设计要求，为高层建筑地基基础设计、地基处理、基坑工程、基础施工方案及降水截水方案等提供岩土工程资料，并应做出相应的分析和评价。 2.0.1 岩土工程勘察文件应根据岩土工程与场地情况，设计要求确定执行的现行技术标准编制。同一部分涉及多个技术标准时，应在相应部分进一步明确依据的技术标准。 2.0.4 勘察报告应根据工程特点和设计提出的技术要求编写，应有明确的针对性，详细勘察报告应满足施工图设计的要求。
12	图表	《房屋建筑和市政基础设施工程勘察文件编制深度规定》（2010年版）	9.1.3 勘察报告图件应有图例，图表应有图表名称、项目名称，图件应采用恰当比例尺，平面图应标识方向。 9.1.5 勘察报告应包括下列图表： （1）勘探点平面位置图； （2）工程地质剖面图； （3）原位测试成果图表； （4）室内试验成果图表； （5）探井（探槽）展示图； （6）物理力学试验指标统计表

2.3 高层建筑岩土工程勘察要点

高层建筑是指超过一定的高度和层数的多层建筑。根据现行国家规范规定，10层以及高24m以上的建筑就可以称之为高层建筑。高层建筑由于高度大、层数多，因而对于地基的承载力、沉降变形要求较高。加之现今城市地下空间开发与利用的大力开发，导致基坑深度也越来越深，因而会产生如深基抗支护的岩土工程问题。因此，建筑施工前对岩土工程进行精密的勘察，对重难点进行有效的分析并进行相应的处理至关重要。高层建筑岩土工程勘察程序复杂，下面针对四个方面对高层建筑岩土工程的要点进行阐述。

2.3.1 勘察深度

勘察深度的确定要依照以下四个方面：

①遵循建筑法律法规，综合考虑建筑层数与建筑的结构特点确定；

②建筑施工前应对建筑地基的岩石特征进行全面准确的了解、分析，为之后的关于沉降与防倾斜等的计算做出充足的准备；

③合理确定勘察点的间距和深度，沿海地区建议采用深基础，如桩筏基础或桩基础，勘察点之间的距离保持在15～24m，打孔深度确定为沉桩半径的3～5倍且需大于5m，或是直接确定为箱筏基础下3～5m；

④特殊地质和特殊建筑勘察时需做单桩单孔勘察，并对钻孔进行超前钻，以观察各个桩孔下的地质情况，确保桩头和持力层下受力深度内没有溶洞和夹层等不良地质情况。

2.3.2 基础承载力

高层建筑高度大、重量大，对地基的承载力和抗沉降变形能力要求高。因此，应针对勘察结果选择一到两个适合做基础持力层的岩土层，查明各地层厚度和软弱地层的分布情况。全面勘察岩石的质量等级、完整程度，并综合实验室的岩土试验结果，对岩土层和持力层的承载力能力进行全面综合的分析，预估沉降变形量，为后期建筑设计做数据支持。

2.3.3 基坑挖掘

现代建筑的流行趋势是对地下空间的利用，因为建筑层数越来越高，地面空间越来越紧张，合理使用地下空间不仅可以节省空间，更可以为居住提供便利，沿海地区也是如此。且因我国国情，沿海地区经济发展更好，因而，对地下空间需求更高。地下空间的利用需要将基坑进一步加深，这涉及软土区域，挖掘的过程中可能发生坑底隆起、坑外土坡变形等问题。同时，因高层建筑一般建在人口活动密集的繁华地带，基坑的挖掘要保证对周边建筑、市政设施、居民生活产生最小的影响。

2.3.4 水文地质勘察

岩土工程勘察中还有一个十分重要的环节就是水文地质的勘察。不同地质可能面临不同的水文情况。水文地质勘查首先要结合地质勘察结果和建筑物的特征确定勘探点，然后根据相关规范条例确定勘探深度，根据确定好的勘探点收集信息。有代表性的区域要进行现场试验确定设计参数。此外，需了解施工地点周边地表水系的分布情况，防止施工过程中发生突涌、流砂、管涌等问题，影响施工顺利开展。

2.4 高层建筑岩土工程勘察重点

2.4.1 勘察孔深

孔深不仅要满足承载力的要求，更要满足防变形沉降的要求。一般情况下，开孔应深入稳定的持力层下 5～8m，来确保桩端所在的持力层没有不良地质影响。

2.4.2 勘察钻孔间距

依据建筑施工标准布设钻孔，在勘察过程中根据实际情况进行调整，保证钻孔间距合理。对于特殊地质，如花岗石不均匀地风化体、持力层高度差距大的地方、岩脉等需加密钻孔，以便了解其分布情况。

2.4.3 原位测试

岩土工程地质勘察中的原位测试常采用动探和标贯的方法，对于软土地质辅以双桥静力触探和旁压试验，以便全面了解施工地点地质特征，估算承载力、岩土层的沉降量等参数，为桩型选择和基坑设计打下基础。此外，还需对岩石进行波速测试、抗压试验、地脉动测试等分析测试。

2.4.4 室内试验

室内试验包括渗透系数试验、常规力学参数测试、三轴剪切试验、高压固结试验、固结快剪试验等。因高层建筑对变形和承载力要求较高，室内试验是十分必要的。

2.5 高层建筑岩土工程勘察难点

2.5.1 水文信息的收集

地下水位科学、准确的测量一直是高层建筑岩土工程勘察的难点。这体现在：因钻孔多为泥浆护壁，需要进行洗井处理方可精确地探测地下水水位，但是勘察周期往往较短，如果每个钻孔都要进行洗井处理则工作量太大，工期范围内难以完成，这使得很难得到地下水水位的准确数据。此外，很多地方的水文信息勘察是随用随测，没有实现长期、定期测量，短时间的勘察结果不具有代表性，不能全面地体现当地雨旱两季地下水水位的变化情况。当前对于基坑要求较深的建筑，地下水位常以地区经验和地区规范预估，难以测得准确、具有代表性的实际数据。

2.5.2 试样采集等级低

因实际勘察过程中常出现采样量不足、密封性差、运输过程中彼此干扰等问题，使得试样采集也成为高层建筑岩土工程勘察的一个难点。这受勘察单位的主观影响大，很多单位忽视比重试验的重要性，凭经验值上报数据，但经验值往往与试验值相差较大，尤其是对于渗透流稳定的分析与评估，不准确的试验数据会使最终结果产生非常大的误差，造成不良的影响。各勘察单位和技术人员一定要加强对试样选取和比重试验的重视程度，积极推广先进技术与设备，提高勘察质量。

2.5.3 抗震要求

对于地震频发带，高层建筑必须要具有强抗震能力，在勘察地质情况之外，还要考虑地震对其的影响，判断其能否满足抗震要求，进行地质脉动测试、剪切波速测试，确保数据准确、即时、科学。一些地形复杂的地段，还要涉及地下水、地下溶洞等的处理。确保建筑处于不易发生地震地段、岩土抗震能力较好。

2.5.4 受力复杂

因岩石内部结构复杂，且受多种因素影响，勘察工作只能通过钻孔展开，因而，想要清楚了解岩石的实际情况是非常困难的。岩石结构尚依靠推测进行，想了解岩石的受力情况就变得更加困难，而岩石的受力情况直接影响建设设计方案，对施工能否顺利进行及高层建筑的建设质量都有非常大的影响。因此，了解清楚岩石受力情况既是高层建筑岩土工程勘察中的难点也是重点，需得到格外的重视。

2.5.5 勘察流程复杂

高层建筑岩土工程勘察是一项综合度很高的工作，它涉及多个勘察步骤。复杂的勘察步骤为高层建筑岩土工程勘察带来了难度。这意味着琐碎的质量监测，也意味着更长的工期。此外，复杂的流程带来的数据处理、综合分析与取舍也为高层建筑岩土工程勘察带来了难度。

2.5.6 限制条件多

建筑施工的勘察工作不是一项简单的科学技术问题，它必须考虑施工产品的经济效益和安全性能等其他因素，要权衡好多方的关系。这需要勘察单位和人员不止掌握勘察手段，更要对施工流程、建筑材料成本有一定了解。在满足各方面限制因素之后，提出完善的方案。

2.6 勘察阶段桩基工程造价影响因素及控制措施分析

桩基础是一个很复杂的工程，在保证质量安全可靠的基础上实现对成本的有效控制是一个系统工程，需要每个工程人进行系统研究。随着设备和技术的不断发展，桩型实现了不断丰富和多样性，并且这种趋势还在一直延续。对于一个具体的工程来说，如果能对桩基的分类进行深入研究，并在此基础上对桩基造价的影响因素进行分析，从而采取行之有效的措施对其进行控制，从而一方面有利于桩基的安全性和可靠性，另一方面也有利于造价的减少，提高整个工程的经济效益。因此，本章将从桩基的分类开始入手，对影响桩基造价的因素进行分类，并提出控制措施。

2.6.1 桩基的概述

桩基有很多的分类方法，按承台位置和高度可以划分为高承台桩基以及低承台桩基这两种主要的分类；按受力性质的不同可分为摩擦桩和端承桩；按构成桩身的材料分为钢筋混凝土桩、钢桩、灰土桩和砂石桩。按施工工艺和方法分为预制桩和灌注桩。桩的分类方法还有很多，按施工方法分类是其中较为常见的一种。

1. 预制桩的特点和适用范围

现实中经常使用到的桩基是预制钢筋混凝土桩和钢桩，这两种桩都不仅可以在现场现加工，其优点是减少了二次搬运，减少运输中对桩的破坏，同时也可以在预制厂直接加工而成，强度满足运输和吊装的强度后运至项目地，通过现场的安装工艺把桩打入预定标高。

（1）钢筋混凝土预制桩

预制的钢筋混凝土桩所具有的优点主要体现在以下几个方面：第一，有很强的承载力，能有效地将主体结构的重力传给地基；第二，预制桩的制作过程便于监控，容易进行质量把关；第三，可以根据需要做成各种形状，预制桩不受周边环境的限制。但是它也存在一定的缺点：由于制作技术等的限制，单节桩不可能制作的过长，当所设计的桩长度较长时，需要较多的接桩处理，这一过程耗费大量的钢材，会增加成本，同时对周边环境有影响可能会造成扰民，造成土层的隆起、挤压、邻桩打入存在偏差等问题。

预制混凝土桩在以下条件下适用：地基下卧层以上部分的土体处于松软土；持力层上部的土体较为均匀，桩的长度容易把控，接桩的次数较少；由于是预制桩，整体的施工进度会大大加快，提高了施工的效率，这一点可大大降低整体成本，从而抵消购买预制桩的稍高价格；对工期要求比较高，要求在较短的时间内完工的工程；地下水位高或者水下作业工程由于环境不利于现浇的条件；距离居民区较远的工程。

（2）预制钢桩

钢桩桩身由于自身的钢的特点强度大，搬运和施工极其方便，桩身的制作和接桩也很灵活，在安装的沉桩过程中，容易进入。但是钢桩的自身缺点也较为明显，比如造价太高，较为不经济，钢材的天然属性容易腐蚀等。钢桩的适用范围和预制混凝土桩有很大区别，主要使用条件：对周围的土壤扰动要求很严的地区，比如有地下管线或者有邻近建筑物的情况；对工程投资较大的项目，地下腐蚀性液体或气体较少的地区。

2. 灌注桩的特点和适用范围

混凝土灌注桩是通过人工和机械先在土层中挖孔，之后在所挖的孔内安放之前制作好的钢筋笼，调试后再浇筑混凝土，从而形成桩基的一种施工工艺，这种桩还可以分为钻孔灌注桩、沉管灌注桩和人工挖孔灌注桩等。这种工艺的桩比上述描述的预制桩相比较，其优点主要体现在以下几个方面：施工的可塑性强，无论土层是否均匀，土层结构如何都可以采用；施工工艺简单，操作方便；由于是现浇，所以不存在接桩的问题，不管桩长多长，都可以一次成桩；使用的噪声也小，施工过程中不会造成扰民现象。该种方法的主要缺点体现在以下几个方面：由于浇筑混凝土是在地下隐蔽环境下进行，灌注桩成桩的质量很难把控，容易出现断桩、颈桩，桩出现蜂窝状的情况，严重影响工程的整体质量；现浇混凝土在施工过程中还会导致施工现场大量的泥浆，影响现场的环境卫生。

（1）钻（冲）孔灌注桩

钻（冲）孔灌注桩顾名思义是根据设计院设计的桩基选择合适的机械的桩头，通过机械钻头钻出满足桩长的孔洞，并及时清理孔内的土层和垃圾，清理完毕后安放预先制作好的钢筋笼，最后将现场浇筑混凝土，边浇筑边用振动棒振动，保证混凝土满足桩基的强度，经过一系列的工序而形成的桩体称为钻（冲）孔灌注桩。该种桩体施工不需要打桩这个工序，故对周边环境的土层没有挤压力，故对周边建筑无影响，同时施工过程无须打桩，没有噪声污染；但是一般超过2m桩长的在浇筑混凝土时容易出现水泥与水泥浆分离的状态，导致桩底出现蜂窝状影响桩的承载力。

钻孔灌注桩适用条件：这种桩对环境的限制最小，特别是对持力层的顶部变化不均匀的及软土层均可采用；例如，打桩过程中遇到硬质岩层或者使用过程中遇到大体量的石块均可以采用此桩体；钻（冲）孔灌注桩的缺点是，需要进行泥浆护壁影响环境，故在市区项目此种施工工艺会受到限制。

（2）沉管灌注桩

沉管灌注桩根据施工工艺可以分为锤击式和静压式，这两种均有打桩这个动作。锤击式是利用锤击敲打桩设备，瞬间进入土层，克服土层对桩基的阻力，并且使土层的平衡性出现破坏，如此反复的过程才能形成桩孔，然后在沉孔的空洞内放入钢筋并浇筑混凝土，最后拔出套管，边拔管边振捣从而形成所需要的灌注桩。沉管的方法简单，施工方便易行，成本相对其他桩型较低，能很好地在水下工程中进行作业，但因为沉管灌注桩自身施工工艺受机械口径的限制，故其灌注桩界面受限，不宜太大，固然影响单根桩的受力能力，在沉管施工的拔管工序上的速度不宜过快，快了容易浇筑不均，出现断桩、颈缩等问题，在打入沉管时会形成对临时桩的挤压，导致周围尚未获得一定强度的邻桩被间断，这些都需要在施工过程中通过细化施工工艺来解决比如不要采用顺序打桩法打桩。

（3）人工挖孔桩

人工挖孔桩的成孔一般有两种：人工成孔和人工及机械配合成孔。人工挖孔应该特别注意塌方，影响施工安全，所以需要边支护边挖孔，并及时清理坑内的施工垃圾及多余的土层，同时及时修正孔洞直径，人工挖孔可以在挖孔过程中很明了地观察土层的地质条件，便于对地下条件进行了解和控制，孔底也能够保证清理干净，扰民的可能性也小，施工现场可以多孔洞施工，加快施工速度。但是人工挖孔的人工作业条件较为艰苦，容易出现工程安全事故，这些操作在施工过程中要严格按照国家相关规定加以执行。

人工挖孔桩适用环境：地下较为干燥，地下水位不能太低，不宜在江边施工的项目或者可以采用简单的降水措施及时降水后保证坑底干燥的地质条件。

随着现代科技的不断发展和进步，在以后的工程实践中肯定还会有更多的新工艺、新桩型得以出现，这就要求工程技术人员要对原有的桩基有充分的了解和掌握，以熟练认知其优缺点等，为改进和提升桩基的性能做好铺垫，在具体的工程实践中充分了解具体桩型的特点，以创造更高的经济价值和社会效益。

2.6.2 桩基造价影响因素分析

在定额计价中，桩基础的造价由直接费、间接费、利润和税金这四大部分组成。在整个项目建设阶段，三个阶段对项目的影响最大，这三个阶段包括设计阶段、施工阶段和审计阶段，其中影响的大小依次为设计阶段最大，施工其次，审计阶段最小。本节将对这三个阶段对工程造价的影响因素进行分析。

1. 设计阶段桩基造价影响因素分析

设计阶段主要是要控制好设计概算，在该阶段影响工程造价的因素主要包括两点：

（1）设计人员的专业水平和素质

设计是根据承载力的极限状态来设计的，也就是在满足安全性和适用性的前提下，要更多地考虑经济性。而设计人员在设计的过程中，总是出现过多地考虑安全因素，而忽略了经济性的情况，比如增加基础的截面尺寸，增大桩基的基础长度，从而造成造价过高。基础造价在整个工程项目中是最高的，而桩基又是这些基础中较为复杂的，不同长度、不同形式的桩基，对造价的影响非常大。因此在工程设计的过程中,必须对工程设计方案优化方面格外重视。

(2)工程地质勘察资料的准确程度

桩基的施工完全在地下,隐蔽性很强,影响因素复杂。由于桩基基础对地质条件的依赖性很强,地质条件的改变对桩基基础有很大的影响,完整的地质资料对桩基基础至关重要。在对地质资料的勘查中,由于主客观的各种原因,包括费用充足度、工作条件的影响以及布点密度是否充分,都将造成工程资料的偏差。现场条件的偏差也会影响设计人员的设计。

2. 施工阶段桩基造价影响因素分析

桩基基础施工工期长,过程复杂,又是地下隐蔽性很强的工程,对其构成影响的因素很复杂。造价的控制很容易出现问题,桩基过程控制的好坏将影响整个地下基础的工程造价。

(1)量与价(人工、材料价格)的改变。造价人员的专业能力会导致计算结果的出入,由于专业性以及粗心原因导致的漏算、少算;工程变更以及现场签证也会导致变化。一般情况下,由专业性以及粗心导致的情况较少,出现最多的是工程变更和签证,所以很大程度上可以说工程施工中签证和工程变更的数量对造价的影响很大,一般情况下要慎重对待工程变更和现场签证,不能随便改变。工程设计变更和签证要严格按照程序和规定。桩基施工的周期较长,在此过程中,材料和人工的价格受市场波动影响也较大,随之出现很多不确定性的因素都会对造价构成影响,这就要求工程人员加强对市场信息的掌握,加大造价管理力度。

(2)管理人员的素质。首先,管理人员的素质高低决定了是否容易出现窝工、返工现象。该种现象的发生将对工程的总体进度造成负面影响,包括工期推迟和人力物力成本的无谓增加,从而加大了工程开支。其次,在整个施工过程中,工程造价人员应该加大对现场的了解,多搜集现场的资料,多对现场进行调查,了解整体工作的动态,从而有效控制造价。

(3)桩基基础施工组织设计的方案。施工组织设计方案是施工进行前的一项必备工作,是保证工程顺利进行必要前提的工作安排,该项技术方案不仅涉及工期,更牵涉造价方面,甚至对造价的影响更大。所以要做到施工工艺的选择与施工工序先后顺序同时考虑。

当然在以上影响工程造价的因素之外,还存在一些其他的因素,比如在施工阶段中,施工机械设备的选择是否合理,工程进行中的自然天气因素都是基础工程造价中不可忽略的影响因素。在工程施工的进行中,资金的投入量是很大的,并且也是最集中持续的,所以说各种问题都是在这一阶段显现出来的。施工企业要尽力提升施工的过程管理，合理对工程造价进行控制。

2.7 勘察阶段基坑支护工程造价影响因素及控制措施分析

基坑支护又称基坑防护，是指对基坑侧壁及周边环境采用支挡、加固与保护措施以确保工程基坑周边的建筑环境安全及地下结构工程施工的安全。我国的相关国家行业标准《建筑基坑支护技术规程》JGJ 120—2012 对基坑支护做出了以下定义：为保护地下主体结构施工能够安全进行并避免破坏基坑周边环境，对基坑采取的临时保护，并对防止周边塌方起到了加固的作用，同时对地下水位进行控制，防止地下水流进入基坑（表 2-3）。

基坑支护的分类　　　　　表 2-3

分类	常用的形式	主要功能
阻挡水系统	①深层水泥搅拌桩；②高压旋喷桩；③压密注浆；④地下连续墙；⑤锁口钢板桩	防止基坑外的地下水及雨水流入基坑
支撑系统	①土钉墙支护结构；②钢管与型钢内支撑；③钢筋混凝土内支撑；④钢板与钢筋混凝土组合支撑	支撑基坑支护的侧压力，防止基坑的位移，保证基坑的稳定性
挡土系统	①钢板桩；②钢筋混凝土板；③深层水泥搅拌桩；④钻孔灌注桩；⑤地下连续墙	形成连续墙及排桩，阻止周边土方塌方，增加基坑开挖的安全性

2.7.1 基坑支护的特点

（1）钢板桩

钢板桩又称为拉伸钢板桩，在工厂直接加工后形成可以满足项目要求的型钢，其强度、质量、精度各种性能均有保证，钢板桩的接口主要是钳口，并且钢板桩修正后可以反复使用，节约成本。钢板桩是一种自带链接装置，可塑性极强，可以自动组合形成满足施工需要的围堰、矩形、L 形等，主要可以挡水、挡土，还可以控制污染物。钢板桩由于施工工艺比较简单，工期短而被作为支护方式广泛应用，钢板桩的主要优点是施工简单，不受地下水位的限制，施工方便，不需要土方开挖，减少环境的污染。钢板桩主要的施工设备为机械手、振动锤、静压机械打桩机，由于静压打桩机数量不多，故施工成本较高，机械手只能适合于 15m 以下的钢板桩，钢板桩主要的设备是振动锤，故钢板桩的缺点是噪声较大，影响周围居民生活，不适合在市中心使用。

（2）深层搅拌桩支护

深层搅拌桩俗称水泥土墙，此支护原理是将水泥（或石灰）等材料作为固化剂与土形成的支护桩，通过深层搅拌使基坑内形成无障碍空间，使软土硬结成整体性、水稳定性较好的块体或墙体，整体强度较大，支护较稳定，既能挡土挡水，又具有较好的防渗作用，便于土方开挖运输和后期主体地下结构施工。为了保证其稳定性及安全性，施工中深层搅拌桩支护的一般要求为：桩锚支护桩的桩径不宜小于400mm，排桩中心距不宜大于桩直径的2倍。

这种基坑支护也有一些限制条件：桩锚支护结构需要周边环境相对宽敞、对地下已埋管线影响较小，且地下物体已经完全探明。当基坑属于二、三级基坑，基坑深超过7m，或者当坑边至红线间有足够的距离时，往往优先采用。

（3）地下连续墙

地下连续墙的两大主要功能：一是整体刚度大，基坑变形较小，减小了基坑开挖对周边环境的影响，并可作为地下室永久结构使用，完成后，仅需要在其内侧施工厚200mm的衬墙以提高防水性能；二是其封闭性强，具有良好的防渗止水效果，为坑内降水和进行人工挖孔桩的施工创造了条件，连续墙的形成是通过专业的挖槽机械，采用泥浆护壁的方法先将基坑挖成长条形深槽，清槽后在深槽中下钢筋笼并浇筑混凝土，最后形成单元墙段，各单元墙段相互连接而成，即连续墙，其厚度一般为0.3~2.0m，随深度而异，最大深度已达140m。

（4）土钉墙支护结构

土钉墙支护是一种新型的支护方式，国内外已广泛使用并在经济及技术上具有显著效果。土钉墙无法在没有自稳能力的边坡中施工，因为在墙上打钉需要一定工期，土钉一般先通过钻孔，然后插筋，最后注浆三个工序来设置，传统上称土钉墙为砂浆锚杆。土钉墙适合于施工场地受限，无法放坡而且侧壁安全等级为二、三级的基坑，经济实惠，而且具有施工速度快等特点，土钉墙的弱点是怕水，若要控制位移，土钉墙可以与其他支护方式结合使用，比如加预应力锚杆，或加超前支护，也可以用搅拌桩等止水。

（5）排桩支护

排桩支护是在挖基坑时，边坡的一种支护方式，是指柱列式间隔布置钢筋混凝土挖孔、钻（冲）孔灌注桩或者PHC管桩作为主要挡土结构的一种支护形式。根据柱与柱之间的净距不同，柱列式间隔布置又分为疏排布置形式和密排布置形式。

2.7.2 基坑支护的适用范围

为了避免建筑因基坑外降水过多而造成周边建筑的地基下沉，威胁周边建筑的安全，超高层住宅建筑常采用基坑侧壁帷幕加基坑底封底的截水措施，阻截基坑侧壁及基坑底部的地下水流入基坑，同时采用降水措施抽取或引渗基坑开挖范围内现存的地下水。支护方式的选择需根据工程特点、地质条件和周边环境，本着安全可靠、技术可行的原则，如表2-4所示，将详细介绍适合超高层的四种支护方式的不同特点及适用范围。

超高层建筑的4种基坑支护技术　　　　　表2-4

工程名称	工程规模	地质条件	建设环境	施工工艺
上海金茂大厦	地下3层，基坑开挖深度19.65m，地上88层，420.5m高，总建筑面积289500m²	地质条件较差，基坑处于软土中	有地铁、22万V电缆等需要保护	突出主楼的内支撑明挖顺作工艺
上海环球金融中心	地下3层，基坑开挖深度25.89m，地上101层，492m高，总建筑面积380000m²	地质条件较差，基坑处于软土中	有地铁、22万V电缆等需要保护	主楼顺作+裙楼房逆作法工艺
台北101大厦	地下5层，基坑开挖深度22.95m，地上101层，508m高，总建筑面积412500m²	地质条件较差，基坑处于软土中	较好	主楼顺作+裙楼房逆作法工艺
香港国际金融城中心二期	地下5层，基坑开挖深度32m，地上88层，415m高，总建筑面积185800m²	地质条件较差，基坑处于砂土层中	近海、紧邻地铁	主楼顺作+裙楼房逆作法工艺
香港环球贸易广场	地下4层，基坑开挖深度28m，地上118层，484m高，总建筑面积262176m²	地质条件较差，基坑处于软土中	建筑密集，紧邻高架和地铁	主楼顺作+裙楼房先顺后逆作法工艺
迪拜哈利法塔	地下4层，基坑开挖深度12m，地上168层，828m高，总建筑面积479830m²	地质条件良好，地下水位低	周边场地空旷	放坡明挖顺作工艺

2.7.3 基坑支护造价影响因素分析

（1）设计人员成本意识不强

随着市场经济的发展，尽管业主对控制工程造价越来越重视，但是建筑设计单位及实际操盘人员由于经验不足，普遍保守设计，无法保证在施工安全的情况下优化设计，由于没有成本意识及甲方未在合同条款中规定成本浪费的处罚条约，设计人员本着安全的原则，往往忽略了成本，或者他们不知道市场成本情况，无法在设计阶段控制成本，同时由于技术人员只考虑技术不考虑成本，导致设计方案图纸经济性差，"基础设计过深、高配置、超筋"等现象普遍存在，给建设单位增加了很多无效成本，因此在工程设计的过程中，必须要重视工程设计方案优化。

（2）工程地质勘察报告的精准性对造价的影响

在做基坑支护前需要对基坑的土质进行详细的地质布点勘察，并根据勘察的土壤层情况分析地质情况，工程地质勘察的主要作用是为所修建的项目提供基础工程方案的自然地质情况判断，因此工程地质勘察资料的准确程度对基坑支护的选择有着至关重要的作用，当勘探孔数量或深度不够时，易造成的后果有：

1）由于孔数太少，特别是当自然持力层的最高点与最低点差值较大时，即使是有经验的设计人员也无法明确其基坑支护桩的准确长度；

2）若桩的打孔深度不够，没有达到基础的持力层，设计人员也无法判断支护桩下面的土壤类别和土壤情况，故无法对该项目的基坑支护方案进行有效、合理、经济的选择，通常以谨慎原则加以考虑，选择的基坑支护方案较为安全，但是从成本角度考虑其并不够经济。

2.7.4 设计阶段基坑支护造价控制措施

（1）加强限额设计

业主在进行建筑设计招标时，其招标文件中需明确规定地下基础工程中钢筋、混凝土的含量，并要求各投标单位一一响应招标文件，其限额含量是根据全国龙头企业已建成的类似超高层建筑的基础工程的数据得来的。由于总设计费确定后，为加强设计人员的成本意识，可以在设计合同中写明，因设计人员的专业水平导致甲方出现重大的设计变更，由此所产生的费用须在合同条款中明确索赔金额，通过奖惩措施加强设计人员的设计态度和专业水平。同时，提高设计人员图纸的设计水准，避免后期出现大量的设计变更及大量的拆改工作，避免无效成本的发生。

（2）深化勘察设计，减少设计的模糊地带

通过前人学者研究的相关文献和工程项目自身的实际情况看：设计院对设计人员的松懈管理和他们的工作中的技术失误是造成基坑施工过程中出现事故的重要原因之一，需谨慎对待，设计方案是控制基坑支护造价的主要源头也是尤其重要的一个阶段。好的方案设计取决于其是否为方案最优，又能节约成本，又能满足安全需求，保证质量的同时对该项目的地理条件及对周边的环境也比较适应等，设计方案在保障施工场地的地下围护结构的安全，也要控制一定的变形，使整个地下结构和周围土体的变形可以保证周围的建筑物的安全。在满足基坑安全的情况下，设计方案要从技术经济的角度再次优化，要使基坑的设计方案尽量节约成本，施工便利，减少工期，从而达到安全、质量、成本及进度的最优化状态。

根据前期勘测数据、基坑周围的环境情况和方案的规划设计，确定基坑深度及基坑的安全级别，采取合理的支护方案。整个支护体系要稳定可靠，形成超静定的稳定体系，以保证在基坑支护丧失部分约束后仍然能够维持基坑支护的整体稳定性。地下水是基坑危害的主要因素之一，因此在基坑设计时，要特别注意合理利用和处理地下水，以防止桩墙间漏水漏砂，使得基坑稳定性变差。由于地下水处理不当导致的基坑事故屡见不鲜，因此基坑设计时，要采取得当的措施，以控制地下水给基坑稳定性带来的危害。

第3章　高星级商务酒店项目设计阶段

3.1 高星级商务酒店概述

建筑工业行业标准《旅馆建筑设计规范》JGJ 62—2014,"商务酒店"定义为：为客人提供一定时间的住宿和服务的公共建筑或场所，通常由客房部分、公共部分、辅助部分组成。我国许多地区也常称其为酒店、饭店、宾馆或度假村。《旅游饭店星级的划分与评定》GB/T 14308—2010,"旅游饭店"定义为：能够以夜为时间单位向旅游客人提供配有餐饮及相关服务的住宿设施，按不同习惯也被称为宾馆、酒店、商务酒店、旅社、度假村、俱乐部、大厦、中心等。以住房和城乡建设部主导的法律法规中统称为"商务酒店"，国家旅游局主导的法律法规统称为"旅游饭店"，国际上对"酒店"的定义是：基于商业的原则，为旅行的公众提供借宿\餐饮和其他服务的建筑物。因此，本书统一称呼此类建筑为"酒店"。

湖南师范大学的谢礼在《当代商务酒店空间与尺度研究》中指出，商务酒店总体的客源结构中占有绝对主导份额的是商务客人，而且经济越发达地区，商务客人所占的比重就越大。湖南大学的邓一云在《商务酒店公共空间设计研究》中将商务酒店定义为向从事商务活动的客人提供食宿为主的酒店，一般认为商务客人的比例相当大，多数客房都有电脑和宽带接口。本书认为，商务型酒店应在客源导向方面与传统的星级酒店有明显的不同，商务客人在酒店总的客源结构中占有绝对主导的份额，这是将商务酒店和非商务酒店区分开的一个基本标准。还应在商务型酒店的地理位置、建筑装饰风格、设施设备、服务项目及员工服务能力上根据商务客人的消费需求特征加以配置集成，而休闲娱乐的融合也有利于商务酒店市场营销。商务酒店的商务设施要齐备，如传真、复印、语言信箱、视听设备等；酒店还要提供各种先进的会议设施便于客人召开会议；客房里的设施设备也要符合他们需求，便于办公，如打印机、网络接口等。在价格方面，商务酒店的价格要高于同类型的酒店。一般商务旅客在住宿、通信、宴请、交通等方面较为讲究，注重酒店的环境和氛围。

目前针对酒店建筑我国有关标准规范为：

①《旅馆建筑设计规范》JGJ 62—2014；

②《旅游饭店星级的划分与评定》GB/T 14308—2010；

③《绿色旅游饭店》LB/T 007—2015；

④《绿色饭店建筑评价标准》GB/T 51165—2016。

（1）酒店功能类型

根据《旅馆建筑设计规范》JGJ 62—2014，旅馆按经营特点分为：商务型旅馆、度假型旅馆、公寓式旅馆。

酒店按照接待功能分为：商务型酒店、会议型酒店、度假型酒店、经济型酒店、汽车酒店、主题酒店等。

酒店按照建筑风格分为：主题酒店、设计酒店、精品酒店、庭院酒店、会所酒店、公寓酒店。

商务型酒店通常是指以商务客人为主要客人的酒店类型，通常商务客人与普通客人的比例应该不低于70%，而且其中约90%是常住客人，酒店要具备先进的通信设施、办公设备、宽带上网、卫星电视、小餐厅、宴会厅、会议室、商务中心等功能设施。

会议酒店属大型酒店，其规模大、投资大、以团队会议客人为主要客源，会议酒店应为会议客人提供各种不同会议、展览或其他会议型公共活动的场所、设施、设备，并能够为客人提供会前、会中、会后的组织接待等整个流程。

度假型酒店通常位于旅游风景胜地，功能项目配置多以娱乐、康体项目为主，以旅游、度假、休闲的宾客为主，追求"宾至如归"亲切放松的精神感受。

经济型酒店是一种新类型的酒店，规模小，设施有限，价格实惠，没有食品酒水服务，没有宴会设施、健身房和其他娱乐设施。

汽车酒店以接待驾车旅行者为主，为驾驶出行的宾客提供停车、休息、住宿、用餐的酒店，功能设施的配备围绕其特点设置，除提供必要相关住宿设施外，还配备有汽车保养等服务项目和设施。

（2）酒店星级标准

现今世界各地的酒店涌现出许多独立评级制度，但迄今为止不存在统一的官方标准。部分国家采用自己的官方评级制度，其中包括美国、英国、法国、日本、韩国、澳大利亚、奥地利、比利时、希腊、印尼、意大利、墨西哥、荷兰、新西兰、西班牙及瑞士。中国自己也有一套详细的评级标准。评级可确保一定水平的设施和服务，但国与国之间的评级标准却难以比较。

1）根据《旅馆建筑设计规范》JGJ 62—2014，以及商务酒店的使用功能，按建筑标准和设备、设施条件，将商务酒店建筑由低至高划分为一、二、三、四、五级 5 个建筑等级。

2）根据《旅游饭店星级的划分与评定》GB/T 14308—2010，酒店按等级标准以星级划分，分为五个等级，即一星级、二星级、三星级、四星级、五星级（含白金五星级）5 个标准。

中国酒店星级的评选标准满分为 600 分，分为前厅、客房、餐饮、其他服务、安全设施及特殊人群设施、饭店总体印象、员工要求 7 个大项。各大项还可分为若干小项，除特殊说明外，对一至五星级饭店均适用。

酒店星级是用星的数量和颜色来表示旅游酒店的等级，分为五个等级，即一星、二星、三星、四星、五星（含白金五星）。最低为一星级，最高为白金五星级，星级越高表示酒店的档次越高。现在常说的星级酒店通常指三星级以上的酒店。

3.2 酒店建筑设计原则

酒店建筑设计首先要满足酒店功能要求和经营的需要，符合经营运作的流程，不但能满足现时要求，还要能够满足持续发展的需要，具有改造、发展以实现长期的经营效益的可能。酒店是一种功能性很强的建筑。酒店建筑设计的起始，首先探索将酒店融合于当地的总体环境，进一步创造一个突出的建筑形象，寻求一个独特的建筑风格，同时要设计一个能创造盈利、保证安全的酒店。

3.2.1 融合总体环境

酒店建筑设计首先应符合当地城乡规划要求，依据当地的自然条件、地理特征，妥善处理与周边环境的关系，进行场地设计（Site Design）也就是总平面设计。总平面布置应布局合理、功能分区明确、各功能部分既联系方便又互不干扰，并综合自然和规划条件等各种因素，形成一个融合于当地总体环境的最佳设计方案。

当酒店建在坡地时，结合平坦（0～3%）、缓坡（3%～5%）和中坡（10%～

25%）地形因势而建，既要提高基地利用率，又要珍惜土地保护环境，使酒店度假村与总体环境有机结合，产生良好的整体效益。而对陡坡（25%～50%）和急坡（50%～100%）的区域一般保持自然风貌，不建议开发使用。

印尼巴厘岛的康拉德酒店、君悦酒店、日航度假村、阿优达度假村、宝格丽酒店和东莞丰泰花园酒店的总体布置实例，都是试图最大限度地实现规划、功能、交通、景观、酒店管理和土地利用等最佳目标。

3.2.2 创造突出形象

酒店建筑如同其他公共建筑一样，都是城市整体规划的重要组成。对于重点酒店建设，更是成为城市政治、经济、文化的活动中心。作为一个城市形象的标志，势必对酒店建筑设计提出更高的要求，不仅建筑本身要满足酒店使用的诸多功能要求，还要创造一个有特色的酒店建筑形象。酒店建筑形象设计包含三个层次：首先，在城市中自远处让人一看就知道是一座酒店，充分表现出酒店的特征；其次，当我们对眼前的酒店建筑有了完整的认知时，它能够表达出一种独特的建筑风格，迎合客人的心理需求，激活客人的情感；最后，当你走进酒店时，给你带来惊喜和满足，这就说明该酒店的建筑设计获得了认同，这就成为增加酒店附加值，提高影响力，为酒店带来入住率和社会效益的重要因素。酒店建筑形象有多种路径可供选择，古典的还是现代的、地方特色还是外来风格、豪华型还是简约型、本土风格还是国际化风格、东南亚风格还是阿拉伯风格、城堡式还是竹楼式、山地建筑还是海滨建筑等，设计师可以根据酒店所处的环境和市场状况加以确定。

随着酒店业的大规模发展，如同其他大型公共建筑一样，外国建筑师纷纷来到中国，成了投标的主力。为很多酒店项目带去了先进的设计理念，创造出许多出色的设计方案，引进了各种建筑风格，给中国酒店设计带来了国际的冲击和时代的创新。但是，即使是国际设计大师，也依旧需要与本地设计单位进行专业合作，还需要结合中国国情和市场实际做适时的调整，还需要满足中国相关规范和地方规程的深化设计，还需要与中国建筑师、结构师和设备师共同面对施工图、报批和施工配合中出现的问题。在国际交往合作过程中，双方应诚信相待，在完成酒店设计任务的同时，繁荣了酒店的建筑设计，让一栋栋酒店建筑成为本地区的形象代表。

3.2.3 寻找独特风格

千万个酒店均不同是不可能的，反过来让千万个酒店都一样也是不可能的，总是会有"大同小异"。因此，在规划设计酒店时，要深入了解客人的喜爱和嗜好，特别要洞察客人对酒店的关注点，酒店希望给客人留下印象最深的内容是什么？是客房、餐饮、室内设计、泳池还是SPA？这些就是我们设计酒店和度假村的重点部位和核心价值观，为此打造出酒店的特色，寻求与其他酒店的不同和区别。

因此，在酒店建筑设计中一定要创造出特色，创造出精品。在连锁酒店品牌中见统一，在经济型酒店简朴里表关怀，在快捷酒店的平常中亲如家，在高端酒店的豪华里见精致，在精品酒店的个性化中显特色。同在一个城市和地区的酒店建筑类型要多样化，有五星级酒店也要有三星级酒店，有豪华型酒店也要有经济型酒店，有现代风格还要有传统地域特色，有商务型还要有休闲型……，如果大多数酒店都是一种模式，就不能适应市场多元化的需求。实际上随着市场经济的发展，必然会推出形形色色的酒店，使其各具特色，各显其能，各占一方，各得其所，如此酒店建筑就不会千篇一律，就会出现酒店建筑繁荣共赢、持续发展的格局。

3.2.4 把握经济标准

酒店作为一个商业实体，作为城市或地区经济发展的标志，一定要发挥激活经济的社会作用，同时酒店建筑是现代技术和文化进步的象征，本身就是一个文化载体，一定要发挥推动精神文明建设的作用。那种只求好看不求好用，只求豪华高成本的设计，会造成酒店经营成本过大，房价过高，而难以为继。因此，酒店设计师更要建立经济观念，对酒店建筑设计每个环节都要认真对待，一定要设计出一个盈利的酒店。

材料的选用是创造建筑特色不可或缺的手段，运用得好坏直接影响建筑效果和建造成本。传统材料的创新运用和新型材料的采用都会给建筑设计注入新的活力。将材料与建筑设计进行完美结合，通过材料语言带给酒店建筑新的视觉效果，因此建筑师要掌握新材料的动态，深入了解材料的特性，以期运用自如地创造优秀的建筑作品。

不少酒店大量使用优质石材以显示酒店的高档和豪华；相反还可以除重点部位选用恰当的石材装饰外，大面积选用涂料墙面，或者选用树脂水泥墙面，通过色彩、质感的变化，以及在墙面悬挂绘画、雕塑、彩绘、灯饰或者植物来装饰，同样可创造新颖的颇具感染力的空间效果。这两种不同做法自然有不同的工程造价，需要设计师以专业能力加以把握。

酒店采用玻璃幕墙显示酒店的现代风格。假如对玻璃幕墙的隔声节点构造缺乏经验，使得相邻客房说话都能听得见，客人的私密性和安全性则会受到伤害，更主要的是采用玻璃幕墙的能耗大，加大酒店运作成本，而且造价要高不少。作为酒店，其设计目标是寻求形式和功能的最佳结合，最大限度地优化酒店管理、美学和科技的结合，最终使酒店获得回报，得以持续发展。

3.2.5 保证酒店安全

安全是酒店设计与经营最重要的方面。

（1）向当地气象台站收集当地气象资料，根据气温、风向资料指导酒店的空调设计。尤其对有台风影响的东南沿海地区，要采取防风灾的措施。这方面有不少惨痛的教训：当强风登陆时，从门窗缝隙大肆浸水；尤其门下挡没有可靠的挡水线，雨水可以直接浸入；双开（尤其是双向）的大玻璃门根本抵挡不住大风大雨，造成地毯淹水，精装修受损。

假如玻璃幕墙和门窗不是专业单位安装的，没有进行抗风压计算、风载试验和水浸密封试验，那么强风带来的损害会更大。

当今气候异常，强暴雨灾害频频发生，雨水管道来不及排出，城市道路变成了水路，水漫沿街商店。因此，对地下室防洪排水能力以及下坡道的剖面和截流沟的设计需要更为周密。

（2）酒店应选择工程地质及水文地质条件有利、排水通畅、有日照条件且采光通风良好的地段，应避免选择在地质灾害可能发生的地区。在地质断层和设防烈度高于9级的地震地区，有泥石流、滑坡、流砂、溶洞等直接危害的地段，具有开采价值的矿区、采矿爆破危险与陷落范围内，以及Ⅳ级自重湿陷性黄土、厚度大的新近堆积黄土、高压缩性的饱和黄土和Ⅱ级膨胀土等工程地质恶劣地区不宜建设酒店度假村，因此千万不能掉以轻心。

设计之初，要对建设场地进行工程地质勘察工作，取得普勘阶段工程地质报告；待设计方案确定后再进行详细的工程勘察。

工程地质报告会告知地下土层情况，提醒有没有软弱土层与淤泥层，有没有溶洞与古墓，有没有其他异常的工程地质状况，在进行地基设计时可以采取预防措施，以保证结构安全。

当酒店度假村建在山间坡下时，更要防止山体滑坡、泥石流等自然灾害，防止对建筑场地造成毁灭性破坏，还要修筑排洪沟、截洪沟，防止山洪冲击。严格按抗震要求设防，对于超限的建筑结构一定要保证其通过超限审查。

（3）酒店在选址阶段必须遵守国家相关安全方面的规定，避免建在会出现电磁辐射污染源的地方，如电视广播发射塔、雷达站、通信发射台、变电站、高压电线附近等。如果人体长期暴露在超过安全剂量的电磁辐射下，细胞会被大面积杀伤或杀死，就会引起多种疾病。另外，氡是主要存在于土壤和石材中的无色无味的致癌物质，将对人体产生极大危害。避免建在油库、加油站、煤气站、有毒物质车间等容易发生火灾、爆炸和毒气泄漏的危险的地方，避免建在有害气体和烟尘影响和存在污染物排放超标的污染源的区域，包括油烟未达标排放的厨房、车库、超标排放的燃煤锅炉房、垃圾站、垃圾处理场及其他工业项目等地块，否则会污染区域内大气环境，影响人们的室内外环境。

（4）酒店设计最重要的是消防设计。在消防设计中，必须通过机电设备师与建筑师、室内设计师共同配合，使所有设计满足国家规范要求，从防灾和消防设施的保障、疏散通道的畅通、装饰材料的防火等级、报警和喷淋系统的可靠等，每一项、每一个细节都要进行周密设计、检测和监控。总之，设计一个安全的酒店，保证客人、员工和财产的安全，是建筑设计最重要的任务。

3.3 酒店建筑设计理念

3.3.1 高星级酒店建筑设计分类

高星级酒店建筑设计分类，如表 3-1 所示。

3.3.2 高星级酒店总体布局分类

酒店的总体布局随用地条件的不同而变化，其总体布局模式基本可以概括为如表 3-2 所示的四种方式。

示例 1：集中型酒店

上海半岛酒店用地及规划布局限制较大，建筑采用集中式布局，酒店的公共部分位于裙房，客房部分位于塔楼内，后场部分位于地下室。车行交通通过环岛组织，部分车辆直接引入地下，流线简短快捷（图 3-1～图 3-3）。

示例 2：庭院型酒店

黄山元—希尔顿酒店，利用天然地势，以争取最佳景观朝向为原则，实施

高星级酒店建筑主体外形设计分类一览表

表 3-1

序号	设计理念	来源	具体体现	说明	应用点	应用方式/项目案例
1	线型空间设计	王真子[1]	酒店内部的造型沿用了外观造型的表现方法，主要采用曲线的表达形式，使主题的多次衍出，单元素的多次重复将曲线叠加的动感得以更好地表现	在结构造型的塑造上，线型空间的设计方式能够起到很好的视觉效果。建筑造型是由众多的面构成的，而线的相互之间的联系决定了面的转折和连接方式。运用线型叠加的造型凸显空间的层次变化	扎哈·哈迪德的建筑设计。扎哈的建筑作品多以曲线表现为主，极具未来感和科技感。多运用于主题酒店。基于线型空间表现下的冲浪运动主题酒店设计。冲浪运动主题酒店的基础线性架构	线型空间设计在冲浪运动主题酒店中的应用 酒店外建筑效果图 酒店大厅效果图 音乐酒吧效果图 复合西餐厅效果图 豪华海景房效果图

[1] 王真子.线型生态科技空间在冲浪运动主题酒店设计中的应用研究[D].大连：大连外国语大学，2019.

续表

序号	设计理念	来源	具体体现	说明	应用点	应用方式/项目案例
2	工业风格设计	邹宏坡[1]	工业风格在设计领域常被称为"工业风",这一设计风格:①工业风格具有极为强烈的社会时代性;②工业风格具有极强的装饰性、时代性和鲜明的特征体现	工业风格的设计特征主要体现在空间布局、层次色彩变化、材料选择和灯光设置与设计四个方面	工业风设计在主题酒店中的应用,工业风运用的原则:①实现对各类元素的集中和谐统一应用,是工业风格主题酒店所贯彻的最根本性原则;②元素的选取;③元素处理需要较高的"融合性";④墙面喷绘方式,工业风格主题酒店的设计当中,通过大量的涂鸦字母或图腾类型等符号化的元素,增强其时代感和工业感,是较为常见的一种设计方式	案例:比利时 Jam 酒店 比利时 Jam 酒店位于其首都布鲁塞尔的 Sint-Gillis 地区,这一主题酒店改建自一栋 20 世纪 70 年代的移动办公楼,经过全面系统的大改造,由当地设计师莱昂内尔·雅多(Lionel Jadot)完成了全部的整体设计。在这一主题酒店的设计过程当中,彰显了非常强烈的工业风格原有的元素,客房内部保留了大量原有的水泥吊顶

[1] 邹宏坡. 工业风设计在主题酒店设计中的运用研究[D]. 南昌: 南昌大学, 2018.

续表

序号	设计理念	来源	具体体现	说明	应用点	应用方式/项目案例
3	生态设计理念	俞朋[1]	自然光、沼气、风能等能源在自身优势基础上结合建筑改造方式及各空间微环境改善,改善舒适性与宜居性	①生态理念与历史文化相结合,更加注重文脉传承可持续性;②依托先进的科学绿色环保技术,为使用者展现一个生态可持续的氛围;③具有艺术性观赏性,能够改善环境,创造和谐自然的景观,美化休闲娱乐场地	阶段问题 / 设计措施 / 模拟示意图 / 模拟效果： 自然通风：院落建筑落高低错落,通风能不稳定 / 开口和阻隔方案 / 夏季增加风停留,冬季避免回旋风。东、西、南方向植落叶树,北方向植常绿树 自然采光：冬夏季地面受热形成流动空气流 / 选用生态海绵砖等新型材料 / 海绵砖能吸水保水性和高散热性能够降低地面温度	室内前门大厅　停车场入口 案例：济南泉素酒店内分为建筑空间、泉素酒店的设计空间、景观空间,绿化空间,室内空间四个空间模块

[1] 俞朋. 生态理念在老建筑酒店改造设计中的应用研究[D]. 济南：山东建筑大学, 2019.

续表

序号	设计理念	来源	具体体现	说明	应用点	应用方式/项目案例
4	聚落型空间设计	王子珊[1]	聚落一般指的是人类聚居和生活的场所，聚落中的空间关系，给予度假酒店设计以启发，有助于组织空间关系	度假酒店聚落型空间设计符合中国传统文化中自然观念，符合度假酒店空间的公共趋势，符合生态旅游的趋势	聚落集中存在着空间的形态元素：中心、边界、节点、构架。聚落的形态布局方式一般呈现：散点式布局，线式布局，组团式布局，组合式布局 节点　节点 构架（轴线） 边界　节点　中心　节点 节点　节点 构架（轴线） 聚落型空间的图式	案例分析：武夷山庄 武夷山庄坐落于福建闽江的源头崇阳溪旁，是杨廷宝先生、齐康先生为代表的设计团队在武夷山的一处地域建筑设计实践，形成了当时独树一帜的"武夷风格"，武夷山庄成为武夷旅游胜地的标志性名片。运用了整体统一原则 武夷山庄鸟瞰 武夷山庄总平面图

---

[1] 王子珊. 度假酒店聚落型空间设计研究[D]. 南京：南京大学，2018.

续表

序号	设计理念	来源	具体体现	说明	应用点	应用方式/项目案例
5	人性化设计	刘文慧[1]	商务酒店客房空间人性化设计	在设计过程当中秉承"以人为本"的理念，根据人的思维方式、生理结构、生活习惯等，在原有设计基本功能的基础上，对设计进行优化，使人们使用起来更加方便、舒适	商务酒店客房人性化设计原则：注重细节的原则、安全保障的原则、方便舒适的原则、绿色环保的原则。创造途径：包括功能设置的完善、现代智能化客房管理系统的应用、开关及插座的人性化设计、舒适的装饰环境、家具设施的人性化设计、人文精神的塑造、针对不同人群的人性化设计几个方面	案例分析：北京华尔道夫酒店集现代与传统元素于一体，酒店内陈设多件精美艺术品和画作装饰，客房环境装饰时尚、典雅、高贵，既弥漫着古典韵味，又闪耀着现代华彩，以平和静远的奢华内敛传承经典，是商务客人理想的下榻酒店

[1] 刘文慧. 商务酒店客房空间的人性化设计研究[D]. 唐山：华北理工大学，2016.

续表

序号	设计理念	来源	具体体现	说明	应用点	应用方式/项目案例
6	精品酒店设计	郑福磊	①时尚型精品酒店；②地域型精品酒店	拥有较小的建筑规模（客房数一般小于100间，多集中于50间左右）和高端的市场定位，以其精致的建筑语言，将浓郁的地域文化或时尚潮流文化融入设计理念，营造独特的宾客情感体验，并提供专属的功能配套设施和精湛服务水准的新型酒店类型	（1）主题定位 项目顺应当地自然环境，汲取青岩地域特色文化精髓，通过精品酒店特色的功能设施和个性化服务的完善，力图打造集休闲度假精品酒店、青岩古镇自然资源和人文资源的浓缩和再现。 （2）酒店规模 建筑用地面积 5667m²，为确保容积率不大于1.0，建筑面积控制在 5200m²（上下浮动10%）；酒店客房数控制在30间左右。 （3）功能配置 酒店功能区域主要包括基本功能区域和特色功能区域。基本功能区域包括客房、大堂、餐厅等必要的功能区域；特色功能包含茶社、讲堂等以及具有特色的功能用房；其他功能及后勤区域根据设计合理分配。 （4）设计风格 结合青岩古镇文化，将当地传统民居汇融到精品酒店设计中，并结合当代技术手段表达。酒店外貌能够和谐地融入周边的建筑环境，而其内部是现代化酒店设施，整体风格优雅、浪漫，又具有地方特色	(a) 适应地势高差 (b) 消减建筑体量 (c) 引入自然景观 (d) 整合室内外空间 案例分析：青岩古镇文凡精品酒店 青岩古镇文凡精品酒店遵循追求自然环境与人文景观的结合，尊重原有的自然环境、在生态规律和装饰上大量采用青岩的天然材料特色和文化特色民居元素，凸显原生态地域特色和文化特色

314

续表

序号	设计理念	来源	具体体现	说明	应用点	应用方式/项目案例
7	公寓型酒店设计	文献整理	公寓式酒店，就是设于酒店内部的公寓形式的酒店套房	公寓酒店作为公共建筑，其建筑设计的外立面和艺术性的建筑表皮让建筑的世界性繁交错，设计原则为客房各大功能空间的合理性、整体流畅性	绿色智能建筑在合理节能方面有特殊要求，酒店的空调系统占整个能耗的40%左右，国际标准室内温度调节至24～28℃，湿度40%～60%，人体感觉最为适宜，空调温度升高一度，可降低耗电量8%，在各客房区无人与有人的状态，空房温度、空调绿色建筑是通过预先设定来运行的	项目案例分析：深圳美兰酒店客房设计实例交通空间优化，卫生间设计，装饰个性化改造策略，户型平面设计，睡眠空间设计。特点在于：其一，它类似公寓，拥有居家的格局和良好的居住功能。其二，它配备全套的家具电器，同时，能够为客人提供酒店的专业服务，如室内打扫，床单更换以及一些商业服务等
8	主题型酒店	文献整理	主题酒店设计要充分呈现出主题创作的作用，做好建筑、景观、环境之间的相互渗透，协调发展	差异性、文化性、体验性三者相互渗透，独特性是酒店的核心竞争力	主题类型 / 酒店主要特色 / 代表酒店 历史文化主题 / 浓郁的历史氛围 / 成都京川宾馆（三国文化） 城市特色主题 / 以微观（缩）方式再现某一特定城市的风韵 / 拉斯维加斯的纽约酒店 大自然主题 / 将野生动植物、自然景观融入酒店之中 / 广州长隆酒店 名人文化主题 / 以人们熟知的或界艺术名人经历为线索 / 香港迪士尼好莱坞酒店、济南玉泉森信大酒店 艺术/运动主题 / 以某一种艺术或某一运动类型为素材 / 从化温泉宾馆 科技信息主题 / 以高科技手段为支撑 / 香港柏丽酒店	标杆案例：长隆海洋王国主题酒店 （1）设计理念：企鹅酒店以极地海洋作为出发点，充分利用得天独厚的景观资源，将建筑与周边环境融为一体，同时把主题发挥到极致，将可爱的企鹅、深蓝的海洋、景观等任的极地全部通过建筑、装饰、景观等手法表达出来，充满活力与特色。 （2）酒店建筑设计 ①特色性。建筑外观设计——13.8m高的巨型企鹅雕塑是酒店的重要标志；建筑内部设计包括餐厅、房间装饰、大堂设计、房型企鹅家庭房等。 ②合理性。功能规划、轴线规划、景观规划。 ③便利性。交通人车分流、探险房、人行系统无缝连接，内部人流高效合理

第3章 高星级商务酒店项目设计阶段设计

续表

序号	设计理念	来源	具体体现	说明	酒店名称	设计师	设计地点	竣工时间	项目图片	应用方式/项目案例
9	设计型酒店	文献整理	设计型酒店需要规避同质化。设计型酒店的实践在西方国家发展迅速,同时构成两种分化:以前卫、时尚、独特新奇的设计风格;以展示历史文化魅力的改造型。配套文化旅游。针对目标群体的生活方式为设计原点,将艺术、音乐、内部设计、娱乐设施和食物的整体体验结合起来。注重迎合顾客的感官享受和体验。	设计型酒店这种以设计师为主导的设计模式使酒店成为设计师个性化表达的重要途径	长城脚下的公社	张永和、坂茂、崔凯、简学义、隈研吾、严迅奇等	北京	2001年		（1）按经营模式上分类 从经营模式上分类,设计型酒店分为个体设计酒店、品牌型设计型酒店连锁、酒店集团旗下的设计型酒店、跨界设计型酒店。 （2）营建方式 从营建方式上设计型酒店可以分为改造型设计型酒店和新建型设计型酒店。 （3）按设计特点型 1）环境依托型 环境依托型设计酒店一般远离市区,具有较好的自然风景,设计型酒店通过酒店自身的设计性实现建筑本身和借景自然环境,形成具有独特环境资源、地理优势的度假型酒店。 2）历史文化依托型 这类酒店往往是从旧有建筑中改建而来,凭借当时时期的建筑特色实现文化价值,也有凭借旧建筑中的历史事件而赋予设计型酒店文化渊源的。 3）生活方式型 生活方式型主要以城市繁华中心作为根据地,主要客户群面向热爱城市生活,对时尚潮流追随,对生活品质有一定要求的中青年
					水舍	如恩设计	上海	2010年		
					美利坚之门酒店	诺曼·福斯特、扎哈·哈迪德、机崎新、让·努维尔等	西班牙马德里	2005年		
					衡山路十二号豪华精选酒店	马里奥·博塔	上海	2012年		
					瑜舍	隈研吾	北京	2008年		

酒店总体布局模式 表 3-2

	集中型	庭院型	别墅型	复合型
示意图				
空间特征	集中开发，节约用地，建筑布置多为塔楼加裙房的形式。各功能设施在竖向分区设置，一般公共部分设置裙房，客房部分设置于塔楼，后场部分则位于地下。室外设置少量绿化景观	用地相对宽敞，建筑多为低层、多层建筑，各部分按使用性质进行合理分区，建筑与外部环境的组合方式灵活，由一系列庭院组织空间，客房部分与公共活动部分均可争取良好的景观朝向	该类型的酒店多位于风景优美的自然景区，对于自然环境的利用成为建筑布局的重点。公共部分基本自成一区，客房部分结合室外景观成组团分布。有利于适应不规则地形，增加建筑层次感	该类型一般包含多种功能设施，除酒店之外往往包含商业、办公等功能。功能关系极为紧凑，各功能设施之间全部为内部联系，流线极为短捷，省时增效，节约用地
交通组织	功能空间竖向叠合通过垂直交通作为主要的联系方式	交通组织以水平向的联系为主，应高效、不宜过长	交通流线一般较长，需借助电瓶车组织交通	各种流线复杂，流线呈竖向延伸的特点。酒店建筑交通与其他系统互相穿插、交织
适用类型	适用于城市用地较为紧张的情况	适用城市或郊区，用地条件相对宽松的情况	适用于自然风景区	适用于经济发达城市

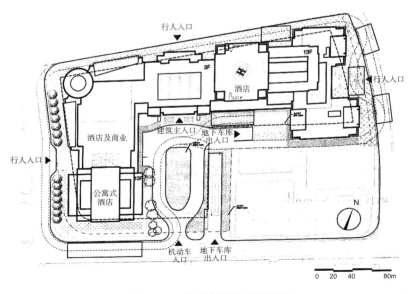

图 3-1 上海半岛酒店总平面图

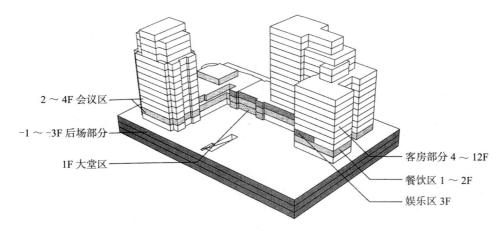

图 3-2　上海半岛酒店功能分析图

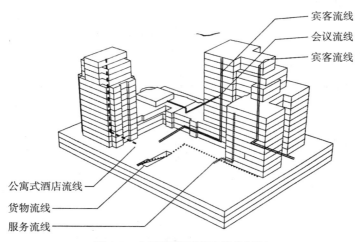

图 3-3　上海半岛酒店流线分析图

菱形和组团相结合的布置方式。基地被分为两个地带，由主入口的公共空间和客房区至最北面是酒店别墅区，中轴融合泳池、中央绿化广场等公共空间。在基地中心和南区布置度假酒店，并且成组团布置，建筑为 3～5 层，以 "U" 形的平面围合成大小不同的庭院。沿江两层高的为酒店别墅，坐拥较优景观（图 3-4～图 3-6）。

示例 3：别墅型酒店

区内尽量少使用机动车辆，而以环保电瓶车代步，故所有外部车辆进入主入口后，根据不同使用要求，在入口处转换为内部电瓶车系统。整个区内只设置一条环形主干道，用于满足消防和应急通车要求（图 3-7～图 3-9）。

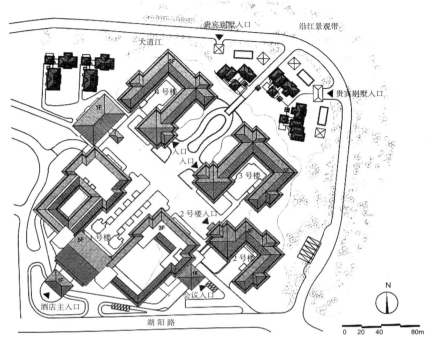

图 3-4 黄山元一希尔顿酒店总平面图

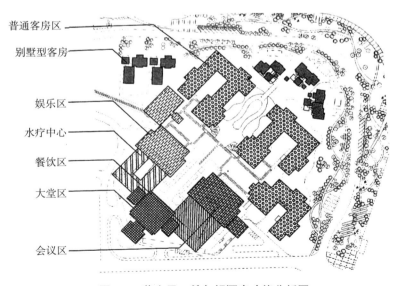

图 3-5 黄山元一希尔顿酒店功能分析图

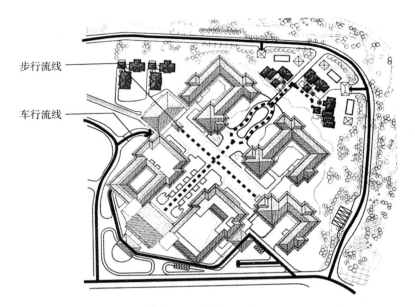

图 3-6 黄山元一希尔顿酒店流线分析图

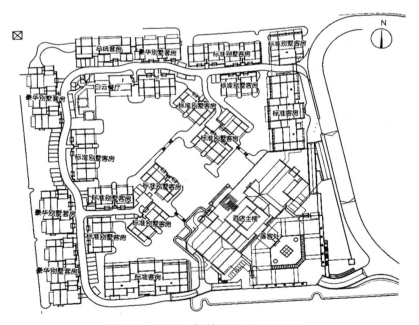

图 3-7 杭州西溪悦榕庄酒店总平面图

3.3.3 高星级酒店大堂设计理念

高星级酒店大堂设计理念，如表 3-3 所示。

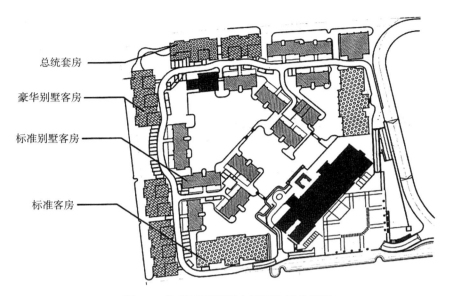

图 3-8　杭州西溪悦榕庄酒店流线分析图

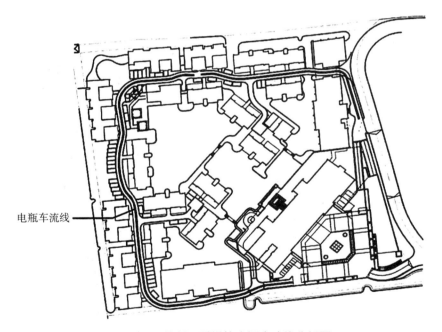

图 3-9　杭州西溪悦榕庄酒店功能分析图

3.3.4　高星级酒店功能要素配置

高星级酒店功能要素配置，如表 3-4 所示。

表 3-3

酒店大堂位置示意图

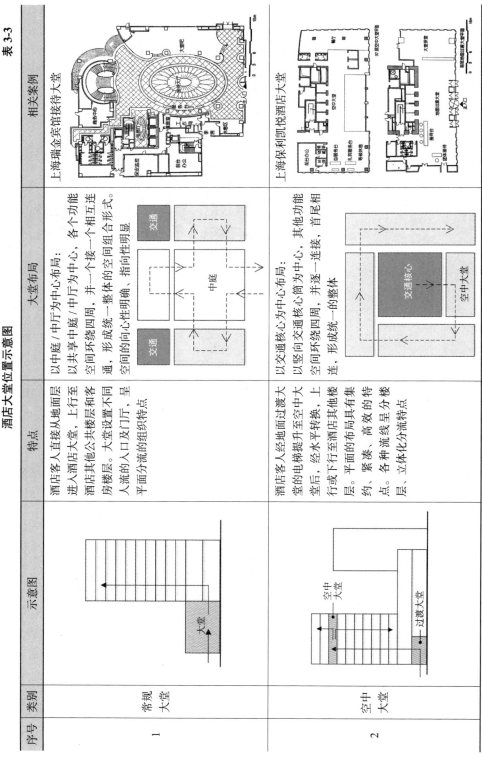

序号	类别	示意图	特点	大堂布局	相关案例
1	常规大堂		酒店客人直接从地面层进入酒店大堂，上行至酒店其他公共楼层和客房楼层。大堂设置不同人流的入口及门厅，呈平面分流的组织特点	以中庭/中厅为中心布局：以共享中庭/中厅简为中心，各个功能空间环绕四周，并一个接一个相互连通，形成一整体的空间组合形式。空间的向心性明确，指向性明显	上海瑞金宾馆接待大堂
2	空中大堂		酒店客人经地面过渡大堂的电梯提升至空中大堂，经水平转换，上行或下行至酒店其他楼层。平面的布局具有集约、紧凑、高效的特点，各种流线呈分楼层、立体化分流的特点	以交通核心为中心布局：以竖向交通核心为中心，其他功能空间环绕四周，并逐一连接，首尾相连，形成统一的整体	上海保利凯悦酒店大堂

322

续表

序号	类别	示意图	特点	大堂布局	相关案例
3	地台式大堂	(门厅、大堂剖面示意图)	大堂提升到二层，通过景观处理弱化高差，整个景区空间连贯性，建筑序列中都能很好地引入周围的自然景观和环境充分结合在一起。大堂空间在水平及垂直两个方向上舒展变化	以庭院组织空间大堂：以庭院，廊道组织各个功能空间，各功能空间围绕庭院布置，有效地避开交通纷杂的权纽中心，实现各功能空间相对独立，易于创造移步异景，动静结合的空间氛围	丽江铂尔曼酒店大堂 丽江铂尔曼酒店是法国雅高酒店管理集团旗下的一家顶级度假酒店，占地200亩，酒店紧靠束河古镇，将连绵的玉龙雪山美景尽收眼底，隐居通世，享受文化历史的沉淀和无限美景的同时，还可轻松到达周边的著名景点。建筑部分由云南怡成建筑设计公司承接，室内部分则由香港KCC公司倾力打造

第3章 高星级商务酒店项目设计阶段

323

各类型酒店的特征

表 3-4

序号	酒店类型	选址条件	目标客群	酒店规模	主要功能模块及功能设施特点	造价参考指标（万元）			
						序号	工程和费用名称	五星级酒店（超高层，地下二层）	四星级酒店（高层，地下二层）
1	商务型酒店	位于城市中心地区、中央商务区等	商务客人、旅游客人	250间客房以上	具备大堂区、会议区、餐饮区、康体娱乐区、客房区、行政区等商务活动所需的设备设施一应俱全	1	土建及装饰工程	6570~8030	5560~6800
						2	机电安装工程	2900~3550	2540~3110
						3	预备费	480~580	410~500
						4	建筑安装工程合计（全面积）	9950~12160	8510~10410
						5	建筑安装工程合计（全面积）	13270~16220	11350~13880
2	会议会展型酒店	位于大都市，政治、文化中心城市，浏览胜地等	各种会议团体	500间客房左右	在商务型酒店基础上强化会议展览功能；接待国际会议团体的酒店，要求具备同声传译装置，同时还能够提供专业的会议服务	序号	工程和费用名称	五星级酒店（高层，地下二层）	多层/无地下室
						1	土建及装饰工程		5270~6440
						2	机电安装工程		2400~2940
						3	预备费		390~470
						4	建筑安装工程合计（全面积）		6820~8320
						5	建筑安装工程合计（地上面积）		6820~8320
3	度假型酒店及度假村	位于旅游风景胜地	休闲度假客人	200间客房以上	在商务型酒店基础上增强娱乐功能；通常开辟各种娱乐体育项目，如滑雪、骑马、狩猎、垂钓、划船、潜水、冲浪、高尔夫球、网球等	序号	工程和费用名称		高层，地下一层
4	公寓式酒店	可选在交通发达的城市商务、金融等地区，也可选在交通发达、配套设施齐全的成熟社区周边	在某地需逗留较长时间和追求家庭式环境的旅游和商务客人等	以一室一厅为主，配备少量两室一厅和三室一厅等	有居家的格局和良好的居住功能；配有全套家具与家电，能够为客人提供酒店的专业服务；除房区外其他功能最小化设置	1	土建及装饰工程		4800~5860
						2	机电安装工程		1930~2360
						3	预备费		340~420
						4	建筑安装工程合计（全面积）		7070~8640
						5	建筑安装工程合计（地上面积）		9430~11520

通过对文献的研究，结合《旅游饭店星级的划分和评定》GB/T 14308—2010，选择北京王府井希尔顿酒店、北京首都机场希尔顿酒店、北京希尔顿酒店、上海希尔顿酒店、上海虹桥元一希尔顿酒店、金茂三亚亚龙湾希尔顿大酒店进行对比，将酒店区域分为公共区域、客房区域、后勤区域，按照基本功能（必需配置）、核心功能（推荐配置）、发展功能（选择配置）三个层级，总结出高星级酒店功能配置如表3-5、表3-6所示。

高星级酒店功能要素配置表　　　　　　　　　　　　　　表3-5

功能单元	功能要素		细 项	配置要求
公共区域	大堂		前台、贵重物品储存	※
			团体接待、大堂经理（问询处）	
			礼宾、行李房	
			休息区、大堂吧	
	餐饮		全日制餐厅	※
			中餐厅	※
			中式风味餐厅	☆
			专业外国餐厅	☆
			露天餐厅	△
			贵宾俱乐部	☆
			主题餐吧	☆
			咖啡厅、茶室	☆
	商业		零售商店	☆
			超市	△
			商业街	△
	商务		商务中心	※
		会议	普通会议室	※
			高级会议室	☆
		多功能厅	前厅（包括贵宾厅、卫生间、衣帽间）	※
			主厅	
			灯光、音影控制室	
			家具库	
			可供大型展览使用的专用电梯	△

续表

功能单元	功能要素	细项		配置要求
公共区域	康乐	健身房		※
		游泳池		※
		水疗中心		☆
		游艺室		※
		室内球类活动		☆
		室外球类活动		△
		KTV、夜总会		△
	室外	外檐		※
		外部路面		△
		景观	花园	△
			喷泉	△
			假山	△
客房区域	标准间	双床间		※
		大床间		※
		无障碍客房		※
	套房	普通套房		※
		豪华套房		☆
		行政套房		☆
		总统套房		△
后勤服务区域	办公区	前台办公		※
		其他各部门办公		
	员工区	更衣、淋浴		※
		医疗保健室		※
		员工餐厅		☆
		员工培训室		※
		员工宿舍		△
	服务支持区	货物区		※
		食品加工区		
		洗衣房		
		维修工场		
		设备用房		

注：※ 基本功能；☆ 核心功能；△ 发展功能。

各类型酒店功能设置总表　　表 3-6

一级分项	二级分项	商务型酒店	会议会展型酒店	度假酒店	公寓式酒店
大堂区	前台礼宾处	●	●	●	●
	大堂吧	●	●	◎	○
	商务中心	●	●	●	○
	行李房	●	●	●	○
	礼品房	●	●	●	○
	公共卫生间	●	●	●	●
餐饮区	中餐厅	◎	◎	●	○
	酒吧及酒廊	◎	◎	●	/
	咖啡厅	◎	◎	●	/
	自助餐厅	◎	◎	●	●
	特色餐厅	◎	◎	◎	○
会议区	宴会厅	●	◎	●	/
	展览	○	◎	○	/
	会议	●	◎	●	○
康体娱乐区	健身中心	●	●	◎	○
	SPA 中心	●	●	◎	○
	室外游泳池	○	○	◎	/
	室内游泳池	●	●	◎	/
	更衣室	●	●	●	○
客房区	标准客房（双人床）	●	●	●	●
	标准客房（大床）	●	●	●	●
	商务套房	●	●	●	○
	普通套房	●	●	●	●
	豪华套房	●	●	●	○
	总统套房	●	●	●	/
	无障碍客房	●	●	●	●
	行政层区	●	●	●	/
后场部分	中心库房	●	●	●	●
	中心厨房	●	●	●	●
	洗衣房	●	●	●	○
	机动车库	●	●	●	●
	非机动车库	●	●	●	●

续表

一级分项	二级分项	商务型酒店	会议会展型酒店	度假酒店	公寓式酒店
后场部分	员工餐厅	●	●	●	●
	员工更衣室	●	●	●	●
	员工培训及休息室	●	●	●	●
	管理办公室	●	●	●	●

图例：● 必选功能；◎ 增强功能；○ 选择功能 / 不设项。

3.4 酒店各功能区域设计

3.4.1 酒店规模面积配比

酒店总建筑面积用"每间客房综合面积指标"衡量，"每间客房综合面积指标"为酒店总建筑面积与客房间数的比值，该指标可以反映酒店的等级、规模（表3-7）。

酒店每间客房综合面积指标　　　　　　表3-7

酒店等级	面积（m^2/间）
豪华五星级	>175
五星级	140～175
四星级	100～140
三星级	65～100

不同等级、不同类型的酒店其公共部分、客房部分与后场部分的比例也不相同，如表3-8所示，为酒店各功能设施面积占总面积的百分比。酒店各个功能设施的建筑面积通过"每间分项面积指标（m^2/间）"来估算；"每间分项面积指标（m^2/间）"为酒店各个功能设施总建筑面积与客房间数之比。

酒店主要功能空间面积指标　　　　　　表3-8

主要功能空间		占该部分面积比	占总面积百分比	小计
公共部分	大堂区	10%～15%	2.5%～4.0%	25%～30%
	餐饮区	15%～20%	4.0%～5.0%	
	会议区	15%～20%	3.5%～5.0%	
	康体娱乐区	15%～20%	4.0%～5.0%	
	交通面积	35%～45%	4.0%～11%	

续表

主要功能空间		占该部分面积比	占总面积百分比	小计
客房部分	大床房	25%～35%	14%～16%	25%～30%
	双床房	15%～20%	8%～11%	
	套房	10%～15%	6%～12%	
	其他	10%	4%～6%	
	交通面积	30%～35%	15%～20%	
后勤部分	行政办公区	6%～10%	2.0%～3.0%	25%～30%
	员工生活区	8%～10%	2.0%～3.0%	
	食物加工区	15%～22%	5.0%～10.0%	
	后勤保障区	10%～15%	3.0%～4.0%	
	设备用房	20%～25%	4.0%～6.0%	
	交通面积	20%～25%	4.0%～6.0%	
合计			100%	

3.4.2 酒店客房面积指标

酒店客房区是住宿酒店客人停留时间最长的主要活动区域，也是创造酒店经营利润的最重要来源。酒店客房区一般位于高层酒店建筑的塔楼部分或平面上相对独立安静且景观视线较好的区域。为减少对客房区的干扰，其一般与酒店的其他部分的功能相对独立，通过电梯或其他水平交通方式相联系。客房区内一般只允许入住客人及服务人员出现，其他来访客人较少，客房区域与公共区域相邻部分常采用刷卡电梯与前台登记相结合的客人身份验证准入制度，减少非酒店住客带来的外来干扰。

（1）功能构成

酒店客房区常设有多种类型的客房，以满足不同客人的使用需求。房型比例一般在酒店策划前期确定。客房区一般设有客房标准间、客房套房、客房连通房、无障碍客房、客房公共区和客房服务区等空间。不同类型的酒店在确定客房房型比例时会有不同的侧重。度假酒店考虑家庭集体出游需要，套房和连通房比例会相应增加；商务酒店根据商务客人的出行特点以标准间为主，根据所处城市经济状况还可适当增加行政楼层客房比例。

（2）空间组成

客房区具体包括客房、交通体系、客房后勤服务用房及公共空间。客房应根据气候特点、环境位置、景观条件，争取较好的朝向和景观。

1. 客房标准层

酒店客房标准层的设计是酒店建筑的重要影响因素，它决定了酒店建筑的造型特色、酒店的面积利用率、酒店客房的排列方式、客房区内的空间形态特点等重要方面。客房标准层的设计主要考虑确定客房单元的数量、组合形式及不同的客房类型的配置。

客房标准层的交通路线应明确、简捷，尽可能缩短旅客与服务的交通路程，为了方便宾客的使用，楼、电梯厅还应标志明确、易于识别方向，使人一目了然。

（1）功能构成

酒店客房标准间提供的住宿服务是酒店服务的最集中体现，虽因档次、标准和客房文化的差异而有所区别，但其包含的睡眠、工作、休闲、洗浴等功能是始终不变的。酒店标准间布局分为双床房和大床房，由于酒店本身造型、结构开间、进深等的不同，标准间的设计也可以有很多变化。

（2）技术参数

客房标准间作为酒店建筑最基本的设计单元，其总面积可以达到酒店总面积的50%～70%之间。客房标准间内部的空间尺度设计是酒店设计的重点工作，其设计的合理性对酒店客房整体空间氛围的营造有重要的影响，如表3-9所示。

客房标准间设置技术参数　　　　表3-9

客房类型	指标类型	四星级	五星级	豪华五星级
双床客房	面积（m²）	30～40	38～45	>45
	开间（mm）	3600～4000	4000～5000	4500～6300
	进深（mm）	7500～9600	7800～9600	9600～12000
	卧室净高（mm）	2400～2750	2600～2750	2750～2850
	入口深高（mm）	2300～2400	2300～2400	2300～2500
大床客房	面积（m²）	30～40	38～45	>45
	开间（mm）	3600～4000	4000～5000	4500～6300
	进深（mm）	7500～9600	7800～9600	9600～12000
	卧室净高（mm）	2400～2750	2600～2750	2750～2850
	入口深高（mm）	2300～2400	2300～2400	2300～2500

（3）设计要点

不同的酒店建筑会根据自己目标人群细分市场的定位，进而在客房内的各部分功能上加以区分，以展示自己的经营特色。为了使入住客人获得更大的舒适性与方便性，高星级酒店具有许多的功能细节要求，由此带来了客房内部布局的多样性。酒店客房设计人员应对客房的各个分区、家具大小尺寸、客房内部所需物品、可利用景观因素等方面有着较为充分的了解，并进行合理的安排布置，充分有效地利用好有限的客房内部空间。

2. 客房套层

（1）功能构成

酒店套房是指占据两个开间及以上大小的酒店客房，不同的酒店设置的套房类型不尽相同，本书将其概括为普通套房、豪华套房和总统套房。不同类型的套房其功能配置也不相同，如表3-10所示。

各酒店品牌的套房设置情况　　　　　　　表3-10

	丽笙	铂尔曼	万豪	希尔顿	外滩茂悦	四季酒店	本书
2开间	普通套房	套房	标准套房	普通套房 景观套房 风格套房 雅致套房	大使套房	中央套房	普通套房
3开间	—	—	豪华套房	豪华套房	皇家套房	豪华套房	豪华套房
4开间	皇家套房	—	—	特使套房	总统套房	尊贵套房	
5开间及以上	总统套房	—	总统套房	总统套房	主席套房	总统套房	总统套房

（2）技术参数（表3-11）

客房套房设计的技术参数见　　　　　　　表3-11

指标类型	普通套房	豪华套房	总统套房
面积（m²）	55～75	75～115	115～190
卧室净高（mm）	2400～2750	2600～2750	2750～2850
入口深高（mm）	2300～2400	2300～2400	2400～2500

（3）设计要点

普通套房多占两个开间，常设于酒店标间层平面的转角处。通常设有两个卫生间，客用卫生间较为简单，一般只含坐便器和洗手化妆功能，卧室内的卫生间可配置豪华浴缸。普通设计主要包含起居室、卧室、卫生间等几个功能性场所，满足套房客人的生活会客休息要求。

总统套房主要用于接待一些重要贵宾，因其消费对象的特殊性，总统套房对于安全私密等级、服务质量有非常高的要求。入住客人的路线与服务的流线应尽量做到互不干扰；有的总统套房甚至会配备专用电梯与小电梯厅，兼作专门服务。别墅总统套房则专门设计了为来访客人规定路线及入口的专用会客厅，增加套房内部空间的私密性。空间布局上，往往会在总统套房住宿房间的外侧以连通房的形式配备几个房间供警卫、秘书及随从等使用，方便客人的工作。总统套房位于酒店景观视线最好、外部干扰最小的区域。

3.4.3 酒店大堂设施指标

大堂区是酒店连通不同公共功能区的枢纽，同时也是酒店的安全控制中心；酒店员工可以由此观察、监督通往酒店各个通道的人流、物流。

（1）功能构成

客人进入酒店的第一体验是在大堂区。它承载着酒店的社交、休息、服务、交通等重要功能需求，同时它也是酒店重要的盈利空间。本书将大堂的各种功能设施分为宾客服务区、商务支持区、休闲活动区和附属设施四部分。在综合体酒店中主要功能大堂被提升至空中，地面设置交通过渡大堂，如表3-12中所示的功能将被分别设置到空中大堂和地面过渡大堂。地面过渡大堂结合大堂面积规模，根据需要设置迎宾服务员、行李台、礼宾台及休息区等功能。

酒店大堂区各功能设施设计技术参数　　　　　表3-12

功能设施		面积（m²）	吊顶最低净高（m）	备注
宾客服务区	中厅	300～500	一般通高2～3层，不低于4.5	—
	总服务台	60～120	3.5	—
	礼宾台	11	3.5	—
	等候休息	150～250	3.5	常结合中庭设置
	行李房	>40	2.4	—
	贵重物品存放	>20	2.4	—
休闲活动区	大堂吧	450～600	3.5	单独设置时为150～250m²
	大堂酒廊及各类咖啡茶饮		3.5	—
商务支持区	商务中心	70～100	3.5	—
附属设施	公共卫生间	50～100	2.7	—
	公共电梯厅	—	3.0	—

（2）技术参数

城市商务型酒店大堂区的面积指标为 2.5～3.0 间客房；会议会展型酒店通常大于 3.0 间客房；度假型酒店约为 4.0 间客房。酒店大堂各功能设施的设计技术参数如表 3-12 所示。

（3）设计要点

酒店大堂的位置因酒店类型与空间布局的不同而存在差异，休闲活动区应将大堂置于显眼的位置，但为了创造较为安静的空间环境，多采用又隔又透、围而不闭的设计方法，在保证大堂空间整体性的同时，又创造了良好的休息环境。像公共卫生间等辅助空间则需要设置在较为隐蔽的区域，应与其他公共区相互屏蔽，以免影响大堂的整体品质。

3.4.4 酒店宾客服务区指标

（1）功能构成

宾客服务区所提供的服务从传统的入住登记等功能逐渐扩展到可以预订娱乐活动、社会活动、提供旅游信息、临时儿童看管、收集信息等，其基本功能构成如表 3-13 所示。

宾客服务区基本功能构成　　　　表 3-13

功能设施	服务项目
行李服务台	靠近酒店入口，设置在入口至行李房的路径中，可结合礼宾台布置，配置服务员工，为酒店客人提供行李搬运服务
迎宾服务台	第一时间为进入酒店的客人提供优质体贴的服务
代客服务台	提供代客预定和安排出租车等服务
总服务台	大堂最为重要的服务区，应独立设置在酒店入口和客梯厅能明显看到的地方，提供咨询、入住登记、离店结算、兑换外币、转达信息等服务，总服务台前留足空间，布置沙发，为旅客提供休憩空间，也可结合大堂休息区设置
礼宾台	配合总服务台的服务提供酒店基本情况、客房价目等信息，提供所在地旅游资源、当地旅游交通及全国旅游交通信息，但不包括兑换和结账，礼宾台往往和行李台的功能相结合
贵重物品存放	暂存于酒店的客人的贵重物品，应便于员工及客人出入
行李房	酒店客人暂存行李的房间，应独立设置封闭房间，行李间可直接从外部（停车门廊）和大堂内部进入，位置应隐蔽且靠近服务站，宜提供从行李房至服务电梯的服务走廊，避免穿过接待大堂。度假酒店中应增加行李储存量
前台办公	通常独立设置于服务总台的背面，为总台服务提供支持。包含复印、传真、设备、前台经理室、员工办公室、经理办公室、计账室、出纳室、储藏室
等候休息	酒店客人等待、休息，非盈利性质

（2）设计要点

宾客服务区在大堂中的位置通常有两种形式：一种是将服务总台和顾客休息等待区分别布置在入口两边，大堂吧置于入口正对面，容易形成较为连贯的景观视廊；另一种是在入口正对面布置服务台，两侧分别为大堂吧和交通设施等。

接待大厅位于大堂入口，靠近公共电梯和服务专用电梯，通常在空间处理上采用增加层高的手法营造特别的空间感受，如采取挑空设计。总台服务的平面位置应能监控到地面层大堂入口门厅、非地面层大堂的电梯厅，一般结合中厅/中庭设置，总台服务空间的设计应生动、富有趣味。例如，通过设置顶棚灯光，设置富有趣味的背景墙渲染气氛等（表3-14）。

宾客服务区各功能设施技术参数　　　　表3-14

功能设施	基本参数
信息台	每75间客房提供1个信息台，信息台长度不宜小于1.2m
柜台	每75间客房需要两个柜台，柜台长度不宜小于1.8m
等候区	信息台或柜台前应设置不小于3.7m宽的客人排队等候区
行李台	毗邻行李房，暂时存放客人行李
行李房	至少设置2个行李间，一间适用个人，一间适用团体。行李间面积为0.07m^2/件，且不少于20m^2
衣帽间	靠近入口客人来往区域
行李车存放	行李车总数量满足每100间客房配备3辆行李车。一般在停车门廊放置1/3数量的行李车，另外2/3储藏
贵重物品存放	靠近前台，房间密封，入口应隐藏，每25间客房至少配一个保险箱

3.4.5 酒店休闲活动区指标

（1）功能构成

酒店大堂的休闲活动区包括大堂吧、咖啡厅、大堂酒廊等，同时酒店根据自身的条件，设置符合大堂氛围的特色精品商店。

（2）面积指标

大堂吧的营业面积为150~250m^2，结合酒廊设置的面积为450~650m^2。大堂酒廊一般至少提供50~60个座位，供客人休息，大规模的可以提供200个座位。零售商店的面积以15~50m^2为宜，并提供零售店面积15%的空间作为工作区及支持区，即用于办公和商品储藏，大型酒店及度假酒店零售设施需增加。

（3）设计要点

酒店大堂吧是大堂重要的社交场所和经营区，大堂吧包括座位区、吧台、备餐间，应安排不同的座位以适应不同空间氛围的需要。大堂酒廊一般为大堂空间延伸部分，在室内选材、细部元素到陈设装饰方面应和大堂整体风格统一，大堂酒廊通常提供有偿服务，为了区别于休息厅，在空间设计上更加强调私密空间的营造，增加近入尺度的细部处理和精品装饰。在空间划分上常用软分隔的方式暗示空间范围。大堂西区也承担了部分的大堂接待，特别是团体来访，客流达到高峰时需提供足够的休息位置。

零售店、精品店的位置应位于酒店入住登记以及客梯之间的走道上。不得位于紧邻酒店入住登记台的位置上。零售店应融入入口设计，可以在大厅中清晰地看到，但不得作为重点以转移客人对公共区域的关注。

3.4.6 酒店附属设施指标

（1）功能构成

附属设施主要指公共卫生间，每一独立的功能区域都应配置独立的卫生间，某些楼层上可能需要为间距较远或位于不同水平区域的功能设施提供相应的独立卫生间。

（2）技术参数

公共卫生间的步行距离不得超过40m。入口处应隔离视线，男女厕所入口相互分离，且标识明确；卫生间门宽不得小于0.9m，天花板高度不低于2800mm。所有的卫生间区域都应该设置无障碍设施，至少配置一个残疾人专用水池和厕所隔间，男女各一，或单独设置一个无障碍卫生间。公共区域卫生间设施的建议数量，如表3-15、表3-16所示。

公共卫生间设施数量配置表　　　　　表3-15

区域	餐厅座位数			宴会与会者人数			公共区域面积		
	男和女			男和女					
范围	<50位	50~150位	>150位	<100位	100~300位	>300位	<500m²	500~2000m²	>2000m²
男厕所	1	2	每增加35位加1	2	4	每增加65位加1	2	4	每增加250m²加1
男小便池	0	3	每增加25位加1	2	5	每增加65位加1	2	6	每增加165m²加1

续表

区域	餐厅座位数 男和女			宴会与会者人数 男和女			公共区域面积		
男洗手池	2	3	每增加35位加1	3	6	每增加33位加1	3	6	每增加140m² 加1
女厕所隔间	2	3	每增加25位加1	3	6	每增加20位加1	3	6	每增加165m² 加1
女洗手池	2	3	每增加25位加1	3	6	每增加20位加1	3	6	每增加140m² 加1
女梳妆台	0	1	每增加25位加1	1	2	每增加60位加1	1	2	每增加280m² 加1

注：《凯悦国际技术服务公司设计建议和最低标准》（版本5.0，2010年）。

《旅馆建筑设计规范》JGJ 62—2014 表3-16

区域	男		女
	大便器	小便器	大便器
门厅（大堂）	每150人配1个；超过300人，每增加30人增设1个	每100人配1个	每75人配1个；超过300人，每增加150人增设1个
各种餐厅包括咖啡厅、酒吧等	每100人配1个；超过400人，每增加250人增设1个	每50人配1个	每50人配1个；超过400人，每增加250人增设1个
宴会厅、会议室	每100人配1个；超过400人，每增加200人增设1个	每40人配1个	每40人配1个；超过400人，每增加100人各增设1个

注：1. 本表假定男、女宾客各为50%，当性别比例不同时应进行调整。
2. 门厅（大堂）和餐厅兼顾使用时，洁具数量可按餐厅配置，不必叠加。
3. 本表规定为最低标准，高等级商务酒店可按实际情况酌情增加。
4. 洗手盆、清洁池可按《城市公共厕所设计标准》CJJ 14—2016 配置。
5. 商业、娱乐健身的卫生设施可按《城市公共厕所设计标准》CJJ 14—2016 配置。

3.5 高星级酒店经济技术指标

3.5.1 五星级酒店（超高层）造价估算指标

（1）工程概况（表3-17）

工程类型：五星级酒店。

技术经济指标：9591元/m²。

拟建地点：上海市。

五星级酒店（超高层）造价估算指标　　　　表 3-17

序号	工程和费用名称	特殊说明	总价（万元）	数量（m²）	单方造价（元/m²）
一	土建及装饰工程				
1	打桩		1495.00	65000	230
2	基坑维护		1500.00	15000	1000
3	土方工程		375.00	15000	250
4	地下建筑	含地下室装修	600.00	15000	400
5	地下结构		3300.00	15000	2200
6	地上建筑		2925.00	65000	450
7	地上结构		5525.00	65000	850
8	装饰		22100.00	65000	3400
9	外立面	含入口雨篷	6500.00	65000	1000
10	屋面		195.00	65000	30
11	标识系统		200.00	80000	25
	土建及装饰工程费小计		44715.00	80000	5589
二	机电安装工程				
1	给水排水工程		3200.00	80000	400
2	消防喷淋		960.00	80000	120
3	煤气	包括调压站	160.00	80000	20
4	变配电	15000kVA	2160.00	80000	270
5	应急柴油发电机组	3000kW	1200.00	80000	150
6	电气		3040.00	80000	380
7	泛光照明		292.50	65000	45
8	消防报警		360.00	80000	45
9	综合布线		480.00	80000	60
10	弱电配管		320.00	80000	40
11	弱电桥架		240.00	80000	30
12	智能化调光系统		400.00	80000	50
13	BA 系统		480.00	80000	60
14	卫星天线及有线电视		120.00	80000	15
15	安防系统		320.00	80000	40
16	广播系统		80.00	80000	10
17	程控电话		320.00	80000	40

续表

序号	工程和费用名称	特殊说明	总价（万元）	数量（m²）	单方造价（元/m²）
18	空调送排风		6000.00	80000	750
19	锅炉		400.00	80000	50
20	电梯	含自动扶梯	2400.00	80000	300
21	擦窗机		357.50	65000	55
22	车库管理		82.50	15000	55
23	厨房设备		1950.00	65000	300
24	宾馆管理系统		260.00	65000	40
25	VOD点播系统		162.50	65000	25
26	游泳池设备		195.00	65000	30
27	康体设施		390.00	65000	60
	机电安装工程费小计		26330.00	80000	3291
三	预备费	按建安工程费的8%计列	5683.60	80000	710
	建安工程总费用		76728.60	80000	9591

建筑面积：80000m²，其中：地上面积65000m²，地下面积15000m²，标准层面积不小于1500m²。

建筑高度：不大于160m（檐口高度），标准层层高：3.6m。

建筑层数：地下3层，地上不大于40层（其中：裙房不大于4层）。

结构形式：钻孔灌注桩，桩长不大于56m，地下连续墙维护，钢筋混凝土框筒结构。

基础埋深：不大于18m（地下室外墙长度约300m）。

室内外高差：0.8m。

（2）建筑标准

1）外装饰标准

高档石材/铝板幕墙，进口LOW-E中空夹胶玻璃单元式幕墙，外墙保温。

屋面：防水砂浆，高分子防水卷材，憎水珍珠岩砂浆，挤塑聚苯板保温层，局部地砖。

2）内装饰标准

公共部位（大堂、电梯厅、公共卫生间）：进口花岗石地面，进口大理石墙面，石膏板或金属板造型吊顶，豪华装饰灯具，配高档活动和固定家具。

其他公共部位（公共走道、餐厅、酒吧、会议室、健身房等）：进口花岗石/

高档地毯/木地板地面，进口大理石/高档墙纸/豪华装饰墙面，石膏板或金属板造型吊顶，豪华装饰灯具，配备高档活动和固定家具。

标准客房：高档地毯地面，高档墙纸和局部豪华木饰面墙面，石膏板吊顶，高档装饰灯具，配备高档活动和固定家具，高档房门配进口五金件；卫生间进口花岗石地坪，进口大理石墙面，石膏板吊顶。

客房层走道：地毯地面，墙纸和局部木饰面墙面，石膏板吊顶，装饰灯具。

后勤用房和消防楼梯间：环氧树脂涂料/地砖地坪，墙面乳胶漆，石膏板/涂料顶棚。

（3）设备管线

给水排水管道：给水管道采用塑覆铜管，橡塑保温，饮用水管道采用不锈钢管道，排水管道采用UPVC管道，UPVC雨水管。

消防工程：大于80mm直径管道采用无缝钢管，小管径采用镀锌钢管，卡箍式连接。

煤气：镀锌钢管。

变配电：四级热镀锌钢管，低烟无卤阻燃电线，插接式铜母线，热镀锌桥架。

电气管道：热镀锌桥架，低烟无卤阻燃电线，塑料管，四级热镀锌钢管，插接式母线。

空调通风：热镀锌钢管，镀锌钢板，橡塑保温，装饰风口。

综合布线：六类线，RJ45信息口，光缆。

BA系统：控制线，信号线。

消防报警：低烟无卤阻燃电线，阻燃控制线。

安防系统：控制线，视频线，电源线。

卫星天线及有线电视：视频线，信号线，同轴电缆。

（4）设备配置

给水排水工程：拼装式不锈钢水箱，中继水箱，进口变频水泵，进口高档卫生洁具及配套五金件，进口饮用水净化设备。

消防工程：双头消火栓箱，湿式报警，消防泵，中继水箱，机房采用FM200气体灭火。

煤气：煤气表房。

变配电：变压器，进口高压柜，进口低压柜，二路供电。

应急发电机：进口应急柴油发电机组，切换柜。

电气工程：配电箱（主开关进口），配电柜。

泛光照明：进口投光灯，控制箱。

空调通风：进口冷水机组，进口冷冻泵，冷冻冷却水循环泵，冷却塔，进口热交换器，进口变风量空调箱，高档四管制风机盘管，四管制供回水系统，送排风机组，新风机组，IT 机房独立 24h 空调系统。

锅炉：进口燃气锅炉，水泵，集 / 分水器。

综合布线：光端转换器，配线架。

BA 系统：直接数字控制器，服务器，控制器，控制阀。

消防报警：感烟探测器，楼层显示器，联动控制器，控制模块。

安防系统：监控主机，监视器，采集点。

广播系统：音源设备，功率放大器，扬声器，广播接线箱。

卫星天线及有线电视：接收器，放大器，分配器，分支器，楼层接线箱。

电梯：速度 2.5～4.0m/s，荷载不大于 1350kg，进口产品。

车库管理系统：感应线圈，收费闸机，电脑管理系统。

擦窗系统：进口擦窗设备及轨道，控制设备。

厨房设备：基本采用进口产品。

3.5.2 四星级酒店造价估算指标

（1）工程概况

工程类型：四星级酒店。

技术经济指标：8330 元 /m²。

拟建地点：上海市。

建筑面积：62000m²；其中，地上面积 50000m²，地下面积 12000m²；标准层面积，不小于 1500m²。

建筑高度：不大于 100m（檐口高度）；标准层层高：3.6m。

建筑总层数：地下 2 层，地上不大于 26 层（其中裙房 3 层）。

结构形式：钻孔灌注桩，桩长不大于 40m，地下连续墙维护，钢筋混凝土框筒结构。

基础埋深：不大于 13m（地下室外墙长度约 320m）。

室内外高差：0.6m。

（2）建筑标准

1）外装饰标准

石材 / 铝板幕墙，氟碳喷涂铝合金中空 LOW-E 玻璃窗，外墙保温。

屋面：防水砂浆，高分子防水卷材，憎水珍珠岩砂浆，挤塑聚苯板保温层，局部地砖。

2）内装饰标准

公共部位（大堂、电梯厅、公共卫生间）：花岗石地面，大理石墙面，石膏板或金属板造型吊顶，高档装饰灯具，配套高档活动和固定家具，重要部位采用进口产品。

其他公共部位（餐厅、酒吧、公共走道、会议室、健身房等）：花岗石/地毯/木地板地面，大理石/墙纸/局部高档木饰墙面，石膏板或金属板造型吊顶，高档装饰灯具，配套活动和固定家具，重要部位采用进口产品。

标准客房：地毯地面，墙纸和局部木饰面墙面，石膏板吊顶，装饰灯具，配活动和固定家具；卫生间花岗石地坪，大理石墙面，石膏板吊顶；部分采用高档产品。

客房层走道：地毯地面，墙纸和局部木饰墙面，石膏板吊顶，装饰灯具。

后勤用房和消防楼梯间：环氧树脂涂料/地砖地坪，墙面乳胶漆，石膏板/涂料天花。

（3）设备管线

给水排水管道：钢塑复合管，塑覆铜管热水管道外包橡塑保温，饮用水管道采用不锈钢管道，排水管道采用UPVC管道，UPVC雨水管。

消防工程：大于80mm直径管道采用无缝钢管，小管径采用镀锌钢管，卡箍式连接。

煤气：镀锌钢管。

变配电：四级热镀锌钢管，低烟无卤阻燃电线，插接式铜母线，热镀锌桥架。

电气管道：热镀锌桥架，低烟无卤阻燃电线，塑料管，四级热镀锌钢管，插接式母线。

空调通风：热镀锌钢管，镀锌钢板，玻璃棉保温，铝合金风口。

综合布线：六类线，RJ45信息口，光缆。

BA系统：控制线，信号线。

消防报警：低烟无卤阻燃电线，阻燃控制线。

安防系统：控制线，视频线，电源线。

卫星天线及有线电视：视频线，信号线，同轴电缆。

（4）设备配置

给水排水工程：拼装式不锈钢水箱，中继水箱，变频水泵，高档卫生洁具及配套五金件，进口饮用水净化设备。

消防工程；双头消火栓箱，湿式报警，消防泵，中继水箱，机房采用FM200气体灭火。

煤气：煤气表房。

变配电：变压器，高压柜（进口），低压柜，二路供电。

应急发电机：合资品牌应急柴油发电机组，切换柜。

电气工程：配电箱（主开关进口），配电柜。

泛光照明：投光灯（光源为进口），控制箱。

空调通风：进口冷水机组，冷冻泵，冷冻冷却水循环泵，冷却塔，热交换器，变风量空调箱，四管制风机盘管，四管制供回水系统，送排风机组，新风机组，IT机房独立2h空调系统。

锅炉：高档燃气锅炉，水泵，集/分水器。

综合布线：光端转换器，配线架。

BA系统：直接数字控制器，服务器，控制器，控制阀。

消防报警：感烟探测器，楼层显示器，联动控制器，控制模块。

安防系统：监控主机，监视器，采集点。

广播系统：音源设备，功率放大器，扬声器，广播接线箱。

卫星天线及有线电视：接收器，放大器，分配器，分支器，楼层接线箱。

电梯：速度2.5～3.0m/s，荷载不大于1350kg，电梯主件进口。

车库管理系统：感应线圈，收费闸机，电脑管理系统。

擦窗系统：擦窗设备及轨道，控制设备。

厨房设备：重要部件采用进口产品（表3-18）。

四星级酒店（高层）造价估算指标 表3-18

序号	工程和费用名称	特殊说明	总价（万元）	数量（m²）	单方造价（元/m²）
一	土建及装饰工程				
1	打桩		1100.00	50000	220
2	基坑维护		1080.00	12000	900
3	土方工程		312.00	12000	260
4	地下建筑	含地下室装修	480.00	12000	400
5	地下结构		2400.00	12000	2000
6	地上建筑		2250.00	50000	450

续表

序号	工程和费用名称	特殊说明	总价（万元）	数量（m²）	单方造价（元/m²）
7	地上结构		4000.00	50000	800
8	装饰		13500.00	50000	2700
9	外立面	含入口雨篷	5000.00	50000	1000
10	屋面		150.00	50000	30
11	标识系统		124.00	62000	20
	土建及装饰工程费小计		30396.00	62000	4903
二	机电安装工程				
1	给水排水工程		2170.00	62000	350
2	消防喷淋		682.00	62000	110
3	煤气	包括调压站	124.00	62000	20
4	变配电	11500kVA	1240.00	62000	200
5	应急柴油发电机组	2300kW	682.00	62000	110
6	电气		2356.00	62000	380
7	泛光照明		200.00	50000	40
8	消防报警		248.00	62000	40
9	综合布线		341.00	62000	55
10	弱电配管		248.00	62000	40
11	弱电桥架		186.00	62000	30
12	智能化调光系统		310.00	62000	50
13	BA系统		279.00	62000	45
14	卫星天线及有线电视		93.00	62000	15
15	安防系统		248.00	62000	40
16	广播系统		62.00	62000	10
17	程控电话		248.00	62000	40
18	空调送排风		4030.00	62000	650
19	锅炉		217.00	62000	35
20	电梯	含自动扶梯	1426.00	62000	230
21	擦窗机		300.00	50000	60
22	车库管理		60.00	12000	50
23	厨房设备		1000.00	50000	200
24	宾馆管理系统		200.00	50000	40

续表

序号	工程和费用名称	特殊说明	总价（万元）	数量（m²）	单方造价（元/m²）
25	VOD点播系统		125.00	50000	25
26	游泳池设备		150.00	50000	30
27	康体设施		200.00	50000	40
	机电安装工程费小计		17425.00	62000	2810
三	预备费	按建安工程费的8%计列	3825.68	62000	617
	建安工程总费用		51646.68	62000	8330

3.5.3 三星级酒店造价估算指标

（1）工程概况

工程类型：三星级酒店。

技术经济指标：6339元/m²。

拟建地点：上海市。

建筑面积：36000m²，其中，地上面积28000m²，地下面积8000m²，标准层面积：不小于1250m²。

建筑高度：不大于80m（檐口高度），标准层层高：3.3m。

建筑总层数：地下2层，地上不大于22层（其中裙房3层）。

结构形式：钻孔灌注桩，桩长不大于30m，地下连续墙维护，钢筋混凝土框筒结构。

基础埋深：不大于13m（地下室外墙长度不大于300m）。

室内外高差：0.6m。

（2）建筑标准

1）外装饰标准

面砖/高档外墙涂料，局部石材幕墙，氧化着色铝合金中空玻璃窗，外墙保温。

屋面：防水砂浆，高分子防水卷材，憎水珍珠岩砂浆，挤塑聚苯板保温层，局部地砖。

2）内装饰标准

公共部位（大堂、电梯厅）：花岗石地面，大理石墙面，石膏板或金属板造型吊顶，装饰灯具，配活动和固定家具，局部考虑采用高档产品。

其他公共部位（餐厅、酒吧、公共卫生间、公共走道、会议室、健身房等）：

花岗石/玻化砖/地毯/木地板地面，大理石/墙纸/涂料/局部木饰墙面，石膏板或金属板造型吊顶，装饰灯具，配活动和固定家具，局部考虑采用高档产品。

标准客房：地毯地面，涂料墙面，石膏板吊顶，装饰灯具，配活动和固定家具；卫生间玻化砖地坪，玻化砖墙面，石膏板吊顶。

客房层走道：地毯地面，涂料和局部木饰墙面，石膏板吊顶，装饰灯具。

后勤用房和消防楼梯间：环氧树脂涂料，墙面乳胶漆，石膏板/涂料天花。采用普通产品。

（3）设备管线

给水排水管道：聚丙烯管，钢塑复合管，热水管道加橡塑保温，排水管道采用UPVC管道，UPVC雨水管。

消防工程：采用热镀锌管道，沟槽式连接。

煤气：镀锌钢管。

变配电：热镀锌钢管，铜芯电缆，铜母线，热镀锌桥架。

电气管道：热镀锌桥架，铜芯电缆，电线，塑料管，热镀锌钢管，分支电缆。

空调通风：热镀锌钢管，镀锌钢板，橡塑保温，铝合金风口。

综合布线：六类线，RJ45信息口，光缆。

BA系统：控制线，信号线。

消防报警：阻燃电线，阻燃控制线。

安防系统：控制线，视频线，电源线。

卫星天线及有线电视：视频线，信号线，同轴电缆。

（4）设备配置

给水排水工程：混凝土水箱，中继水箱，水泵，卫生洁具及配套五金件。

消防工程：消火栓箱带灭火器，湿式报警，消防泵，中继水箱。

煤气：煤气表房。

变配电：变压器，高压柜，低压柜，二路供电。

应急发电机：应急柴油发电机组，切换柜。

电气工程：配电箱，配电柜。

泛光照明：投光灯，控制箱。

空调通风：冷水机组，冷冻泵，冷冻冷却水循环泵，冷却塔，热交换器，变风量空调箱，二管制风机盘管，二管制供回水系统，送排风机组，新风机组。

锅炉：燃气锅炉，水泵，集/分水器。

综合布线：光端转换器，配线架。

BA系统：直接数字控制器，服务器，控制器，控制阀。

消防报警：感烟探测器，楼层显示器，联动控制器，控制模块。

安防系统：监控主机，监视器，采集点。

广播系统：声源设备，功率放大器，扬声器，广播接线箱。

卫星天线及有线电视：接收器，放大器，分配器，分支器，楼层接线箱。

电梯：速度不大于2.0m/s，荷载不大于1000kg。

车库管理系统：感应线圈，收费闸机，电脑管理系统。

厨房设备：基本采用国产产品（表3-19）。

三星级酒店（高层）造价估算指标　　表3-19

序号	工程和费用名称	特殊说明	总价（万元）	数量（m²）	单方造价（元/m²）
一	土建及装饰工程				
1	打桩		616.00	28000	220
2	基坑维护		816.00	8000	1020
3	土方工程		216.00	8000	270
4	地下建筑	含地下室装修	304.00	8000	380
5	地下结构		1600.00	8000	2000
6	地上建筑		1120.00	28000	400
7	地上结构		2100.00	28000	750
8	装饰		5600.00	28000	2000
9	外立面	含入口雨篷	896.00	28000	320
10	屋面		98.00	28000	35
11	标识系统		54.00	36000	15
	土建及装饰工程费小计		13420.00	36000	3728
二	机电安装工程				
1	给水排水工程		1080.00	36000	300
2	消防喷淋		360.00	36000	100
3	煤气	包括调压站	72.00	36000	20
4	变配电	8000kVA	504.00	36000	140
5	应急柴油发电机组	1600kW	180.00	36000	50
6	电气		1152.00	36000	320
7	泛光照明		84.00	28000	30

续表

序号	工程和费用名称	特殊说明	总价（万元）	数量（m²）	单方造价（元/m²）
8	消防报警		126.00	36000	35
9	综合布线		180.00	36000	50
10	弱电配管		126.00	36000	35
11	弱电桥架		90.00	36000	25
12	智能化调光系统		126.00	36000	35
13	BA系统		144.00	36000	40
14	卫星天线及有线电视		36.00	36000	10
15	安防系统		144.00	36000	40
16	广播系统		36.00	36000	10
17	程控电话		144.00	36000	40
18	空调送排风		1800.00	36000	500
19	锅炉		144.00	36000	40
20	电梯	含自动扶梯	540.00	36000	150
21	车库管理		40.00	8000	50
22	厨房设备		420.00	28000	150
23	宾馆管理系统		98.00	28000	35
24	康体设施		84.00	28000	30
	机电安装工程费小计		7710.00	36000	2142
三	预备费	按建安工程费的8%计列	1690.40	36000	470
	建安工程总费用		22820.40	36000	6339

3.6 酒店设计阶段审查点

3.6.1 设计任务书的编制

（1）编制依据

1）土地挂牌文件、选址意见书或土地合同；

2）建设用地规划许可证；

3）项目设计基础资料；

4）上阶段政府报建的批文；

5）项目成本管理指导书；

6）勘察文件；

7）环境评估报告；

8）交通评估报告；

9）能源评估报告；

10）物业管理设计要点。

（2）编制内容

设计任务书一般由全过程工程咨询机构与投资人充分沟通后编制。

设计任务书是投资人对工程项目设计提出的要求，是工程设计的主要依据。进行可行性研究的工程项目，可以用批准的可行性研究报告代替设计任务书。设计任务书可分为方案设计任务书、初步设计任务书、施工图设计任务书和专业设计任务书等。

根据可行性研究报告的内容，经过研究并选定方案之后编制的设计任务书，要对拟建项目的投资规模、工程内容、经济技术指标、质量要求、建设进度等做出规定。设计任务书的主要内容如表3-20所示。

设计任务书编制要点   表3-20

序号	内容	内容要点
1	项目名称、建设地点	
2	批准设计项目的文号、协议书文号及其有关内容	
3	项目建设的依据和目的	
4	建筑造型及建筑室内外装修方面要求	
5	项目建设的规模及生产纲要（生产大纲、产品方案）	对市场需求情况的预测
		对国内外同行业的生产能力估计
		市场销售量预测、价格分析、产品竞争能力分析、国外市场需求情况的预测、进入国际市场的前景分析
		项目建设的规模、产品方案及发展方向的技术经济比较与分析
6	资源、原材料、燃料动力、供水、运输、协作配套、公用设施的落实情况	所需资源、原材料、辅助材料、燃料动力的种类、数量、来源及供应的可能性和条件
		所需公用设施的数量、供应方式和供应条件
		资源的综合利用和"三废"治理的要求
7	建设条件和征地情况	建设用地的范围地形，场地内原有建筑物、构筑物，要求保留的树木及文物古迹的拆除和保留情况等
		场地周围道路及建筑等环境情况
		交通运输，供水、供电、供气的现状及发展趋势

续表

序号	内容	内容要点
8	生产技术、生产工艺、主要设备选型、建设标准及相应的技术指标	
9	项目的构成及工程量估算	项目的主要单项工程、辅助工程及协作配套工程的构成
		项目布置方案和工程量的估算
10	环境保护、城乡规划、抗震、防洪、文物保护等方面的要求和相应的措施方案	
11	组织机构、劳动定员和人员培训设想	
12	建设工期与实施进度	
13	投资估算、资金筹措和财务分析	主体工程和辅助配套工程所需投资（利用外资项目或引进技术项目应包括外汇款项）
		生产流动资金的估算
		资金来源、筹措方式、偿还方式、偿还年限
14	经济效益和社会效益	项目要达到的各项微观和宏观经济指标
		分析项目的社会效益
15	附件	可行性分析和论证资料
		项目建议书批准文件
		征地和外部协作配套条件的意向性协议
		环保部门关于"三废"治理措施的审核意见
		劳动部门关于劳动保护措施的审核意见
		消防部门关于消防措施的审核意见

3.6.2 方案设计审查

（1）审查内容

在方案设计阶段，全过程工程咨询机构应组织专家委员对方案设计进行审查，以确定投标的方案是否切实满足招标人要求，审查内容主要有以下几点：

1）是否响应招标要求，是否符合国家规范、标准、技术规程等的要求；

2）是否符合美观、实用及便于实施的原则；

3）总平面的布置是否合理；

4）景观设计是否合理；

5）平面、立面、剖面设计情况；

6）结构设计是否合理，可实施；

7）公建配套设施是否合理、齐全；

8）新材料、新技术的运用；

9）设计指标复核；

10）设计成果提交的承诺。

（2）优化方案的审查

方案设计完成后，全过程工程咨询机构应组织行业专家，针对方案的不足，结合拟建项目情况，对方案提出修改建议，并编制形成正式文件。在规定的时间内督促专业咨询工程师（设计）提出最优方案，直到满足发包人要求。

3.6.3 初步设计审查

当初步设计图纸出来后，全过程工程咨询机构需组织各专业专家逐张审查图纸，重点审查选材是否经济、做法是否合理、节点是否详细、图纸有无错缺碰漏等问题。在认真审阅图纸后，书面整理专家审图意见，与投资人和专业咨询工程师（设计）约定时间，共同讨论交换意见，达成共识后，进行设计图纸修改。

全过程工程咨询机构对初步设计审查合格后，需按当地建设行政主管部门的规定，将初步设计文件报送建设行政主管部门审查。

全过程工程咨询机构进行的初步设计的审查应当包括下列主要内容：

（1）是否按照方案设计的审查意见进行了修改。

（2）是否达到初步设计的深度，是否满足编制施工图设计文件的需要。

（3）是否满足消防规范的要求。

（4）建筑专业：

1）建筑面积等指标没有大的变化。

2）建筑功能分隔是否得到深化，总平面、楼层平面、立面设计是否深入。

3）主要装修标准明确。

4）各楼层平面是否分隔合理，有较高的平面使用系数。

（5）结构专业：①结构体系选择恰当，基础形式合理；②各楼层布置合理。

（6）设备专业：①系统设计合理；②主要设备选型得当、明确。

（7）相关专业重大技术方案是否进行了技术经济分析比较，是否安全、可靠。

（8）初步设计文件采用的新技术、新材料是否适用、可靠。

（9）设计概算编制是否按照国家和地方现行有关规定进行编制，深度是否满足要求。

3.6.4 设计图纸审核

设计图纸审核，如表3-21、表3-22所示。

酒店项目设计阶段图纸审核要点

表 3-21

阶段	阶段细分	专业	审核内容	审核要求及审核依据	是否满足 打"√"或"×"	问题描述
扩初阶段（施工图条件）	初步委托	土建	1. 各层结构平面初步布置			
			2. 地下室、人防、转换层的结构布置方案			
			3. 土方平衡图、单桩承载力、基础形式			
		给水排水	1. 消防级别：生活、消防水池及水泵房面积校核	消防级别水专业应与建筑一致		
			2. 集水坑及排水沟布置及数量校核	根据地下室底板层厚度，校核集水坑数量、距离		
			3. 给水、排水、消防系统的设计方案			
			4. 核心筒处消火栓布置、管井布置合理性	1. 消火栓及立管应放置在公共空间		
				2. 消火栓安装不得贯穿墙体（管井处除外）		
				3. 管井位置及尺寸校核，管井应满足管道安装要求，出详细立面、剖面图		
			5. 空调室内外机位置合理，空调排水立管合理	1. 空调机位置有足够空间放置室外机		
				2. 室外空调位置通风良好，无死机风险		
				3. 穿空调板各管道不影响室外机安装、放置		
				4. 空调冷凝水管位置合理		
			6. 排水立管位置合理	1. 立管对建筑外立面影响小		
				2. 立管与门、窗，洞口不冲突		
			7. 总图方案合理			
		通风	地下室通风设置原则再次确认	送、排风机房位置面积校核，地下室净空高度校核		
		煤气	燃气立管位置，燃气表、热水器位置确认	精装修房，燃气表及热水器位置，应得到装饰部认同		

续表

阶段	阶段细分	专业	审核内容	审核要求及审核依据	是否满足 打"√"或"×"	问题描述
扩初阶段（施工图条件图）	初步委托	电气	1. 详规阶段电气方案的实施			
			2. 各种设备的选型			
	初步设计	土建	1. 各层结构平面初步布置			
			2. 地下室、人防、转换层的结构布置方案			
			3. 土方平衡图、单桩承载力、基础形式			
		给水排水	1. 消防级别：生活、消防水池及水泵房面积校核	消防级别水专业应与建筑一致		
			2. 集水坑及排水沟位置及数量校核	根据地下室底板面层厚度，校核集水坑数量、距离		
			3. 给水、排水、消防系统的设计方案			
			4. 核心筒处消火栓布置、管井布置合理性	1. 消火栓及立管应放置在公共空间 2. 消火栓安装不得贯穿墙体（管井处除外） 3. 管井位置及尺寸校核，管井应满足管道安装要求，出详细立面、剖面图		
			5. 空调室内外机位置合理，空调排水立管位置合理	1. 空调位有足够空间放置室外机 2. 室外机位置通风良好，无死机风险 3. 穿空调各管道不影响室外机安装 4. 空调冷凝水管位置合理		
			6. 排水立管位置合理	1. 立管对建筑外立面影响小 2. 立管与门、窗、洞口不冲突		
			7. 总图方案合理			

352

续表

阶段	阶段细分	专业	审核内容	审核要求及审核依据	是否满足打"√"或"×"	问题描述
扩初阶段（施工图条件图）	扩初审核（施工图条件图）	通风	地下室通风及防排烟系统的设计	送风、排风机房位置面积校核，地下室净空高度校核		
		煤气	调压箱、上升管是否与其他管道冲突、调压箱安装空间是否足够。燃气立管位置合理，不与其他管道冲突；燃气表、热水器位置合理	精装修房，施工图前必须先定下燃气表及热水器位置，并得到装饰部认同		
		电气	1.分期供配电系统及变配电房的布置平面、剖面			
			2.竖向供电系统			
			3.电力平面图（设备房、电气竖井的位置及配电箱的安装位置）			
			4.电气消防、弱电系统及机房的布置平面、剖面			
		土建	1.各层结构平面布置图			
			2.地下室和人防部分的结构布置			
		给水排水	1.消防级别：生活、消防水池及水泵房面积校核			
			2.集水坑及排水沟布置位置及数量校核			
			3.给水、排水、消防系统的设计方案			
			4.核心筒处消火栓布置、管井布置合理性			
			5.空调室内外机位置合理，空调排水管立管位置合理			
			6.排水立管位置合理			
			7.总图方案合理			

续表

阶段	阶段细分	专业	审核内容	审核要求及审核依据	是否满足 打"√"或"×"	问题描述
扩初阶段（施工图）条件图	扩初审核（施工图）条件图	通风	地下室通风及防排烟系统的设计			
		煤气	调压箱、上升管是否与其他管道冲突，调压箱安装空间是否足够。燃气立管位置合理，不与其他管道冲突；燃气表、热水器位置合理			
		电气	1. 项目总体供电系统 2. 各分期电气初步设计			
户型大样技术评审阶段		建筑	立面	重点审核立面（阳台、窗、檐口、低层、顶层）等是否与平面户型一致	重点复审复杂立面或变异户型	
			雨篷	出露台、小院的门是否能否设雨篷		
			管井及烟道	1. 管井及烟道上下部位能否对齐 2. 出屋面位置，风口最低处要距露台完成面最小高度为 1.8m 3. 防水构造		
			户内及公共走道宽度	1. 公共部位走道，大堂疏散门宽是否满足要求 2. 户内走道宽度复核		
			窗地比	结合立面，复核窗地比，控制成本	详细的质量设计手册	
			可售比复核	可售比不能小于80%	宽景 0.25；高层小高层 0.23	
			面积复核	重点结合立面复核阴阳台面积，柱廊以及门楼等部位	有柱凸阳台，不计算面积的阳台、凹阳台、穿过式阳台等是重点复核内容	

续表

阶段	阶段细分	专业	审核内容	审核要求及审核依据	是否满足 打"√"或"×"	问题描述
户型大样技术审评阶段	玄关	建筑	宽度、使用功能			
		电气	户内配电箱及弱电接线箱在入户处是否有合适的安装位置			
		建筑	楼梯、前室尺寸复核			
			自然通风前室、合用前室及防烟楼梯开敞面积复核	自然排烟		
		电气	1. 配电间分强电和弱电时,各自面积为1m²左右			
			2. 配电间强电和弱电合用时,面积为2m²左右			
	核心筒	给水排水	1. 管道井的位置及尺寸	1. 多层及小高层一般不设置管道井;高层建筑一般设置管道井(当公共空间过小,无空间设置管井时,可采用现场加工的水表箱的形式,不设置管道井) 2. 管道井的位置一般在核心筒处等公共位置,以便维护 3. 管道井的尺寸与楼层数及每层的户数有关		
			2. 消火栓及立管的位置的合理性	1. 消火栓及立管应放置在公共空间,禁止放在住户空间内,如入户花园等处 2. 消防前室应放置消火栓,18层以下可设置双栓;18层以上,可设置两个消火栓,两个消火栓间距应在5m以上		

续表

阶段	阶段细分	专业	审核内容	审核要求及审核依据	是否满足 打"√"或"×"	问题描述
户型大样技术评审阶段	核心筒	给水排水	2. 消火栓及立管的位置的合理性	3. 消火栓尽量暗装或半暗装，立管设置在门或窗边时，门或窗边应设置垛，垛一般为150mm左右		
				4. 安装消火栓处不能将墙体贯穿（管井处除外）		
		风道	采用加压送风的前室、合用前室、防烟楼梯间、风井位置、尺寸的合理性	风井尺寸合理		
		建筑	重点复核变异户型是否处于下层居室、厨房的上部			
	卫生间	结构	卫生间结构降板是否对下层有影响（重点要评审上部为变异户型的卫生间）	1. 卫生间降板，降板部分对下层住户的影响，明确降板范围		
				2. 卫生间不降板，管道不得进入别人家		
		给水排水	卫生间降板或不降板、管道的布置方式、是否影响下层住户	3. 卫生间空能否放下浴盆、浴盆方向是否合理		
				4. 立管不能放置在卫生间外时，在卫生间布置的立管位置的合理		
			卫生洁具、地漏	重点复核大便器、淋浴间、浴缸宽度，能否满足使用要求（尽量按标准模块设置）		

356

续表

阶段	阶段细分	专业	审核内容	审核要求及审核依据	是否满足 打"√"或"×"	问题描述
户型大样技术审评阶段	卫生间	给水排水	设备管道、管井	1. 各种立管是否与空调调,厨房和卫生间的排气调冲突 2. 变异户型,立管上下是否对应 3. 卫生间暗气卫生间,管道上下能否对应 4. 地下室暗卫生间,是否设置排风管道 5. 立管是否挡窗（管道边立管,门或窗应设置在门或窗边立管,门或窗应设置梁,梁宽150～200mm		
		电气	插座位置是否合理	尽量利用标准模块		
		建筑	重点复核变异户型是否处于下层居室、卧室上部			
	厨房	给水排水	设备管道、管井	1. 厨房管道的布置对下层是否有影响 2. 地漏位置的合理性 3. 热水器的位置是否与厨房排烟冲突 4. 排水管是否与烟道矛盾——厨房也要尽量选择标准模块		
		电气	插座位置是否合理	尽量利用标准模块		
	空调	建筑与给水排水	如在空调板处设雨水管,复核空调板尺寸	室外机位（为净尺寸）： 1. 普通单机1000mm×550mm 2. 如有雨水管穿空调板时,以及顶层复式起居厅空调机位,或者当为双机上下叠放且前面安装百叶时,空调机位1200mm×550mm		

续表

阶段	阶段细分	专业	审核内容	审核要求及审核依据	是否满足 打"√"或"×"	问题描述
户型大样技术评审阶段	空调	建筑与给水排水	如在空调板处设雨水管,复核空调板尺寸	3.(放同层室外机)梁下挑空调板上皮距本层顶棚的高度应不小于400mm		
			空调室内外机位置的合理性	1.空调板尺寸是否满足室外机的规格要求;当有管道穿空调板时,是否影响室外机放置		
				2.冷凝水、冷媒管不宜跨门、窗、通道,室外机应便于安装,室内外机距离不宜大于10m		
		建筑与结构	室外空调板立面是否与平面一致;重点复核变异立面处空调板位置			
		电气	插座位置是否和室内空调机位一致			
	雨水管	建筑与给水排水	1.位置是否挡门或窗	1.设置在门或窗边的立管,门或窗应设坡,埃宽150~200mm		
			2.上层雨水管严禁直接排在下层阳台露台上;要做到有组织排水	2.严禁屋面的管道落入住户内,如雨水管进入私家露台、阳台等处		
				3.各种立管是否与空调洞、厨房、卫生间排气洞冲突		
				4.变异户型,立管上下是否对应		

续表

阶段	阶段细分	专业	审核内容	审核要求及审核依据	是否满足 打"√"或"×"	问题描述
户型大样技术评审阶段	洗衣机、热水器及晾衣	建筑	洗衣机位置是否恰当；立面是否有遮挡晾衣考虑			
		给水排水与电气	1. 洗衣机、热水器布置位置是否有电源插座安装的墙面 2. 洗衣机地漏设置			
		结构	1. 柱网初步布置时的梁柱 2. 梁的初步布置以探讨对建筑的影响；重点审核起居厅以及上部户型有变时 3. 卫生间结构降板是否对下层有影响（重点要评审上部为变异户型的卫生间、厨房） 4. 柱网布置竖向是否连续，设置转换梁对建筑是否有影响			
		给水排水	1. 底层为架空层或商铺，给水排水管道的转换方式 2. 一层排水管出户，管道是在地下室还是在覆土层中敷设	1. 管道在面层内转换，管道布置的合理性 2. 管道是在梁下转换时，空间高度是否满足建筑要求 3. 管道沿墙、柱下落时，立管的位置是否影响建筑功能或破坏观感 1. 管道在地下室敷设，管道不得穿电房、水池及泵房 2. 管道在覆土层中敷设，覆土层的厚度及覆土范围的明确		

表 3-22

酒店项目设计审查内容一览表

序号	项目	审查内容	审查依据	具体规定
1	设计文件总体要求	(1) 初步设计文件是否具有工程可行性研究报告或方案设计及其批复意见的执行情况和意见，对特殊复杂的可研和规划方案是否具有合理性评价；方案如有重大变化调整，是否具有相关论证或批准文件； (2) 主要设计基础资料（规划情况、现状建筑及管线等限制性因素、现状交通、地形地貌、地震、水文、防洪、文物、环保要求等）收集是否齐全； (3) 初步设计文件是否完整，设计是否达到规定深度要求，工程数量是否准确； (4) 拟定的总体设计原则是否合适，建设规模相匹配，道路的功能是否合理，采用的技术标准是否满足规范要求； (5) 方案比较是否充分，推荐方案是否合理； (6) 分期实施工程是否具有近远期结合方案、近期实施方案是否合理、可行； (7) 初步设计图纸制图规范、统一、标识清楚、图纸签署是否符合规定； (8) 对关键、特殊技术是否明确，新技术、新工艺、新材料是否论证或说明； (9) 是否明确需要进一步解决的主要问题和对下阶段工作的建议	《建筑工程设计文件编制深度规定》(2016版)、《建设工程勘察设计资质管理规定》(原建设部令第160号)、《工程建设设计资质标准》建市[2007]86号，《旅馆建筑设计规范》JGJ 62—2014	(1) 建设单位报请初步设计技术审查的资料应包括以下主要内容： 1) 作为设计依据的政府有关部门的批准文件及附件。 2) 规划部门审定批准的方案设计文件。 3) 审查合格的岩土工程初勘或详勘文件。 4) 初步设计文件。 5) 设计对上阶段政府所有部门审批意见落实情况的说明。 6) 审查需要提供的其他资料。 (2) 初步设计技术审查应包括以下主要内容： 1) 初步设计是否达到《建筑工程设计文件编制深度规定》(建质函[2016]247号)的深度要求。 2) 是否符合相关工程建设强制性标准要求。 3) 初步设计的技术先进性是否可靠，是否经济合理。 4) 是否符合环保、节能、安全等原则及公众利益。 5) 是否符合作为设计依据的政府有关部门的批准文件要求。 6) 设计依据（设计选用的规范、规程、标准、规定等）是否恰当有效
2	强制性条文	是否满足公共建筑/星级酒店建设项目专业的强制性条文	《工程建设标准强制性条文》	是否满足《工程建设标准强制性条文》中有关公共建筑建设项目专业的强制性条文
3	设计综述			

续表

序号	项目	审查内容	审查依据	具体规定
3.1	项目场地概况	（1）工程地点，工程周边环境，工程分区，主要功能； （2）各单体（或分区）建筑的长、宽、高，地上与地下层数，各层层高，主要结构跨度，特殊结构及造型，工业厂房的吊车吨位等	《建筑工程设计文件编制深度规定》（2016版）	设计概述： （1）表述建筑的主要特征，如建筑总面积，建筑占地面积，建筑层数和总高，建筑防火类别，耐火等级，设计使用年限，地震基本烈度，主要结构选型，人防类别，面积和防护等级，地下室防水等级，屋面防水等级等； （2）概述建筑物使用功能和工艺要求； （3）简述建筑的功能分区，平面布局，立面造型及与周围环境的关系； （4）简述建筑的交通组织，垂直交通设施（楼梯、电梯、自动扶梯）的布局，以及所采用的电梯、自动扶梯的功能，数量和吨位，速度等参数； （5）采用新技术、新材料、新结构的情况； （6）当项目按装配式建筑要求建设时，简述采用的装配式建筑技术要点； （7）建筑防火设计，包括总体消防，建筑单体的防火分区，安全疏散，疏散宽度计算和核对，建筑单体内的防火分区，建筑单体内的防火构造等； （8）无障碍设计，包括基地总体上、建筑单体内的各种无障碍设施要求等
3.2	本地区气象条件和工程地质条件	有无描述项目当地自然条件：风荷载、雪荷载、抗震设防烈度等，有条件时简述工程地质概况	《建筑工程设计文件编制深度规定》（2016版）	
3.3	项目概况	（1）摘述设计任务书和其他依据性资料中与建筑专业有关的主要内容； （2）设计所执行的主要法规和所采用的主要标准（包括标准的名称、编号、年号和版本号）； （3）项目批复文件，审查意见等的名称和文号	《建筑工程设计文件编制深度规定》（2016版）	
3.4	设计范围	（1）根据设计任务书和有关设计资料，说明本专业承担的设计范围和分工（当有其他单位共同设计时）； （2）对今后发展或扩建的预留； （3）改建、扩建工程，应说明对原有建筑、结构、设备等的利用情况	《建筑工程设计文件编制深度规定》（2016版）； 《旅馆建筑设计规范》JGJ 62—2014	
3.5	设计标准	是否满足旅馆建设项目专业的标准要求	《建筑工程设计文件编制深度规定》（2016版）	
4	建筑设计说明			

续表

序号	项目	审查内容	审查依据	具体规定
4.1	设计依据	（1）主体结构设计使用年限； （2）自然条件：风荷载、雪荷载、抗震设防烈度等，有条件时简述工程地质概况； （3）建设单位提出的与结构有关的符合有关法规、标准的书面要求； （4）本专业设计所执行的主要法规和所采用的主要标准（包括标准的名称、编号、年号和版本号）、场地岩土工程初勘勘察报告	《建筑工程设计文件编制深度规定》（2016版）、《旅馆建筑设计规范》JGJ 62—2014	（9）人防设计，包括人防面积、设置部位、人防类别，防护等级、防护单元数量等； （10）当建筑在声学、建筑光学、建筑安全防护与维护、电磁波屏蔽等方面有特殊要求时所采取的特殊技术措施； （11）主要的技术经济指标，包括能反映建筑工程规模的总建筑面积以及诸如住宅的套型和套数、旅馆的房间数和床位数、星级酒店的病床数、车库的停车位数量等； （12）简述建筑的外立面用料及色彩、屋面构造及用料、内部装修使用的主要或特殊建筑材料； （13）对具有特殊防护要求的门窗子项可用建筑项目主要特征表作综合说明； （14）多子项工程中的简单子项可用建筑项目主要特征表作综合说明
4.2	设计目标	应简明表述设计文件中的建筑设计内容、重要指标等信息，以方便审核人员验证设计文件是否达到星级酒店建设方原建设目标	《建筑工程设计文件编制深度规定》（2016版）、《旅馆建筑设计规范》JGJ 62—2014	
4.3	设计理念	根据星级酒店建设方原建设目标，审查引进新设计、新材料中的星级酒店建筑设计理念是否满足其真实设计理念	《建筑工程设计文件编制深度规定》（2016版）	
4.4	经济技术指标与建筑主要特征	总体技术指标	《建筑工程设计文件编制深度规定》（2016版）	3.3 总平面 6 主要技术经济指标表 注：当工程项目（如城市居住区）有相应的规划设计规范时，技术经济指标的内容应按其执行
		单体特征指标		

3.7 酒店项目设计优化

3.7.1 价值规划

美国价值工程协会（Society of American Value Engineers，SAVE）将价值管理（VM）定义为一种以功能分析为导向的、群体参与的系统方法，它的目的是增加产品（项目）、系统或服务的价值，通常这种价值的增加通过降低产品（项目）的成本来实现，也可以通过提高顾客需要的功能来实现。Brian R. Norton 认为"价值管理是一种系统化的、多专业的研究活动，通过项目的功能分析，用最低的全生命成本，最好地实现项目的价值"。价值管理与 LCC 有着密切的关系，通过价值管理的应用能够更多地降低或控制好项目全生命周期成本，同时更好地实现项目的价值。

在设计阶段进行价值管理的首要步骤是进行价值规划（VP），即从全生命周期角度对项目进行战略上的总体规划，下面将从价值的分析和实现角度进行价值规划。

（1）方案设计阶段的价值分析

工程设计受工程技术、社会、政治、经济等多方面因素的制约，设计质量的优劣，可以通过它的价值来反映。设计阶段对价值的分析，首先应对项目的利益相关者的需求进行分析。利益相关者的需求影响全生命周期成本，价值规划对利益相关者的分析正是基于 LCC 的考虑，从 LCC 角度出发，在方案设计阶段提前考虑未来运营成本，不再像传统模式仅单纯考虑建设成本最低，而是达到效能最优、价值最大及全生命周期成本最低。在设计的过程中，可以通过不断地对项目的目标提出问题，对设计方案提出问题，然后寻求这些问题的答案来寻找项目的价值。设计过程中的价值管理，就是一个项目利益相关者互相沟通的过程。

例如，可以在设计过程中提出这样一些问题：这个项目涉及哪些利益相关者？哪些利益相关者是关键利益相关者？哪些又是核心利益相关者？关键利益相关者的需求在设计中都能得到满足吗？哪些重要的价值领域是应该立即进行表达的？它们是否进行了表达？哪些是必须要求达到的目标？这些都达到了吗？哪些是属于特别的空间和关系需求呢？各种价值都得到表达了吗？是否采纳了某些构思呢？如果没有采纳，原因是什么呢？设计方案是否使发包人感到满意呢？各种价值是否被认识到了，是否得到了呼应，是否进行了表达呢？是否正向着目标迈进呢？那些最重要的目标是否正在顺利实现中，而其他的目标至少也达到了一个可以令人满意的水平呢？诸如此类的许多的问题，都能够帮助理解在设计阶段需要考虑的价值因素。从这些问题也可以看到，项目的价值具有多样性。总之，设计阶段的价值管理研究过程可以有效提醒设计人员哪些是主要的设计问题和目标。

实际上，在目前的设计过程中，很多时候是以合同为基础，或者是以专业知识为基础进行设计的。这样就会带来前文提到的一些问题，即设计人员一般只懂专业知识，而忽略了项目其他方面的价值体现，对某些设计方案会耗费大量的时间和金钱。而在设计的过程中应用价值管理研究，能够避免就设计任务进行设计或者是仅以合同规定进行设计带来的一些缺陷，即在总结过去设计方式的基础上，抽取其积极的部分（图3-10）。

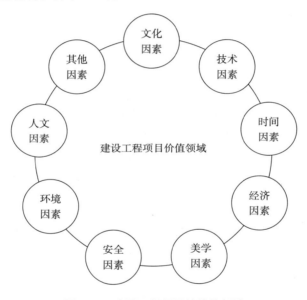

图3-10 建设工程项目的价值领域

建设工程项目设计过程中不能简单地将价值与功能等同起来，需要在设计中充分考虑项目利益相关者的需求和价值实现，除了重点考虑那些关键利益相关者的利益，对一些潜在的利益相关者的利益也应该予以充分考虑。项目在最后往往不能成为成功的项目，很多是由于在管理过程中忽视了某些利益相关者的价值实现。

这里需要注意的是，对项目利益相关者的需求分析，不仅是在决策、科研和设计过程中才会用到，整个项目寿命周期都应该将项目利益相关者的价值实现问题放在项目管理的重要位置，在项目实施过程中进行价值管理其实也就为这些利益相关者的需求分析提供了一个互相沟通的平台。

（2）方案设计阶段的价值实现

①编写项目利益相关者列表。首先，识别项目利益相关者。在对项目的利益相关者进行识别时，仅从组织结构分析是不够的，还必须注意一些非正式、间接的关系。在识别过程中，先确定原生项目利益相关者，再确定衍生项目利益相关者，包括哪些人或组织受到项目的影响，或者对项目产生显著影响；哪些人或组织拥有项目所影响领域或问题的信息、知识和专家意见；哪些人或组织控制或影响与项目问题有关的执行手段/工具。为了判定项目中所有可能的项目利益相关者，本书采用米切尔的评分法，从三个属性出发来界定项目的利益相关者。

②在第一步识别出利益相关者的基础上，针对所涉及的利益相关者进行访谈。在建设工程策划信息收集过程中，访谈是最为常用的方法。访谈的目的是为了确定其需求，获得信息，并结合其他信息在策划过程中进行分析。因此，必须有一套系统的方法用来记录，并在后面补充和分析的过程中获取信息。最好在制作文件和进行分析之前做好计划，并有效收集将要进行分析的信息。做到这一点并不容易。无论采取何种方法将访谈内容制作成文件，获得的信息都应该加以提炼。如果对访谈内容不能进行认真处理并制作成文件，收集的信息量越来越大，就无法在有限的时间和预算内进行有效的分析。为保证获得信息并有效地处理这些信息，通常借助如下的技巧。第一，要采用记录设备，这就可以很容易地记录下相关信息，如访谈对象、职位、访谈人、时间及地点。第二，在访谈过程中，策划者希望涉及的所有内容都列出来，但应形式紧凑、可读性强，这样就留出了大量的空白用来记录所获得的信息。

对访谈的结果进行分析是很困难的，因为每一个利益相关者都可能有不同的价值评估方法和需求。即使在考虑同样的价值评估问题时，访谈对象也可能表达不同的目标、事实和需求。用表格的方法获得信息是一种非常有效的方法，这种分析能够对每一个访谈对象采用数字标注。在每一个访谈对象的数字下应该附有核对表，包括特定的价值评估方法、事实、需求或者想法。然后对这些内容进行列表，决定每一项的相对重要程度。采取评分法等方法对各因素进行分析，就可以得出各因素在项目中的影响权重，进而对重要因素给予更多的控制和管理，达到价值最大化的目的。

3.7.2 成本优化

成本优化，如表 3-23 所示。

表 3-23 高星级酒店项目设计阶段优化点

1 方案设计阶段

经济性评审及成本优化节点内容	评审对象	级别	评审及优化时点 开始时点	评审及优化时点 完成时点	评估建议周期（d）	评审内容及完成标准	成果文件
1.1 概念设计方案的经济性评审	概念设计方案	重要	概念方案设计启动后	概念方案确定前	10	建筑产品排布、面积指标落位满足规划条件，概念方案经济合理	概念方案成本估算、经济性分析及优化报告
1.2 建筑规划方案的经济性评审	规划设计方案及建筑设计方案	重要	规划方案设计启动后	规划及单体方案确定前	10	评估并测算规划技术指标及规划方案总图、面积配比、各层功能平面、面积赠送率、地下面积指标、立面体型及效果、机电各系统功能配置是否在满足产品品质定位的前提下提下经济	规划方案成本估算、经济性分析及优化报告
1.3 结构方案选型及测算分析	建筑设计方案		规划方案设计启动后	扩初设计开始前	20	评估并测算规划方案各层功能平面、建筑构形式及柱网、竖向设计及层高等是否经济合理	结构方案成本估算、经济性分析及优化报告
1.4 建筑外立面方案选型、优化及限额指标设置	单体建筑设计方案	重要	建筑设计方案启动后	扩初设计开始前	5	评审建筑外立面体型、风格及工艺做法，在保证产品设计风格和品质的前提下确定最优实现方案，并明确施工图限额设计指标	建筑立面方案经济性分析报告、外立面限额设计指标
1.5 人防配建方案比选及效益分析（如当地政策规定不允许，异地建设的可不做此分析）	建筑地下设计方案		规划方案设计启动后	扩初设计开始前	5	依据当地人防相关规范确定人防自建和异地建设的经济性优劣	人防自建和异地建设分析报告的经济比选分析报告

续表

经济性评审及成本优化节点内容	评审对象	级别	评审及优化时点 开始时点	评审及优化时点 完成时点	评估建议周期(d)	评审内容及完成标准	成果文件
1.6 地下室、车库配建及设备用房方案经济性评审及优化	建筑地下设计方案	重要	规划方案设计启动后	扩初设计开始前	5	依据车位配比及地下车位数量合理排布车位层数和布置方案,以及设备用房的布置	地下室车位配置及优化报告
1.7 冷热源配置方案选型经济性分析	冷热源及通风空调配置方案		规划方案设计启动后	扩初设计开始前	5	结合建筑采暖及制冷负荷,市政热源、燃气条件,制冷形式、冷热源形式,实现的最优方案和较为经济的运行维护成本	建筑冷热源方案经济性优化比选分析报告
1.8 样板房设计方案经济性评审		重要	规划方案设计启动后	样板房设计方案确定前	5	评估示范区交付条件及样板房建造标准,确保不超目标成本	示范区方案经济分析及优化报告
1.9 室内精装设计的经济性评审及优化	室内精装设计方案	重要	精装方案设计启动后	精装方案确定前	10	评审并测算室内精装方案中各部位装修效果、各类装修手法的运用,硬装、软装(功能性)和软装设施是否在满足产品质定位的前提下经济合理	精装方案成本估算经济分析及优化报告
1.10 室外景观设计方案的经济性评审及优化	室外景观设计方案	重要	景观方案设计启动后	景观方案确定前	7	评审并测算室外景观方案中硬景道路、绿化、景观照明、小品、雕塑、水景等是否在满足项目品质定位的前提下经济合理	景观方案成本估算经济分析及优化报告
2 扩初设计阶段							
2.1 桩基及基坑支护方案经济分析	基础及地下室扩初设计	重要	桩基及基坑支护设计启动后	施工图设计完成前	7	分析桩基与支护类型,测算相应工程量并计算单方造价,得出单方造价指标,并与目标成本及限额设计的相关指标进行对比分析,得出是否需要进行优化的结论	桩基及基坑方案经济测算分析及优化报告

续表

经济性评审及成本优化节点内容		评审对象	级别	评审及优化时点 开始时点	评审及优化时点 完成时点	评估建议周期（d）	评审内容及完成标准	成果文件
2.2	结构设计限额指标设置	设计任务书	重要	建筑设计方案确定后	扩初设计开始前	7	依据方案及结构形式，结合内外对标数据分析确定结构设计限额指标	结构设计限额指标
2.3	电梯选型方案论证（公建在规划方案阶段论证）	电梯选型方案		建筑设计方案确定后	扩初设计开始前	5	评估电梯的功能需求，梯型、梯速、机房布置形式、轿厢尺寸、控制方式等不同参数的经济比选，在满足产品品质的前提下确定经济最优电梯选型	电梯选型测算分析及选型结论
2.4	供电方案确定（如当地以配套费方式缴纳建设不适用）	供电论证方案		建筑设计方案确定后	施工图设计启动前	5	根据项目所在地供电部门要求确定项目内开闭所，应尽可能选择10kV供电电压；根据各业态安装容量、负荷分布、供电半径、合理确定开闭所、变电所的数量、位置。开闭所、变电所可能靠近负荷中心，以便减少可能靠近干线电缆的数量	供电方案经济分析论证报告
2.5	弱电智能化系统方案论证	弱电系统设计任务书		建筑设计方案确定后	扩初设计开始前	5	分析弱电智能化系统需要实现的功能，评估楼宇控制、安防监控、综合布线、广播及背景音乐、智能家居系统的点位需求，明确施工图限额指标	弱电方案经济分析论证报告 弱电系统限额设计指标

续表

经济性评审及成本优化节点内容	评审对象	级别	评审及优化时点 开始时点	评审及优化时点 完成时点	评估建议周期（d）	评审内容及完成标准	成果文件
2.6 场地竖向及外网方案论证	基础及地下室扩初设计		建筑设计方案确定后	施工图设计启动前	5	结合室外地坪现状及外网管沟挖填情况，分析并确定场地竖向及地坪绝对标高及外网布置最优方案，最大限度上减少室外土方挖填及土方平衡；评估场区内的结构挡墙、高切坡及地下箱涵等对该项目的经济性影响	场地竖向及外网方案经济分析论证报告
2.7 室内精装设计限额指标设置	室内精装设计方案	重要	精装方案确定后	精装施工图设计开始前	10	依据精装数据分析确定精装目标成本，结合内对标精装设计限额指标	精装设计限额指标
2.8 室外景观设计限额指标设置	室外景观设计方案	重要	景观方案确定后	景观施工图设计开始前	5	依据景观数据分析确定景观目标成本，结合内对标景观设计限额指标	景观设计限额指标
3 施工图设计							
3.1 桩基及基坑支护施工图验算复核	桩基及基坑支护施工图		桩基及基坑支护准施工图	施工图下发前	5	复核验算扩初阶段确定的优化方案	桩基及基坑支护成本验算报告
3.2 结构设计限额复核	结构设计任务书	重要	结构准施工图	施工图下发前	10	复核验算扩初阶段确定的施工图限额设计指标	结构设计限额指标验算复核报告
3.3 建筑外立面设计限额复核	单体建筑设计方案		建筑准施工图	施工图下发前	5	复核验算扩初阶段确定的施工图限额设计指标	外立面限额设计指标验算复核报告
3.4 弱电智能化系统设计限额复核	弱电系统设计任务书		弱电准深化设计施工图	深化设计施工图下发前	5	复核验算扩初阶段确定的施工图限额设计指标	弱电系统限额设计指标复核报告
3.5 室内精装设计限额复核	室内精装设计方案	重要	精装准施工图	施工图下发前	10	复核验算扩初阶段确定的精装设计限额指标	精装设计限额指标验算复核报告

续表

经济性评审及成本优化节点内容	评审对象	级别	评审及优化时点		评估建议周期（d）	评审内容及完成标准	成果文件
			开始时点	完成时点			
3.6 室外景观设计限额复核	室外景观设计方案	重要	景观准施工图	施工图下发前	7	复核验算扩初阶段确定的景观设计限额指标	景观设计限额指标验算复核报告
3.7 合约采购招标标的预估及成本优化			招标图纸及技术要求明确后	合约采购发标前	总包工程20个日历天，门窗、精装修、园林工程10个日历天，其他分包工程5个日历天	依据招标图纸、工程规范及技术要求编制工程量清单的同时做出预估价格，复核标的是否超预计有效签约控制金额	各项合约采购的预估
4 施工阶段							
4.1 各类二次深化设计成本评估	单体建筑设计方案		专项设计方案确定后	准深化设计图下发前	5	评审二次深化设计对原方案、施工图、限额设计指标的影响，以免造成隐含的重大变更	评估测算报告
4.2 各类施工方案成本评估及优化	单体建筑设计方案		专项施工方案编制过程中	专项施工方案审批前	5	评审各类施工方案的优劣，确定最优实现方案	评估测算报告
4.3 过程中的重大变更与签证成本评估		重要	变更签证需求提出后	变更签证下发前	3	评审各类设计变更及工程签证	评估测算报告

第4章 高星级商务酒店项目招标采购阶段

4.1 招标采购管理概述

招标策划指全过程工程咨询单位在明确发包人委托招标代理的事项，约定双方的权利和义务的前提下，协助发包人在招标前根据其实质需求和招标项目需实现的目标，结合该项目情况和特点，分析招标重点要素，从而共同确定项目招标方案的过程。项目招标策划阶段是项目招标工作策划、投标条件设置和合同条款建立的关键阶段，对合同实施有决定性意义。

4.1.1 招标采购管理的目标

（1）目标一：把控招标计划，有效实施管理

社会的不断发展加剧了行业间的竞争，对于建筑工程项目来说，由于项目建设具有范围广、数量多的特点，在建筑项目施工前要事先做好招标采购工作，为项目施工的顺利进行做好充足的准备，对包括工程勘察设计类、咨询服务类、材料设备类、施工类等项目种类进行复杂地筹备，并对招标采购实施严格的计划管理，为建筑工程项目招标采购工作的顺利进行奠定了坚实的基础，确保在工期范围内完成建设。由于计划管理的合理程度和科学程度直接影响着建筑项目计划的实施，所以每一项招标工作都要严格遵守招标计划的规定。

本阶段全过程工程咨询单位要在结合建筑工程项目的工期和难易程度的基础上，制定招标计划，并要对容易出现的各种问题作出预见性的准备，提高对招标采购涉及环节的重视程度，做到合理编制招标采购计划时间。招标采购计划的涉及范围较广、可行性较强、准确性较高，所以要重视招标计划的编制管控。首先要保证招标项目的完整性，招标采购以确保项目在规定的时间内完成为最终目标，以项目现场为最终服务对象，所以在建筑项目招标中要确保项目的完整性，

避免因项目缺失而造成招标损失，还要保证招标计划时间的充沛。招标工作的内容细致且复杂，所以在招标计划中要做好时间的预留工作，还要时刻做好准备应对突发的情况和问题，确保招标工作的效率和质量。

（2）目标二：提高监控力度，保障工作开展

提高对招标质量的监控力度可以保障招标采购工作的顺利进行。例如，在施工单位的选择上，应选择施工能力较强、施工方式较科学、施工名誉较好的施工单位，以提升建筑工程项目管理的管理水平。

1）明确招标方式

通过公开招标采购、邀请招标采购、询价采购等方式，选择出适合的供应商，在项目采购中秉承公平、公开、公正的原则，确保供应商之间合法、合理竞争，并利用竞争选择出物资价格最合理的供应商，促进多种招标方式的组合，在提高采购效率和质量的同时，对采购成本进行良好的把控。

2）完善投标资质

在选择出合适的供应商后，要对招标资质进行进一步的完善，控制好招标资质的设立。若是招标资质设立过高，则会给项目资源供应的安全性带来一定威胁，同时保证不了对采购成本的有效控制；若是招标资质设立过低，则会使投标局面产生混乱，对招标质量造成不利影响。所以要结合市场行情进行投标资质的设定，对可能出现的各种问题进行充分考虑，满足投标资质的要求，从而促进采购物资质量的提高和采购费用的合理使用。

4.1.2 招标采购管理的组织架构

（1）组织框架（所有利益相关者）

全过程工程咨询单位在招标采购管理组织机构中的框架如图4-1所示。

发包人将整个工程项目的全部工作，包括勘察设计、材料供应、设备采购与施工监理及验收等全部任务委托给全过程工程咨询单位，由全过程工程咨询单位的总咨询师作为项目负责人，组织相关内容的招标，并将相关任务委托给相关的专业公司，如勘察设计单位、材料供应商、设备采购单位与施工单位等，并签订有关合同，对相关单位进行协调管理，以期完成项目。

（2）各参建单位职责

根据图4-1，全过程工程咨询单位应根据发包人的委托依法确定监理、勘察、设计、施工及材料、设备供应商等单位，因此，这种全过程工程咨询模式是基于全过程工程咨询单位的企业型代建制管理模式。政府管理部门或使用单位或项目

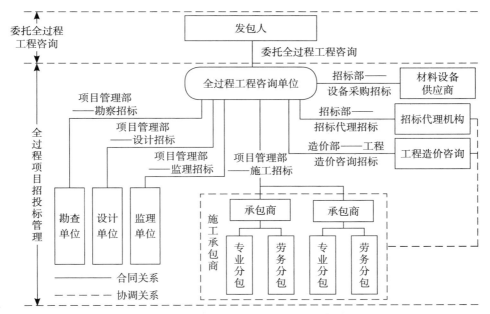

图 4-1 招标采购管理阶段组织机构框架图

法人是发包人，全过程工程咨询单位对工程项目加以实施、协调和控制。

全过程工程项目招投标管理分为两个阶段：第一个阶段为委托全过程工程咨询单位招标的过程；第二个阶段为工程项目的招投标。本书主要开展第二阶段即全过程工程咨询单位对建设工程勘察、设计、监理、施工、设备材料的采购招标的组织（当全过程工程咨询单位作为招标人时）或管理（当全过程工程咨询单位或委托人委托招标代理机构组织招标时）。

4.1.3 招标策划的工作内容

工程项目的招投标管理中关键的主体是全过程工程咨询单位，旨在为发包人提供服务，接受发包人的监督。同时，对下一级各单位分别进行招标，如表 4-1 所示，签订勘察、设计、监理、施工、设备材料采购等全过程工程咨询合同，在这一层次内，工程项目情况基本类似于一般建设项目。

本章将从全过程工程项目招标策划、招标投标过程管理、招标文件（资格预审文件）的编制及管理等方面进行研究，如图 4-2 所示。

招标采购管理贯穿于工程项目全生命周期的各阶段：项目准备阶段；项目施工前期阶段（设计招标或筛选、初步设计、施工图设计、设备采购及招标等）；项目实施阶段（施工配合、设计变更及施工、监理协调等）；项目运营阶段（总结评估、售后服务等）。

全过程工程咨询项目招投标管理各参与方职责分配表　　　　表 4-1

序号	参与方＼工作内容	各参与单位职责分工				
		委托方	全过程工程咨询单位	招标代理机构	投标单位	招投标监督部门
1	具备招标条件	审核	审核	审核		行政监督
2	编制招标（资格预审）文件	合同监督	审核	组织		行政监督
3	发布招标（资格预审）公告	合同监督	审核	组织		行政监督
4	发售招标（资格预审）文件	合同监督	审核	组织		行政监督
5	资格预审	合同监督	审核	组织		行政监督
6	勘察现场	合同监督	审核	组织	参与	行政监督
7	投标答疑	合同监督	审核	组织	参与	行政监督
8	开标	合同监督	审核	组织	参与	行政监督
9	评标	合同监督	审核	组织		行政监督
10	中标公示	合同监督	审核	组织		行政监督
11	发中标通知书	合同监督	审核	组织		行政监督
12	签定承包合同	合同监督	审核	参与		行政监督

全过程工程咨询单位在招标采购阶段的项目管理工作，通过前期协助招标人制定招标采购管理的制度，组织策划招标采购流程，管理招标采购的过程，同时，对招标投标的合同进行管理。在本阶段中，全过程工程咨询单位须严格执行有关法律法规和政策规定的程序和内容，规范严谨地组织项目招标采购。

4.2 招标采购前期策划

4.2.1 招标方式的选择

全过程工程咨询单位应分析建设项目的复杂程度、项目所在地自然条件、潜在承包人情况等，并根据法律法规的规定、项目规模、发包范围以及投资人的需求，确定是采用公开招标还是邀请招标。

（1）公开招标

公开招标是指招标人以招标公告方式，邀请不特定的符合公开招标资格条件的法人或者其他组织参加投标，按照法律程序和招标文件公开的评标方法、标准选择中标人的招标方式。依法必须进行货物招标的招标公告，应当在国家指定的报刊或者信息网络上发布。

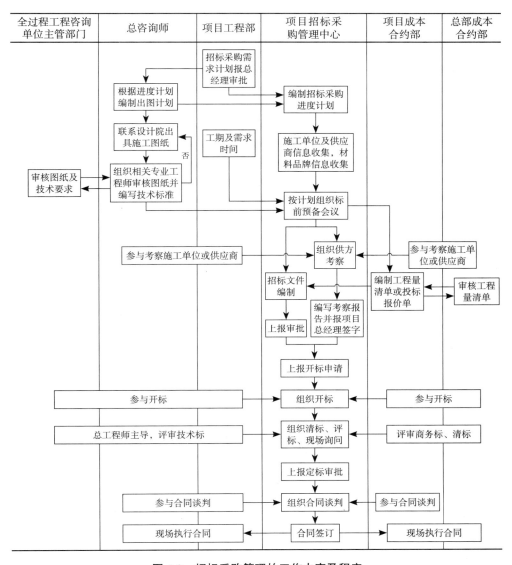

图 4-2 招标采购管理的工作内容及程序

根据国家发展改革委第 16 号令《必须招标的工程项目规定》的第二条，全部或者部分使用国有资金投资或者国家融资的项目包括：

1）使用预算资金 200 万元人民币以上，并且该资金占投资额 10% 以上的项目；

2）使用国有企业、事业单位资金，并且该资金占控股或者主导地位的项目。

（2）邀请招标

邀请招标是指招标人邀请符合资格条件的特定的法人或者其他组织参加投

标，按照法律程序和招标文件公开的评标方法、标准选择中标人的招标方式。邀请招标不必发布招标公告或招标资格预审文件，但应该组织必要的资格审查，且投标人不应少于3个。

1)《招标投标法》规定，国家发展改革委确定的重点项目和省、自治区、直辖市人民政府确定的地方重点项目不适宜公开招标的，经国家发展改革委或省、自治区、直辖市人民政府批准，可以进行邀请招标。

2)《招标投标法实施条例》规定，国有资金投资占控股或者主导地位的依法必须进行招标的项目，应当公开招标；但有下列情形之一的，可以进行邀请招标：

①技术复杂、有特殊要求或者受自然环境限制，只有少量潜在的投标人可供选择。

②采用公开招标方式的费用占项目合同金额的比例过大。

有本款所列情形，属于规定的需要履行项目审批、核准手续的依法必须进行招标的项目，由项目审批、核准部门在审批、核准项目时作出认定；其他项目由招标人申请有关行政监督部门作出认定。

3)《工程建设项目勘察设计招标投标办法》（国家发展改革委令第2号）规定，依法必须进行勘察设计招标的工程建设项目，在下列情况下可以进行邀请招标：

①项目的技术性、专业性强，或者环境资源条件特殊，符合条件的潜在投标人数量有限。

②如采用公开招标，所需费用占工程建设项目总投资比例过大的。

③建设条件受自然因素限制，如采用公开招标，将影响项目实施时机的。

4)《工程建设项目施工招标投标办法》规定，国家发展改革委确定的重点项目和省、自治区、直辖市人民政府确定的地方重点项目，以及全部使用国有资金投资或者国有资金投资控股或者占主导地位的工程建设项目，应当公开招标。有下列情形之一的，经批准可以进行邀请招标：

①项目技术复杂或有特殊要求，只有少量几家潜在投标人可供选择的。

②受自然地域环境限制的。

③涉及国家安全、国家秘密或者抢险救灾，适宜招标但不适宜公开招标的。

④拟公开招标的费用与项目的价值相比，得不偿失的。

⑤法律、法规规定不宜公开招标的。

5)《工程建设项目货物招标投标办法》（国家发展改革委令第2号）规定，国家发展改革委确定的重点项目和省、自治区、直辖市国务院发展改革部门确定的国家重点建设项目和各省、自治区、直辖市人民政府确定的地方重点建设项目，其货物采购应当公开招标；有下列情形之一的，经批准可以进行邀请招标：

①货物技术复杂或有特殊要求，只有少量几家潜在投标人可供选择的。

②涉及国家安全、国家秘密或者抢险救灾，适宜招标但不宜公开招标的。

③拟公开招标的费用与拟公开招标的节资相比，得不偿失的。

④法律、行政法规规定不宜公开招标的。

采用邀请招标方式的，招标人应当向三家以上具备货物供应的能力、资信良好的特定的法人或者其他组织发出投标邀请书。

4.2.2 发包模式的确定

1. 设计组织模式

目前设计组织架构通常有自行管理模式、设计总包模式、中方设计机构总协调模式、专业设计管理机构总协调模式、专家顾问小组管理模式。在国内，传统多选择自行管理模式。国际上通常采取建筑师全程设计管理模式。自行管理模式较为普遍，以下是对设计总包模式、中方设计机构总协调模式、专业设计管理机构总协调模式和专家顾问小组管理模式予以介绍。

（1）设计总包模式

由开发商委托一家设计机构全程负责项目所有相关设计所采取的设计组织架构，所有专业设计方均由设计总包方选择，报业主备案（图4-3）。

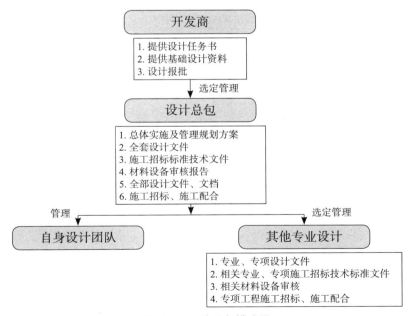

图4-3 设计总包模式图

（2）中方设计机构总协调模式

由开发商委托国外设计事务所进行设计创意，中方设计机构全程负责项目所有设计协调所采取的设计组织架构，所有专业设计方由业主选择（图4-4）。

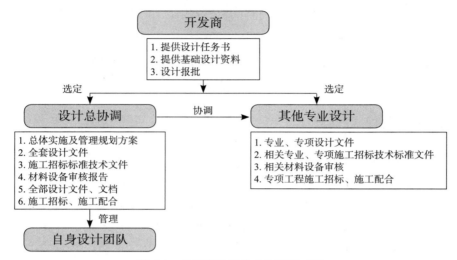

图4-4 中方设计机构总协调模式图

（3）专业设计管理机构总协调模式

由开发商委托专业设计机构，设计机构作为设计管理机构全程负责项目设计管理协调的组织机构，所有专业设计由业主选择（图4-5）。

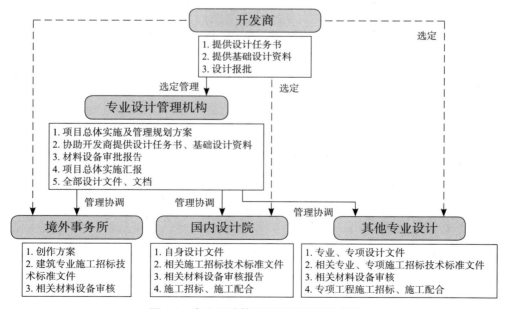

图4-5 专业设计管理机构总协调模式图

（4）专业顾问小组管理

由开发商组建专家顾问小组全程负责项目设计管理的组织架构，所有专业设计由专家顾问小组代表业主进行选择（图4-6）。

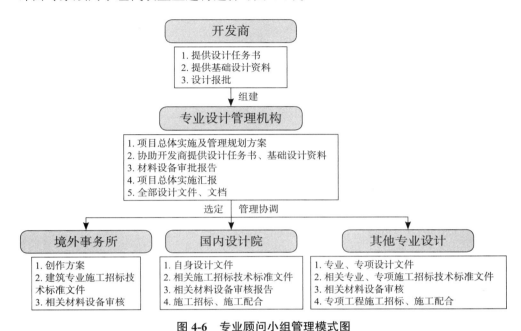

图 4-6 专业顾问小组管理模式图

由于国内外设计制度不一样，导致国内外酒店设计中，建筑设计公司及建筑师负责的工作范围有很大不同。国外的设计公司及建筑师更加类似一个工程设计总包的角色，而国内的建筑设计公司主要承担的任务主要只限于建筑设计。

虽然国内大型的建筑设计公司一般都具备了齐全的建筑及机电专业配置：规划、建筑、结构、给水排水、电气、暖通等，可以独立地完成一座酒店从基础到封顶的所有设计工作。但是由于国内设计行业的细分，建筑设计公司主要的工作内容还是对酒店的规划、酒店主体的土建及设备系统部分进行设计，更加细化的室内界面的效果设计、具体的设备深化设计由专业室内设计公司、机电设备公司去设计实施。在国内实际工程建设中，一般按建筑设计图纸施工完成后的酒店，其内部还是毛坯状态，需要根据室内设计等其他专业公司的深化图纸继续填充内容。

设计招标的主要工作内容：根据项目的性质、技术要求，选择合适的设计合作伙伴，并要求其经过优化提出初步设计方案，编制工程量清单，根据所在国的市场情况，提交项目预算书，并按照时间计划节点完成招标图和施工图的编制。

首先进行设计招标工作，如何选择一个优质的设计单位至关重要。根据业主意图和咨询顾问公司提出的设计方案，确定设计方向和材料选型，并与酒店管理公司、六家设计顾问公司和业主共同讨论研究，听取各方意见，形成最优方案和合理建议，并报业主最终确定。确定方案后制定了万豪酒店设计标准手册和设计工作进度计划表后，编制设计招标文件，采用邀请招标的形式，邀请符合要求的设计单位进行投标。

2. 施工组织模式

目前酒店项目施工管理经过20多年的发展，比较成熟和常见的酒店工程施工项目承包模式基本有以下三种：

（1）平行施工管理模式。业主平行招标，业主平行管理，非总承包管理模式，各专业施工企业对应的合同关系是业主。

（2）专业分包管理模式。总承包商是主体施工单位，通常为土建单位，装修工程为专业分包，装修企业对应的合同关系是总承包商。

（3）总承包管理模式。总承包商是项目管理公司或装修企业，总承包商负责设计、采购和建设的工作，装修总承包企业对应的合同关系是业主。装修总承包模式如果总承包商为项目管理公司，总承包商可以以最大的限度选择分包商协助完成工程项目，通常采用分包的形式将施工内容全部分包给分包商，总承包商只负责项目的协调管理，本身不进行实体的施工。但如果总承包商是具备施工资质的大型施工企业，总承包商通常自行完成施工项目，把不具备资质的专业施工分包给专业公司进行施工，总承包商还要进行工程设计招标、采购招标和部分的施工任务。

三种装修项目承包模式各有优缺点，详细对比如表4-2所示。

平行施工、专业分包和总承包模式对比表　　　　表 4-2

	平行施工管理模式	专业分包模式	总承包管理模式
优点	业主能够在各个领域选择有优势的承包商，有利于对施工质量进行控制	业主进行土建总承包商招标，业主的管理相对简单	装修作为总承包商牵头，工作的专业性更高，通常总承包商负责装修的设计工作
缺点	业主组织招标和管理施工，工作量大，需要协调的专业多	总承包商不是专业的装修单位，专业性不如装修单位强	局限于改建或不含主体工程，业主更倾向选择分包商

酒店工程施工招标，通常采用DBB模式，建筑安装总承包单位、机电工程总承包单位、精装修总承包单位，其他专业分包管理。根据项目的具体情况，整个招标管理分为分包商的招标和材料供货商的招标（图4-7）。

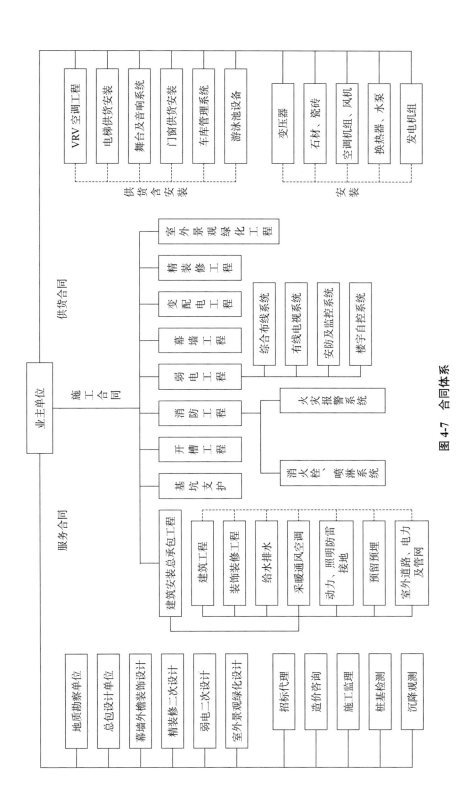

图 4-7 合同体系

4.2.3 材料采购招标

材料的采购招标是招标阶段另一个重要的组成部分。材料通常归到施工标的范畴，材料的质量控制和利润都属于分包商。但如果由总承包方统一招标，分包商各自购买的模式，无论是质量方面或价格方面都能够得到更大的优惠和更好的质量保证。

材料采购要得到良好的管理，必选建立完整的材料招标流程和严格的管理手段，其办法主要包括以下几个部分：

（1）建立项目部材料供货商名单库

项目部材料供货商名单库是寻找优质材料供货商的前提，总承包商通过多年的施工现场采购经验，积累了丰富供货商资源，这是保障项目部材料优质稳定供货的前提。

（2）建立完善的厂家实地考察制度

对于每一个潜在的合格供货商，总承包商都要派专人做到厂家进行实地考察，做好详细的厂家考察报告、汇总和分析各个潜在供货商的优劣势，做到每一项大宗材料的采购都有一份详细的分析报告，包括厂家的注册资金、产值、生产能力、同类工程的业绩和市场的口碑等。

（3）建立完善的内部评标程序

建立完善的内部评标程序，成立公司评标小组。由总承包商的公司高层、项目部负责人、材料采购部门负责人、合同管理部门负责人、相关专业工程师和考察小组负责人组成评标小组，做到对每一个供货商的投标均按照材料招标文件的要求进行评标，由评标小组成员共同参与评标，并出具评标结果报告。供货商的材料表通常考评两部分：商务部分和经济部分，如表4-3所示。经过评标小组一致的评选结果，选出得分最高的为第一中标候选单位。

客房层木制品成品投标技术经济评分表　　　　表 4-3

序号	内容	得分	优	良	合格
1	注册资金		7000万以上 8分	6000万以上 5分	5000万以上 3分
2	公司年产值		10亿以上8分	8亿以上5分	5亿以上3分
3	近五年北京地区类似的酒店业绩		每份1分，最高10分		
4	酒店家具设计人员数量		80人以上8分	60人以上5分	50人以上3分

续表

序号	内容	得分	优	良	合格
5	生产加工设备（生产能力）		全进口或20套进口以上、8分	部分进口或10套进口以上、5分	基本国产或10套进口以下、3分
6	售后服务能力（是否有北京办事处，响应时间在48小时以内）		终身维护5年保修5分	终身维护2年保修3分	5年维护2年保修1分
7	工期		少于80天8分	少于90天5分	90天2分
8	考察结果（根据总承包商实地考验人员在考察中对家具企业的规模、生产能力、生产工艺等流程的综合评价）		优 15分	良 10分	合格 5分
9	投标人商务部分合计（M_1）				
10	投标报价平均值 M		平均值 M 80分	每上浮1%扣1.5分	下浮1%扣1分
11	投标人经济部分合计（M_2）				
12	合计得分（M总=M_1+M_2）				

（4）配置强大的价格商务谈判团队

因为本项目的供货商材料投标不是公开招标，是一项可以议价的邀请招标，所以选定第一中标候选单位后就要进入价格商务谈判阶段，这部分是控制材料合同造价的关键一步。强大的价格商务谈判团队运用有效的谈判技巧，往往可以达到意想不到的效果，如价格的更大优惠、工期的更好保证、双方的了解更加深入，均有利于对后面的合同签订提供保障。

（5）建立严格的合同签订程序

确定供货商后，合同的签订也要严格把关，在合同内把相关的风险条款全部明确，如质量要求、工期要求、付款要求，以及产品出现质量问题和货期出现问题的各类罚则都要一一明确。做到每一份合同均尽最大可能将合理的风险全部转移。

经过一系列的管理和控制，整体材料采购利润得到了很好的保障，项目成本初步统计比原计划价格下降3%～5%，节约成本约1000万元。

4.2.4 项目标段的划分

1. 标段划分原则

星级酒店项目招标前，事先约定总、分包工程界面接口，并在总分包合同中明确且锁定相互之间配合协调工作的内容和职责。此外，业主应明确其赋予工程总包方的责任。执行和完成合同文件所述的不可或缺的各专业分包工作范围之外的工作和责任，都属于总包的责任，不论它们是否在界面划分中，都要有所说明。这不仅使总包与各分包各项工作有章可循，而且能减少管理过程中的随意性。

对于上述法律法规中要求必须招标的工程，其施工招标过程中划分标段进行招标具有必要性，现从以下角度进行分析：对于高星级酒店建设工程，标段可以分为4种：

（1）按区域划分标段

大型度假型酒店施工项目具有建筑单体多、占地面积大、施工线路分布较长、专业技术要求较高等特点。若由一个施工企业承担施工任务，会受到施工机械、劳动力及管理能力的限制。所以对于这些工程项目建议分标段实施，这样虽然会造成投资的相对增加，但是可以缩短工期，加快资金周转，收益提前，整体造价也可以得到控制。

（2）按施工界面划分标段

对于那些工程性质与专业不同的部分，如同建筑工程中工程量大的精装修工程，根据其楼层位置以及使用功能的不同，必须分标段实施。例如，幕墙装饰、防水工程、保温工程等，对于这样的工程部分，进行划分标段施工既可以根据功能的不同发挥各专业施工单位的专长，同时又可以促进竞争，缩短工期。

对于那些与主体工程施工联系较少，专业特点明显且计价依据也有所不同的大型园区绿化工程，也可建议与主体工程部分分标段实施。将这些工程分包给专业的承包商不仅可以保证施工质量和进度，还可以适当降低工程造价。

（3）按投资规模划分标段

一些投资规模较大的工程，如道路、铁路、地铁工程等，根据其资金的运作计划往往也可以分标段进行施工。这样不仅可以缓解资金压力的紧张，还可以使不同标段同时施工加快施工进度。

2. 总包＋分包模式

（1）发包模式

项目承发包模式：平行发包（土建总包＋机电总包＋其他专业分包；土建总包负责现场管理与协调，业主支付一定的管理费）。

总包单位管理职责：

1）进度管理：负责项目整体进度的把控，对总包合同中约定的工程进度负责，制定全项目施工计划，对专业分包的施工计划及进度及时跟踪、及时纠偏。

2）质量管理：严把质量关，对总包单位自行施工的工作内容质量负责，必须达到建设单位合同约定的质量管理目标，做好质量通病防治及质量风险的把控，通过建设方第三方实测实量评估及交付评估。同时，总包单位对其他专业分包单位的施工质量负有监督职责。

3）安全管理：负责整个项目施工期间的安全管理；包含但不限于项目安全通道出入口的管理、场地布置及进场设备的验收、立体交叉作业的安全防护、各专业分包单位及劳务人员的安全教育及现场警示工作。

4）协调配合：①负责项目无证施工期间的外围协调工作，保证项目施工的顺利进行。②协调各专业分包的进场管理，有偿或无偿提供合同约定的配合服务，包括但不限于施工用水、用电，塔式起重机及施工电梯等运输设备，脚手架等。③及时提供各专业分包施工工作面，协调各专业分包之间或总分包之间的工作面冲突。

（2）总包专项界面划分

圣光酒店项目的土建总包统筹管理协调，受开发节奏影响，本项目总包采用模拟清单招标，土建和机电分别招标。预计出图（包括精装修图纸）时间如表4-4所示，结构出图后三个月内完成结构总价包干。

（3）分包专项界面划分

1）机电总包

标段划分：一个标段（含常规机电、通风、空调）。

招标方式：邀请招标。

施工图纸：后期深化。

界面划分及施工范围见表4-5。

付款方式：按节点付款。

定标方式：合理低价中标。

专项要求：

①负责整个项目全部机电各系统的工程进度质量，利用BIM三维模拟软件对管廊、走道、管线密集处、机房等重要部位机电各系统管线进行综合排布协调及各系统的技术协调；机电总包单位需提前与幕墙、土建、装修、弱电等各专业进行工作界面的梳理，避免遗漏及重复；机电总包需主动承担与各专业图纸交接工作，从图纸会审答疑、技术交底等各环节参与业主及设计方的协调工作，确保系统功能；机电总包单位需提前梳理相关甲供设备材料的供货计划以匹配现场施

出图计划表　　　　　　　　表 4-4

序号	合约分判名称	工作内容	工作界面（需项目部进一步明确）
1	总承包工程	（1）基础工程包括砖胎模、垫层、底板钢筋混凝土、防水工程（材料甲供等）； （2）主体结构工程，包括钢筋混凝土结构、钢结构安装工作； （3）二次结构工程，包括砌块墙、砖砌体及其他内隔墙工程（注：不含精装修龙骨隔墙）； （4）粗装修工程，指非精装区域内的墙面、地面、顶棚之装修；精装修区域的墙面基层抹灰、地面垫层；门底部及两侧上翻部分塞缝、防火门门体及门框灌浆及塞缝；机房、消防水池等防水工程（材料甲供）；钢构件安装（钢爬梯、箅子、变形缝）； （5）土建预埋件及±0.00以下机电管线、套管、孔洞预埋预留； （6）人防门供应及安装（待定）； （7）设备基础及水池（如消防水池、隔油池基础等）； （8）屋面工程[包括找平层、找坡层、防水层（材料甲供）、保温层、保护层及面层]； （9）室外雨污水管网，道路混凝土基层、防雷接地预留、临时用水、临时排水； （10）地下连通工程（含接驳改造）	（1）接管及维护由前期其他施工单位施工的工地及其临时设施，如临时排水系统、临时道路、围挡、临时水和临时电设施等，业主提供临时水、电接驳点，承包商负责临时水、电的接驳；办理临时施工排水许可证，办理水资源论证；临时消防设施的施工。 （2）接管其他施工单位已施工完成之土石方开挖、基坑支护及降水状况，接管后，承包商负责降水工程及邻近房屋（如地铁站、住宅等）及基坑支护、本工程的监察工程；如承包商进入现场时，基坑土石方工程尚未完工，承包商须与其协调、配合并进行相应监督；桩基及基坑支护桩因后期调整所需的补桩及对前期施工完成的桩基及桩的保护等工作，桩基检测配合需要的场地平整、砖渣铺路等工作。 （3）对专业分包及专业承包工程的监管、服务。 1）总包与外墙单位的界面：①外墙的基层抹灰找平由总包单位负责；②总包单位负责突出屋面机房外墙保温、涂料、面砖以及外墙门窗。 2）总包与精装界面：①除墙面抹灰由总包负责外，精装修区域公共卫生间由总包完成一次防水；②防火门的塞缝、注浆由总包负责，精装修区域内防火门门框与土建洞口饰面层收口处理由精装修单位负责，精装修区域内的防火门及门框的供应及安装由防火门治安单位负责；③精装区域的测量放线由总包提供每层的1m控制线和坐标系统，楼层内的控制线及坐标系统由精装单位负责；④砌体隔墙由总承包单位负责，轻钢龙骨隔墙由精装单位负责；⑤负责非精装区域防火卷帘导轨与结构主体/二次结构之间的封堵及双导轨之间的封堵（非防火性质，如有）；精装区域由精装修单位负责。 3）总包与幕墙界面：①预留预埋：若幕墙单位尚未定标则由总包单位负责，幕墙单位中标后15日后将接手剩余埋件的埋设，同时接管总包已加工之所有合格埋件（可根据具体实际进行调整）；②外墙基层抹灰由总包负责；③保温：幕墙单位负责幕墙部位的保温施工，如实体墙、吊顶区等结构位置的保温采用湿法保温时，由总包负责湿法保温的施工（可根据具体实际自行调整）。 4）总包与机电各专业界面：①预留预埋：±0.00以下由总包负责主体结构预埋（含配管），±0.00及以上由各机电专业单位负责预埋（含配管）；②所有预留孔洞的混凝土或砂浆砌体封墙、箱体及设备安装或改造完成后的收口工作由总包单位负责，开槽部分的混凝土或砂

续表

序号	合约分判名称	工作内容	工作界面(需项目部进一步明确)
1	总承包工程		浆砌体封堵由总包单位负责,如因机电单位自身原因造成二次开槽的,由机电单位自行负责;③所有机电设备基础由总包负责;④机电套管内的封堵由机电各专业单位负责,机电套管/管线和孔洞间的封堵由总包负责;⑤±0.00以下主体结构施工时所有人防套管、穿墙、穿板套管均由总承包单位施工;±0.00以上由相关机电单位负责,涉及电气、给水排水、通风专业的施工由机电单位相应专业负责;⑥主体防雷接地由总包负责,防雷系统(包括卫生间等电位及金属门框的等电位)由相应施工单位负责,机电设备与防雷系统的连接由各专业负责,由总包单位提供接驳点,防雷接地扁钢预留至各设备旁边供各专业机电单位接驳;⑦桥架的防火封堵由各专业单位负责,如产生与机电总包共用桥架的情况则由机电单位负责封堵;⑧所有给水排水系统预留孔洞的混凝土或砂浆砌体封堵、箱体及设备安装或改造完成后的收口工作由总包单位负责,开槽部分的混凝土或砂浆、砌体封堵由总包单位负责,如因机电单位自身原因造成二次开槽的,由机电单位自行负责;⑨机电单位负责管道接入雨污水检查井内(不包括检查井的砌筑),完成后由总包单位负责检查井壁的封堵和抹灰及清理;⑩室外给水消火栓系统土方由总承包负责,室外雨污水工程及雨污水井、化粪池(非成品)由总承包负责。 5)总包与弱电界面:①弱电机房装修由总包负责基层,弱电单位负责防静电地板、吊顶及灯具;②弱电管道内的封堵由弱电单位负责,弱电管道和孔洞间的封堵由总包负责;③所有弱电系统预留孔洞的混凝土或砂浆砌体封堵、箱体及设备安装或改造完成后的收口工作由总包单位负责,开槽部分的混凝土或砂浆砌体封堵由总包单位负责,如因弱电单位自身原因所造成的二次开槽,由弱电单位自行负责;④弱电设备基础由总包单位负责。 6)总包与变配电工程界面:①总包负责突配电设备房所有土建工作(包括设备安装基础和电缆沟盖板);②所有供电范围内预埋的穿线管由供电负责,自管变电的所有供电设备安装及进线由供电单位施工。 7)总包与地坪工程界面:总包施工至结构层,地坪单位负责商业车库地坪施工。 8)总包与消防工程界面:①机电管道内的封堵由消防单位负责,机电管道和孔洞间的封堵由总包负责;②所有消防系统预留孔洞的混凝土或砂浆砌体封堵、箱体及设备安装或改造完成后的收口工作由总包单位负责正负零以下一次结构的预留预埋工作。

界面划分及施工范围 表 4-5

序号	合约分判名称	工作内容	工作界面（需项目部进一步明确）
2	机电总包	1. 电气系统 （1）防雷及接地系统之供应安装及调试； （2）负责电气系统之管线预留预埋； （3）从低压配电柜出线的分支电路配电设备，包括干线电缆/桥架/线槽、保护套管的供应、安装及接驳，低压柜清出母线槽、插接箱、电缆干线 T 接箱安装及接驳，电气三箱安装； （4）非精装区照明灯具（含应急照明）的供应、安装及接驳； （5）从电气三箱出线起至分配线路（精装修区除外），包括照明、动力等终端电路之电缆/电线、桥架/线槽、线管、开关、插座等的供应、安装及接驳； （6）供应及安装接地装置至其他承包单位指定位置（按技术要求或如图纸所示），以完成有关接地系统； （7）人防区域平时电气设备的供货（不含三箱）、安装及接驳，负责人防区域战时电气设备按当地人防办之要求供货（不含箱体）、安装及接驳。 2. 给水排水系统 （1）雨水系统：供应、安装雨水排水系统（虹吸排水系统除外），包括雨水排水管道系统、阀门、地漏、雨水口、各类配件及支架等。	1. 电气系统 （1）供应及安装按招标图纸技术要求描述的提供之写字楼、商场、地下室范围内电气工程，包括但不限于： ①防雷及接地系统之供应安装及调试，但地下室土建结构内（不包括二次结构）防雷及接地系统之供应、安装及调试由总承包单位负责，幕墙防雷接地系统之供应、安装及调试由幕墙分包单位负责； ②负责电气系统之管线预留预埋，其中：地下室土建结构内（不包括二次结构）管线预留预埋由总承包单位负责； ③从低压配电柜出线起之分支电路配电设备，包括干线电缆/桥架/线槽、保护套管的供应、安装及接驳，低压箱口出母线槽、插接箱、电缆干线 T 接箱安装及接驳，电气三箱安装； ④非精装区照明灯具（含应急照明）之供应、安装及接驳； ⑤从电气三箱出线起至分配线路（精装修区除外），包括照明、动力等终端电路之电缆/电线、桥架/线槽、线管、开关、插座等的供应、安装及接驳； ⑥供应及安装接地装置至其他承包单位指定位置（按技术要求或设计图纸要求），以完成有关接地系统； ⑦人防区域平时电气设备的供货（不含三箱）、安装及接驳，负责人防区域战时电气设备按当地人防办要求供货（不含箱体）、安装及接驳。 （2）与总承包工程单位之界面：机电总包需提供所有本系统工程范围内要求总承包工程承包单位配合的资料（不含地下室建筑结构内（不包括二次结构）预埋的套管、构件、预埋件资料），包括预留孔洞、坑、槽、混凝土基础等 2. 给水排水系统 总承包单位对机电单位进行配合协调生活水泵、潜污泵及配套控制箱为发包人供应。 1) 与总包单位的界面：①预埋部分的套管：在机电单位确定前，由总包负责，机电单位确定后由机电单位负责；②机电管道内的封堵由机电单位负责，管道与套管、孔洞间固定由机电单位负责，机电管道和套管、孔洞间的封堵由总包负责机电单位负责管道接入雨污水检查井内（不包括检查井的砌筑），完成后由总包单位负责检查井壁的封堵和抹灰及清理；③所有给水排水系统预留孔洞的混凝土或砂浆砌体封堵、箱体及设备安装或改造完成后的收口工作由总包单位负责，开槽部分的

续表

序号	合约分判名称	工作内容	工作界面（需项目部进一步明确）
2	机电总包	（2）排水系统：供应、安装废、污水排水系统，包括废、污水排水管道系统、排水泵、阀门、地漏、各类配件及支架等。其中，卫生洁具供应由独立供货人负责。精装修区域的地漏供应、安装及卫生洁具的安装不包括在本专业范围内。 （3）给水系统：供应、安装生活给水系统，包括给水管道系统、设备、各类阀门配件、智能化系统监控点的预留接口、普通水表、水箱及支架等。其中生活变频给水设备（包括变频控制柜、传感器、水泵及气压罐）的供应除外。 （4）人防给水排水系统：供应、安装及接驳人防给水排水系统，但只限于图纸	混凝土或砂浆砌体封堵由机电单位负责；④机电单位负责管道接入雨污水检查井内（不包括检查井的砌筑），完成后由总包单位负责检查井壁的封堵和抹灰及清理；⑤建施图所反映的埋设于混凝土结构内的排水管道由总包单位负责；⑥室外给水消火栓系统土方由总承包负责，室外雨污水工程的雨污水井、化粪池由总承包负责。 2）与精装修单位的界面：①精装单位负责公共空间装饰范围内预留洞及统一开孔工作，并负责在机电单位施工完成后对公共空间装饰范围内预留洞及开孔进行封堵；②机电单位施工至进入卫生间的30cm，之后的给水排水工程由精装单位负责；③综合机电单位应提供设置于精装修区域的检修口尺寸和位置要求，由精装修承包商配合制作。 3）与消防单位的界面：①机电单位负责供应、安装给水系统至消防水池/水箱，包括进水管、入口、入口控制阀、阀门、溢渣管、放空管、通气管、水位标尺及防水套管等；②以消防水箱出水管道法兰盘接口为界，出水管道法兰盘接口之前的消防水箱及进水管道、液位控制阀、溢水泄水管道及阀门、出水管道预留法兰接口等的采购及安装由消防单位负责；③机电单位负责室外总平接于给水管网上的室外消火栓供应、安装，消防单位负责水泵接合器及管道。 4）与弱电单位的界面：①给水设备分包单位自行配置控制系统对给水阀门及水泵进行控制，提供接口供弱电分包单位进行集成监视；②生活水箱及污水池的渣位监视由弱电分包单位自行供应安装传感器进行监视。 5）与电梯单位的界面：机电单位负责电梯及扶梯基坑的排水接驳工作。 6）与泳池设备单位的界面：机电单位负责供应、安装给水管道至泳池设备用房内，并预留阀门及1000mm短管供泳池设备分包单位接驳

工进度需求；机电总包单位需主动承担电梯、消防、弱电、机械车位等相关单位的技术协调工作；业主及总承包方主要协调综合机电总包单位。

②机电预留预埋：地下工程中机电工作主要是预留、预埋，限于图纸原因，机电指定分包单位暂无法确定，此项工作由总包单位完成；但预留预埋涉及今后与机电指定分包单位的交接、验收、使用，所以招标图纸中此部分内容应设计清楚。

2）弱电工程

标段划分：一个标段。

招标方式：独立分包。

施工图纸：后期深化。

专项要求：

①负责整个项目全部弱电各系统的工程进度质量，包括若干系统管线、设备和在平面、立面上布置综合协调，各系统的技术协调，弱电智能化各子系统的集成协调等，提供弱电专业图纸供综合机电单位做综合管线图纸，业主及总承包方主要协调综合机电主分包。

②弱电预留预埋：地下工程中弱电工作主要是预留、预埋，限于图纸原因，弱电指定分包单位暂无法确定，此项工作由总包单位完成；但预留预埋涉及今后与弱电指定分包单位的交接、验收、使用，所以招标图纸中此部分内容应设计清楚。

质量要求：合格。

进度要求：消防广播、门禁、无线对讲、视频监控系统需要在消防验收之前调试完成，其他弱电系统应在开业后90天内调试完成。

3）景观工程

标段划分：一个标段。

招标方式：独立分包。

施工图纸：后期深化。

专项要求：

①景观工程专业分包包含内容：硬质景观、绿化软景、道路景观、景观机电、景观水。

②土建总承包负责包括：残疾人坡道（残疾人坡道栏杆不包括在内）、门厅外平台、台阶、散水和（或）明沟、储藏室室外楼梯、明确与楼体相连的庭院围墙、栏杆、坡道、台阶、散水等全部工作（但与景观相关的所有饰面纳入景观工程分包范围，底层庭院分户隔墙及院墙也包括在总承包范围内）。

③需注意与户外设施分包工程的分判，户外设施分包工程包括小品、雕塑、户外家具、户外娱乐设施。

质量要求：合格。

4）外立面工程

标段划分：两个标段（裙楼+两栋塔楼）。

划分原则：考虑总体体量较大，划分为两个标段。两个标段造价相对较为均衡，且工程界面容易切分。

招标方式：独立分包。

施工图纸：后期深化。

专项策划：

①邀请外立面深化设计单位对外立面进行二次深化设计，完成设计图纸及时提交成本部进行测算，保证外立面成本可控。

②外立面专业分包材料选型：目前，塔楼设计的外立面形式分别为单元式幕墙（办公塔楼）和框架式幕墙（商业塔楼）。裙楼为框架式幕墙+铝板+涂料。

5）精装修总包工程

标段划分：三个标段（裙楼+写字楼+公寓）。

考虑总体体量较大，划分为三个标段。三个标段造价相对较为均衡，且工程界面容易切分。

招标方式：独立分包。

施工图纸：后期深化。

专项要求：

①在以往的精装修工程中，机电与精装修的配合问题，向来都是工程能否顺利进行的关键，所以需做好充足的准备；两个专业要合理部署，尽量减少交叉作业，机电工程在粗装修施工阶段尽量提早介入，一旦结构施工分阶段验收完成后，在砌筑和抹灰开始时插入机电施工，从而为精装修的提前插入创造工作面。

②验收前的成品保护，是按时交工的保证，应对成品保护工作进行合理安排，不同专业之间、不同工种之间的成品保护工作尤其要抓好、管好，保证工程保质、保量的顺利完工。预防措施，如增派成保人员等（表4-6）。

圣光酒店项目工程界面划分明细表　　　　表4-6

分部分项工程名称	总承包施工范围（或本次招标范围）	专业分包工程（是否包含在总包范围内）	发包人直接发包工程
一、建筑及装饰装修工程			
基坑支护、止水帷幕施工与拆除			
降水、排水			
基础土方、房心、肥槽土方开挖与回填			

续表

分部分项工程名称		总承包施工范围（或本次招标范围）	专业分包工程（是否包含在总包范围内）	发包人直接发包工程
沉降观测（开挖时安全监测）				
桩基础工程				
砌筑工程				
钢筋混凝土工程				
钢结构工程				
保温工程（按屋面、内檐、外檐分别描述）				
防水工程				
屋面工程				
地面与楼面装饰工程				
顶棚装饰工程				
内墙装饰工程				
外檐装修工程（涂料）				
外檐幕墙装饰工程				
门（人防门、防火门、户内门、分户门）、门套、五金采购与安装				
窗、窗套、五金采购与安装				
窗帘盒、窗台板的制作与安装				
木作工程制作与安装				
其他零星精装修工程				
二、机电安装工程				
给水排水工程	给水系统			
	中水系统			
	热水系统			
	污水系统			
	雨水系统			
	人防给水排水系统			
暖通工程	采暖系统			
	空调水系统			
	空调风系统			
	通风及防排烟系统			
	人防通风系统			

续表

分部分项工程名称		总承包施工范围（或本次招标范围）	专业分包工程（是否包含在总包范围内）	发包人直接发包工程
消防工程	消火栓系统及灭火器			
	喷淋系统			
	气体灭火系统（含报警）			
	电力监控			
	消防报警系统			
动力管道工程	压缩空气系统			
	油系统			
变电站电力工程				
电气工程	动力、照明（不含应急）及防雷接地			
	应急照明			
	空调控制系统			
弱电工程	监控			
	综合布线			
	停车场			
	有线电视			
	门禁			
电梯工程				
天车工程				
三、室外工程				
道路、竖向工程				
铺装工程				
绿化景观、小品工程				
景观照明工程				
给水、中水、消防工程				
雨污水工程				
热力管道工程				
动力管道工程				
电气工程				
弱电工程				

4.2.5 承包商的选择

1. 依据一：专业和企业资信能力

可以根据工程特点和关键工艺以及住房城乡建设部规定的施工企业、监理企业的资质综合确定专业和资质要求。有些项目专业很多，要确定重点资质。

房屋建筑工程是指工业、民用与公共建筑（建筑物、构筑物）工程。工程内容包括地基与基础工程，土石方工程，结构工程，屋面工程，内、外部的装修装饰工程，上下水、供暖、电器、卫生洁具、通风、照明、消防、防雷等安装工程。

（1）建筑施工总承包资质标准

依据《施工总承包企业特级资质标准（征求意见稿）》《建筑业企业资质等级标准》建建〔2001〕82号，如表4-7所示。

（2）建筑施工总承包业务范围

施工总承包特级资质的企业：可承担本类别各等级工程的工程总承包、施工总承包和项目管理业务。

1）一级企业：可承担单项建安合同额不超过企业注册资本金5倍的下列房屋建筑工程的施工。

① 40层及以下、各类跨度的房屋建筑工程；

② 高度240m及以下的构筑物；

③ 建筑面积20万m^2及以下的住宅小区或建筑群体。

2）二级企业：可承担单项建安合同额不超过企业注册资本金5倍的下列房屋建筑工程的施工。

① 28层及以下、单跨跨度36m及以下的房屋建筑工程；

② 高度120m及以下的构筑物；

③ 建筑面积12万m^2及以下的住宅小区或建筑群体。

3）三级企业：可承担单项建安合同额不超过企业注册资本金5倍的下列房屋建筑工程的施工：

① 14层及以下、单跨跨度24m及以下的房屋建筑工程；

② 高度70m及以下的构筑物；

③ 建筑面积6万m^2及以下的住宅小区或建筑群体。

（3）工程监理企业资质标准

综合资质、事务所资质不分级别。专业资质分为甲级、乙级；其中，房屋建

表 4-7 企业资质及业绩

	企业资信能力	企业技术负责人	科技进步水平	特级资质标准代表工程业绩
特级资质标准	(1) 企业净资产 6 亿元以上； (2) 企业近三年营业收入均在 50 亿元以上； (3) 企业银行授信额度近三年均在 10 亿元以上； (4) 企业未被列入失信被执行人名单； (5) 近三年未被列入行贿犯罪档案 [申报公路工程特级资质的企业，行业主管部门当期信用评价等级为优良（AA 级或 A 级）；申报港口与航道工程特级资质的企业，近三年未被行业主管部门评为过最低信用等级；申报铁路工程特级资质的企业，近三年在国家级信用平台没有严重失信行为记录]	技术负责人应当具有 15 年以上从事本类别工程技术管理经历，且具有工程序列高级工程师或注册建造师执业资格；主持完成过 2 项符合一级资质标准要求的代表工程	(1) 企业具有省部级（或相当于省部级水平）及以上企业技术中心； (2) 企业近三年科技活动经费支出均达到营业收入的 0.8% 以上	近 5 年承担过下列 5 项工程总承包或施工总承包项目中的 3 项，工程质量合格。 (1) 高度 100m 以上的建筑物； (2) 28 层以上的房屋建筑工程； (3) 单体建筑面积 5 万 m² 以上房屋建筑工程； (4) 钢筋混凝土结构单跨 30m 以上的建筑工程或钢结构单跨 36m 以上房屋建筑工程； (5) 单项建安合同额 2 亿元以上的房屋建筑工程
一级资质标准	企业近 5 年承担过下列 6 项中的 4 项以上工程的施工总承包或主体工程承包，工程质量合格。 (1) 25 层以上的房屋建筑工程； (2) 高度 100m 以上的构筑物或建筑物； (3) 单体建筑面积 3 万 m² 以上的房屋建筑工程； (4) 单跨跨度 30m 以上的房屋建筑工程； (5) 建筑面积 10 万 m² 以上的住宅小区或建筑群体； (6) 单项建安合同额 1 亿元以上的房屋建筑工程	企业经理具有 10 年以上从事工程管理工作经历或具有高级职称；总工程师具有 10 年以上从事建筑施工技术管理工作经历并具有本专业高级职称；总会计师具有高级会计职称；总经济师具有高级职称	企业有职称的工程技术和经济管理人员不少于 300 人，其中工程技术人员不少于 200 人，具有高级职称的人员不少于 10 人，具有中级职称的人员不少于 60 人。企业具有一级资质项目经理不少于 12 人	企业具有的二级资质以上项目经理不少于 12 人 企业注册资本金 2000 万元以上 企业净资产 2500 万元以上 企业近 3 年最高年工程结算收入 8000 万元以上 企业具有与承包工程范围相适应的施工机械和质量检测设备

续表

	企业资信能力	企业技术负责人	科技进步水平	特级资质标准代表工程业绩
二级资质标准	企业近5年承担过下列6项中的4项以上工程的施工总承包或主体工程承包，工程质量合格。 (1) 12层以上的房屋建筑工程； (2) 高度50m以上的构筑物或建筑物； (3) 单体建筑面积1万m²以上的房屋建筑工程； (4) 单跨跨度21m以上的房屋建筑工程； (5) 建筑面积5万m²以上的住宅小区或建筑群体； (6) 单项建安合同额3000万元以上的房屋建筑工程	企业经理具有8年以上从事工程管理工作经历或具有中级以上职称；技术负责人具有8年以上从事建筑施工技术管理工作经历并具有本专业高级职称；财务负责人具有中级以上职称	企业有职称的工程技术和经济管理人员不少于150人，其中工程技术人员不少于100人，具有高级职称的人员不少于2人，具有中级职称的人员不少于20人	企业注册资本金5000万元以上，企业净资产6000万元以上；近3年最高工程结算收入2亿元以上；企业具有与承包工程范围相适应的施工机械和质量检测设备
三级资质标准	企业近5年承担过下列5项中的3项以上，工程的施工总承包或主体工程承包，工程质量合格。 (1) 6层以上的房屋建筑工程； (2) 高度25m以上的构筑物或建筑物； (3) 单体建筑面积5000m²以上的房屋建筑工程； (4) 单跨跨度15m以上的房屋建筑工程； (5) 单项建安合同额500万元以上的房屋建筑工程	企业经理具有5年以上从事工程管理工作经历；技术负责人具有5年以上从事建筑施工技术管理工作经历并具有本专业中级以上职称；财务负责人具有初级以上会计职称	企业注册资本金600万元以上，企业净资产700万元以上，企业有职称的工程技术和经济管理人员不少于50人，其中工程技术人员不少于30人，具有中级以上职称的人员不少于10人	企业具有的三级资质以上项目经理不少于10人，近3年最高年工程结算收入2400万元以上；企业具有与承包工程范围相适应的施工机械和质量检测设备

筑工程、水利水电工程、公路和市政公用工程专业资质可设立丙级。

1）综合资质标准

①具有独立法人资格且注册资本不少于 600 万元。

②企业技术负责人应为注册监理工程师，并具有 15 年以上从事工程建设工作的经历或者具有工程类高级职称。

③具有 5 个以上工程类别的专业甲级工程监理资质。

④注册监理工程师不少于 60 人，注册造价工程师不少于 5 人，一级注册建造师、一级注册建筑师、一级注册结构工程师或者其他勘察设计注册工程师合计不少于 15 人次；其中，具有一级注册建造师不少于 1 人次、具有一级注册结构工程师或者其他勘察设计注册工程师或一级注册建筑师不少于 1 人次。

⑤企业具有完善的组织结构和质量管理体系，有健全的技术、档案等管理制度。

⑥企业具有必要的工程试验检测设备。

⑦申请工程监理资质之日前一年内没有《工程监理企业资质管理规定》第十六条禁止的行为。

⑧申请工程监理资质之日前一年内没有因本企业监理责任造成重大质量事故。

⑨申请工程监理资质之日前一年内没有因本企业监理责任发生三级以上工程建设重大安全事故或者发生两起以上四级工程建设安全事故。

2）专业资质标准

甲级：

①具有独立法人资格且注册资本不少于 300 万元。

②企业技术负责人应为注册监理工程师，并具有 15 年以上从事工程建设工作的经历或者具有工程类高级职称。

③注册监理工程师、注册造价工程师、一级注册建造师、一级注册建筑师、一级注册结构工程师或者其他勘察设计注册工程师合计不少于 25 人次；其中，相应专业注册监理工程师不少于《专业资质注册监理工程师人数配备表》中要求配备的人数，注册造价工程师不少于 2 人。

④企业近 2 年内独立监理过 3 个以上相应专业的二级工程项目，具有甲级设计资质或一级及以上施工总承包资质的企业申请本专业工程类别甲级资质的除外。

⑤企业具有完善的组织结构和质量管理体系，健全的技术、档案等管理制度。

⑥企业具有必要的工程试验检测设备。

⑦申请工程监理资质之日前一年内没有《工程监理企业资质管理规定》第十六条禁止的行为。

⑧申请工程监理资质之日前一年内没有因本企业监理责任造成重大质量事故。

⑨申请工程监理资质之日前一年内没有因本企业监理责任发生三级以上工程建设重大安全事故或者发生两起以上四级工程建设安全事故。

乙级：

①具有独立法人资格且注册资本不少于100万元。

②企业技术负责人应为注册监理工程师，并具有10年以上从事工程建设工作的经历。

③注册监理工程师、注册造价工程师、一级注册建造师、一级注册建筑师、一级注册结构工程师或者其他勘察设计注册工程师合计不少于15人次。其中，相应专业注册监理工程师不少于《专业资质注册监理工程师人数配备表》中要求配备的人数，注册造价工程师不少于1人。

④有较完善的组织结构和质量管理体系，有技术、档案等管理制度。

⑤有必要的工程试验检测设备。

⑥申请工程监理资质之日前一年内没有《工程监理企业资质管理规定》第十六条禁止的行为。

⑦申请工程监理资质之日前一年内没有因本企业监理责任造成重大质量事故。

⑧申请工程监理资质之日前一年内没有因本企业监理责任发生三级以上工程建设重大安全事故或者发生两起以上四级工程建设安全事故。

丙级：

①具有独立法人资格且注册资本不少于50万元。

②企业技术负责人应为注册监理工程师，并具有8年以上从事工程建设工作的经历。

③相应专业的注册监理工程师不少于《专业资质注册监理工程师人数配备表》中要求配备的人数。

④有必要的质量管理体系和规章制度。

⑤有必要的工程试验检测设备。

3）事务所资质标准

①取得合伙企业营业执照，具有书面合作协议书。

②合伙人中有3名以上注册监理工程师，合伙人均有5年以上从事建设工

程监理的工作经历。

③有固定的工作场所。

④有必要的质量管理体系和规章制度。

⑤有必要的工程试验检测设备。

（4）工程监理企业业务范围

1）综合资质

可以承担所有专业工程类别建设工程项目的工程监理业务。

2）专业资质

①专业甲级资质

可承担相应专业工程类别建设工程项目的工程监理业务。

②专业乙级资质

可承担相应专业工程类别二级以下（含二级）建设工程项目的工程监理业务。

③专业丙级资质

可承担相应专业工程类别三级建设工程项目的工程监理业务。

3）事务所资质

可承担三级建设工程项目的工程监理业务，国家规定必须实行强制监理的工程除外。

工程监理企业可以开展相应类别建设工程的项目管理、技术咨询等业务。

企业工程业绩：

要审慎确定业绩条件，不要违反法律法规触犯公平原则，在合规的前提下把最佳承包商的相关业绩确定下来。

2. 依据二：制定评标条件

《招标投标法》第四十一条规定了两种评标方法：综合评估法和经评审的最低投标价法。2011年，国家发展改革委等九部门联合下发的《关于印发简明标准施工招标文件和标准设计施工总承包招标文件的通知》（发改法规〔2011〕3018号）明确了这两种评标办法。2013年颁布的国家发展改革委员会第12号令也规定了上述两种方法。2004年，《采购货物和服务招标投标管理办法》（财政部第18号令）规定了三种评标办法：最低评标价法、综合评分法和性价比法。以上多种方法从本质上可归结为两类评标方法，第一种称为"商务报价中标法"，即技术标作为符合性评审，技术标合格后，由商务投标报价决定是否中标，如经评审的最低投标价法和最低评标价法。第二种称为"综合评价中标法"，即技术标获得一定分值，商务标也获得一定分值，两者合计得分高的中标，如"综合评估法""综合评分法"等。

基于法律规定的上述两类评标方法，各地、各行业在招标投标实践中，根据自身的实际需要衍生出多种不同的评标方法。

①"商务报价中标法"类中主要有以下几种评标方法：固定报价范围抽系数确定基准值、平均报价下浮确定基准值、最低价中标、次低价中标等。由于各投标人投标项目的成本价较难确定，除最低价中标法外，产生其他商务报价方法的目的都是为了防止投标人恶意竞争，低于成本价投标。

②"综合评价中标法"类中有多种评分方法。技术标的评分对象多种多样，货物采购项目包括价格、质量、信誉、服务、业绩、市场占有率、品牌等因素；工程项目包括施工组织设计、财务实力、获奖事项、业绩、项目班子等；服务类项目包括售后服务体系、业绩、企业技术实力、各种证书等。商务标分值计算也同样有多种方法。

由于国家法律法规没有对技术标打分对象和商务标计分规则做出具体规定，根据技术标打分对象和商务标报价计分方法的不同，可以变化出许多不同的评标方法。因此，在招投标实践中，各地、各行业的综合评分法在具体计分方法上也是多种多样的。

现行的各种评标方法各有不同的适用情形，不管采用何种评标方法，技术标评审和投标报价的评审都是不可或缺的环节，也是评审的难点。

（1）技术标评审存在的问题及主要原因

1）诚信体系缺失，评标基础资料的真实性难以核实

投标人在投标中要提供很多基础性的证明资料。评标专家依据这些证明资料给予评分。虽然根据法律规定，投标人应对提供所有资料的真实性负责，但由于造假行为不易发现，查处困难，且处罚力度较小，很多评标基础资料可信度较差，但在评审过程中，评标专家很难对这些资料的真实性加以判断，只能按照现有的资料打分，造成评标结果的失真，也给评标方法的设定带来了较大困难。

2）评价指标不规范，评价标准难以确定

衡量投标企业技术、实力、信誉、服务质量的指标非常多，如企业的等级、资质、规模、各种质量信誉的认证以及产品质量、外观、售后服务体系、资金实力、技术人员实力、服务态度、业绩、获奖状况、市场占有率、品牌知名度等。这些指标中，只有企业的等级、资质、业绩等是可以查实的硬性指标，其他的指标基本不能核实或核实的难度极大，国家或市场也没有对这些软性指标有统一的评价等级。

3）因子间重要性差异难以衡量，分值权重设定较难

确定评审因素后，对选定的评分指标进行量化赋分是一个关键的环节。主要应考虑两个方面的要素：一是某项指标所占的分值大小；二是这项指标所能形成的得分差距。招投标实践中经常会出现以下这种情况：某项评价指标并非关键因素，因而分值权重不大，但如果各投标人之间得分差距较大，往往就会因该项指标之差而决定谁中标。因此，在制定评标标准时，不但要根据评分指标的重要性设定分值权重，还要注意得分差距的设定。评审指标在实践中常伴有较强的主观性和随意性。

4）评审指标设置过多，计算过于复杂，评标质量不高

制定评标办法中，评分指标过多，打分环节过细，评标工作量过大。有关资料表明：一个项目的有效投标数在 8~12 家的时候往往比较合理。如果某项目在技术投标中设置了 5 项打分指标，按平均 10 家计算，每个评委需对 50 个项目进行评分，需审查 50 项指标所涉及的相关资料。在短时间内完成评审工作，而投标人和评审指标均较多的情况下，评标专家的评标质量难以保证。

5）资格条件和评分因素的界定不明确

评审时，投标人资格条件的设定非常关键，投标资格条件和评标方法之间互相影响。根据有关规定，采购项目和经资格预审的工程建设项目不得将投标人的资格条件作为评分因素，但法律没有具体规定哪些指标属于资格条件，哪些指标属于评分指标。资格条件不能作为评分指标，目的是为了让资质等级不同的投标人能在同一起跑线上竞争，专注于产品质量和价格方面的竞争。而在实际招标过程中，招标人常常随意设定资格条件和评标指标，利用法律和行业标准中的边界模糊地带，在综合评估法中常把资格条件作为评分因素。

（2）投标报价评审存在的问题及原因

投标报价评审的主要任务之一是评价审查投标报价是否低于成本价，而评审存在的主要问题是成本价难以确定。其主要原因如下：

1）各投标企业对项目投入成本不同

因为各企业的成本不一样，才存在企业间相互竞争。

2）对各类项目也没有一个统一的平均成本测算体系，难以判断投标报价是否低于市场平均成本价。

工程施工项目成本价的计算与定额水平和当地材料的价格有很大关系，也与工程计量的准确性有关系。市场价格的变化较快，有些分项工程计量很难，变化也很大，很多因素致使工程施工的成本价难以确定。货物采购中，一些不通用的

产品价格很不透明，即使是通用产品价格变化也较大。

（3）解决问题的对策及建议

合理设置评标条件

①施工招标的评标条件

施工评标标准分为技术标准和商务标准，施工评标标准一般包含以下内容：施工方案（或施工组织设计）与工期；投标价格和评标价格；施工项目经理及技术负责人的经历；组织机构及主要管理人员；主要施工设备；质量标准、质量和安全管理措施；投标人的业绩、类似工程经历和资信。

②监理招标的评标条件（表4-8）

监理招标评标细则　　　　　　　表4-8

序号	评分项目	分值	评分办法	最高分	实得分
1	监理大纲	20分	工程质量控制3分	3	
			工程进度控制3分	3	
			工程投资控制3分	3	
			安全文明施工控制3分	3	
			合同、信息管理2分	2	
			工程组织协调措施2分	2	
			重点、难点分析、处理方法及监理对策4分	4	
2	总监人选	10分	1. 总监注册专业为房屋建筑工程专业，同时具备市政公用工程注册专业的得3分（提供注册证书原件扫描件）	3	
			2. 总监年龄在30~50周岁（含30、50周岁）之间的得2分；其他得1分（提供身份证原件扫描件）	2	
			3. 总监具有工程师及以上职称的得2分，否则不得分（提供职称证书原件扫描件）	2	
			4. 总监获得过省级及以上行业主管部门颁发的优秀监理工程师荣誉表彰的得3分，市级优秀监理工程师表彰的得1分（以获奖证书或正式发文的原件扫描件为准）	3	
3	专业配套	15分	1. 专业监理工程师配备要求：有1名省注及以上土建或安装专业监理工程师。符合上述要求的得4分（专业以注册证书或学历证书专业为准，提供证书原件扫描件）	4	
			2. 监理项目组人员人数（含总监）：不少于3人。符合上述条件得5分，少1人扣1分，少于3人按废标处理	5	

续表

序号	评分项目	分值	评分办法	最高分	实得分
3	专业配套	15分	3. 监理项目组人员职称（含总监）：具有工程师或高级工程师职称，符合上述职称要求的，每有一人得1分，最高得2分（提供职称证书原件扫描件）	2	
			4. 年龄结构合理，从业资历搭配合理，监理人员平均年龄须在25～55之间得4分，每一人不符扣1分，扣完为止（以身份证原件扫描件为准）	4	
4	上岗证	10分	监理项目组成员上岗证要求：各级监理人员均须有国家注册证或建设主管部门颁发的监理上岗证，或住房和城乡建设部颁发的培训证，符合上述要求的得10分。每少一人扣2分，扣完为止	10	
5	监理取费	20分	监理费报价参照国家现行收费标准"发改价格〔2007〕670号"，基价暂按1600万元为基数，专业调整系数1.0，工程复杂程度调整系数1，高程调整系数1.0，计算出监理收费基准价为44.5000万元，浮动幅度值等于-20%，即报价为35.6000万元得20分，其他不得标	20	
6	检测设备	10分	现场检测设备能满足工程检测需要（或有固定委托检测协议）的得10分；其中须提供备全站仪、经纬仪、水准仪、混凝土回弹仪、钢筋位置测定仪有效检定证书，缺一项扣2分，扣完为止（以鉴定证书原件扫描件为准）	10	
7	企业业绩及信誉	15分	1. 企业在苏州市监理企业综合考评中连续6年获评"A"类的得4分，连续3年获评"A"类的得2分，获评过"A"类的得1分，"B""C""D"类不得分（以获奖证书或发文的原件扫描件为准）	4	
			2. 企业获得省级及以上政府部门颁发的重合同守信用得2分，其他得1分（以证书或正式发文的原件扫描件为准）	2	
			3. 企业获得国家级行政主管部门或国家级协会颁发的企业信用等级证书，AAA级的得3分，AA级得2分，A级得0.5分（以证书或正式发文的原件扫描件为准）	3	
			4. 企业连续三年（2014年9月及以后）获得过江苏省示范监理企业的得3分，连续三年获得过市级示范监理企业称号得1分，没有不得分（以获奖证书或正式发文的原件扫描件为准）	3	
			5. 企业近三年（2014年9月及以后）监理过的房建工程获得国家级优质工程的得3分，省级优质工程的得2分，市级优质工程的得1分，限评一项，本项最高得3分（以获奖证书或正式发文的原件扫描件为准）	3	

续表

序号	评分项目	分值	评分办法	最高分	实得分
8	合计	100	评分以 100 分为基础分，评委针对以上各分项打分，汇总各分项得分为该投标单位得分；去掉一个最高分和一个最低分，剩余得分的平均值为该投标单位的最后得分，最高得分者为中标人；当出现本评标办法未尽事宜由评标委员会讨论决定	100	

2）强化评标指标体系建设，规范技术标评审工作

在评标办法中，可根据考量因素性质特点的不同，对技术标进行分类，并设置不同的评审方法。第一类是符合性评审，如资格条件、施工方案、技术参数、有关承诺事项等。第二类是有明确评审依据的指标评审，可采用现场打分法，如业绩、获奖状况等。第三类是难于评审但又与质量密不可分的因素，可以调用供应商使用综合评估成果。

评审时，对于第一类考量因素，如有明确证明资料的，主要审查其有关方案和承诺是否和招标文件的要求相一致。对于第二类考量因素，关键是要对评审指标的种类和分值设定建立一套比较科学的体系，并注意各项指标分值间的平衡和协调。要求评委应严格按招标文件的规定进行打分，防止出现疏漏。对于第三类考量因素，可细分为两块，一块是信用类，一块是质量类。信用类的评审依据是受奖惩的状况；质量类的可采用大评委制定期评审，由评委对各品牌产品进行事先评审打分。

3）改进评标方法

为解决技术标评审困难和成本价确定困难等问题，提出如下三种改进的评标方法。

①锁定价格比质量

针对产品和服务价格比较透明，但价格差距较大、产品质量及服务水平差距也较大的，通过选择一个居中上等水平的价格固定下来，或固定一个报价范围。评标中只对资格条件进行审查，然后对质量、技术、信誉和服务承诺进行打分评审，得分最高者中标。该方法可采购到价格适中、质量上乘的产品或服务，设计、监理、造价咨询等服务类项目的招标可采用这一方法。

②锁定质量比价格

针对有些质量相差不大的项目，或质量在实施过程中容易管理的项目，如土建工程中的土方、绿化和小型工程、电脑采购等可采用该方法。本书所述的"商

务报价中标法"，就与这种方法类似。普通货物招标项目比较适宜采用这一方法。

③逐轮淘汰法

该方法就像多轮选举中的淘汰方法一样，进行多轮评审，渐次淘汰。实际操作中，可把项目的资格、质量和信誉、价格等可评审的内容合理地划分为几个阶段，进行合格性评审或评分淘汰制。每轮淘汰的数量、上一轮得分是否带入下一轮等细节，可根据项目的特点区别设置。该方法具有可控性，所产生的最终结果也相对比较合理。一般情况下，中标人应该是价格适中、质量适中、性价比较高的产品，避免了质次价低或质优价也高的产品中标。实践中，一些项目使用两阶段评标法，其原理与该方法类似，只是阶段划分多少有所不同。

以上三种方法也可以根据具体细节的不同，变化出多种方法。

3. 依据三：潜在投标人的综合素质评价

业主一般通过招投标方式以期选出资历丰富、信誉良好、价格合理的承包商。承包商的选择过程包括两个评价阶段：资格预审阶段（筛选过程）和评标阶段（选择过程）[①]。在评标阶段，实际上大多采用合理低价中标的原则。目前，大多数研究文献是针对资格预审阶段，重点集中在评价方法改进和评价指标体系制定上。

现阶段项目建设业主对房屋建筑工程施工承包商的评价指标主要涵盖以下几个方面。

（1）施工资质

施工资质是承包商选择的首要因素和准入要求。只有具备相应施工资质的单位才能在允许的行业及范围内承揽相关的施工活动，这也是国家层面对建筑行业施工许可的要求，住房和城乡建设部对建筑业企业资质的序列、类别和等级的资质标准都有相应的规范文件，规定了房屋建筑工程项目涉及的施工资质，当然还有一些专业工程承包资质对于一些零星的小的改造项目也适用。施工资质作为前置条件，在承包商评价时一般按否决项处理。

（2）施工报价

施工报价与整个工程项目的投资有着很大关系，目前在承包商评价过程中所占的权重比较大。建设业主对于项目的投入一般首要考虑的是投资回报，因此施工报价是当前建设业主关注的一个重要因素。目前在承包商评价阶段，施工报价所占比重在整体评价指标中不低于60%。

---

① 位珍. 承包商选择中的资格预审问题研究 [D]. 天津：天津大学，2015：5-6.

（3）施工业绩

主要反映承包商处理类似工程施工问题的能力。施工业绩也是现阶段项目建设业主在承包商评价时重点关注的指标之一；有施工业绩的承包商具有类似项目施工经验，编制的施工方案更具有可操作性和可行性，往期项目实施中遇到的问题可以在现阶段施工中有效避免，而且往期项目的实施经验运用在新项目中，可以实现人力、物力和技术的资源优化，能够保障工程项目更有效率地完成目标。目前在承包商评价阶段，施工业绩所占比重约10%。

（4）信誉评价

信誉评价是承包商的一种无形资产，反映了承包商企业被行业或社会的认可度。企业信誉可以通过社会信用、类似项目经验等方面进行量化衡量，其中社会信用包括资质等级、荣获的奖励和荣誉、往期项目的履约评价、项目诉讼情况等，类似经验包括三年以来完成类似工程的数量、合同额，以及质量合格率等；建设业主必然愿意选择口碑好、业绩多的单位进行合作，但现阶段项目建设业主在加油站工程发包时，主要以承包商获得的荣誉奖励等情况作为具体评价因素，所占比重约5%。

（5）施工组织设计

施工组织设计是承包商对项目工期、质量、安全等要求所做的响应方案，是保障施工工期、质量和安全等目标实现的措施，主要包括各阶段工程的施工方法、配备的管理人员及劳动力、配备的施工机械或设备、工期安排和详细进度计划、施工安全管理方案以及保障上述计划的一系列措施等内容，不同的施工组织设计，对工期和成本影响不同。一个合理可行的施工方案会促进工程的顺利实施。因此，施工管理方案也是影响建设业主选择承包商的重要因素。目前在承包商评价阶段，建设业主对施工组织设计方案设定的权重约为25%～30%。

（6）综合评价指标体系的建立

侧重点不同，设置的评价指标也不同，为了能够科学、合理地反映施工承包商的综合实力，通过对以往研究文献中提出的评价指标及影响承包商选择结果的指标因素等情况的研究[①]，同时结合目前房屋建筑工程项目施工承包商评价选择现状及存在的实际问题，对原有房屋建筑工程项目承包商评价指标进行认真梳理和优化完善，现确定以下13个指标为研究的房屋建筑工程项目承包商评价

---

① 岳鹏威，宋金灿. 建筑市场信用模糊综合评价及实证分析[J]. 工程建设与设计，2011（11）：156-159.

指标，如表 4-9 所示。

综合评价指标选用表　　　　　　　　　表 4-9

序号	评价指标	序号	评价指标	序号	评价指标
1	施工资质	6	财务状况	11	专业技术水平
2	施工评价	7	管理能力	12	人员力量
3	施工工期	8	荣誉奖励	13	机械设备力量
4	施工方案	9	社会资信		
5	类似经验	10	以往履约评价		

对比原有评价指标，增加了财务状况、管理能力、以往履约评价、人员力量、机械设备力量、专业技术水平等 6 个评价指标，同时将施工组织设计细化为施工工期、施工方案等 2 个指标，将信誉评价细化为荣誉奖励、社会资信等 2 个指标。对上述指标进行梳理后，依据相互关系，将其划分为四大类，分别为企业经营状况、企业施工实力、企业信誉度、项目响应度，并对每个评价指标的控制指标及选用原因进行分析和说明[①]。

4. 依据四：初始信任程度评定

初始信任主要是业主对承包商静态因素的考察，产生于招投标与合同的签订阶段。

关注初始信任，最佳承包商（供应商）应为可信任的机构，至少应具备以下初始信任的基本要素：市场声誉、技术能力、装备水平、管理能力、纠纷诉讼率、高管团队印象等条件。

在中国特殊的文化环境中，基于制度的信任、承包商的特征（声誉和能力）和业主的信任信念，这对业主初始信任的产生起到了非常重要的作用。经研究发现，业主与承包商在初次合作中建立初始信任有重要启示：其一，初始信任对于业主在招投标过程中选择承包商起着关键作用，业主初始信任的产生很大程度取决于承包商的能力和声誉。因此，承包商要加强自身能力因素的培养和良好声誉的建立，形成有影响力的承包商，在招投标阶段具有竞争优势，以期更好地获得业主的初始信任。其二，业主应该从自身角度出发，加强对当前建设工程领域相关制度的信任，相信中国出台的相应法律、法规、技术规范都可执行，相关政策

---

① 汪振双，赵宁. 基于 ECM-Thei 方法的 BT 项目承包商选择研究 [J]. 工程管理学报，2015，29（3）：121-125.

可以保障双方的利益。业主越大程度上对制度信任,越容易促使其对承包商初始信任的形成。其三,业主应加强自身的信任信念的形成,对承包商有信心,相信选中的承包商会信守承诺,并履行合同中的规定。研究结论和管理启示,从初始信任产生的动机出发帮助业主与承包商在初次合作中建立初始信任[①]。

(1)影响业主对承包商初始信任因素的分析

初始信任是在双方没有正式交往前形成的对于对方的一种信任,属于计算型信任范畴。建立了信任发展螺旋模型,指出一开始就假定对方是不信任的,会导致交往中相互防备,并如此循环下去,这很好地解释了初始信任的重要性。假设业主与承包商之间没有任何的以往合作的经历,则信任应从资格预审和招投标阶段开始。通过资格预审阶段对对方的了解,以及对合同签订过程中对对方所采取的一些策略行为的感知,业主可以初步建立对承包商的信任,很显然这是一种基于理性选择的信任,在初步了解的情况下对其可能的行为有了预测,认为信任对方来的收益要大于可能的损失。这一阶段的信任主要还是产生于对一些静态因素的判断之上。

1)资格预审阶段的内容

资格预审是指对于大型或复杂的土建工程或成套设备,在正式组织招标以前,对供应商的资格和能力进行的预先审查,这是招投标程序的一个重要环节,它既是贯彻建设工程必须由相应资质队伍承包的政策的体现,也是保护业主和广大消费者利益的举措,是避免未达到相应技术与施工能力的队伍乱接工程和防止出现豆腐渣工程质量事故的有效途径。

业主依据项目的特点编写资格预审文件。资格预审文件分为资格预审须知和资格预审表两大部分,其中,资格预审须知内容一般包括招标工程概况、招标范围、对投标人的基本要求、指导投标人填写资格预审文件的有关说明。资格预审表包括列出对潜在投标人资质条件、实施能力、技术水平、商业信誉等方面需要了解的内容,以应答的形式给出的调查文件。另外,招标人依据工程项目特点和招标工作性质划分资格评审内容,如资质条件、人员能力、设备和技术能力、财务状况、工程经验、企业信誉等,并分别给予不同权重。对其中的各方面再细化评定内容和分项评分树立标准。潜在投标人购买资格预审文件,由其按要求填报后作为投标人的资格预审文件,递交招标人。招标人对投标人的资格预审文件进

---

① 韩涵,李慧敏,汪伦焰.业主对承包商初始信任动机产生机制研究[J/OL].重庆大学学报(社会科学版),2019-10-28.

行审核，通过对各投标人的评定和打分，确定各投标人的综合素质得分。对资格预审合格的条件是：投标人必须满足资格预审文件规定的必要的合格条件和附加合格条件，评定分数必须在预先确定的最低分数线以上。其中，资格预审文件规定必要的合格条件通常包括法人条件、资质条件、财务状况、商业信誉、企业信誉的具体要求。附加合格条件一般视招标项目是否对潜在投标人有特殊要求确定有无[①]。

在 2007 年版的中华人民共和国标准施工招标资格预审文件中，对申请人应具备的资格要求为"申请人应具备承担本标段施工的资质条件、能力和信誉"。也限定了资格预审申请文件所包括内容，如表 4-10 所示。

资格预审文件主要内容　　　　　表 4-10

申请人应具备资格要求	资格预审申请文件所包括
（1）资质条件 （2）财务要求 （3）业绩要求 （4）信誉要求 （5）项目经理资格 （6）其他要求	（1）资格预审申请函； （2）法定代表人身份证明或附有法定代表人身份证明的授权委托书； （3）联合体协议书； （4）申请人基本情况表； （5）近年财务状况表； （6）近年完成的类似项目情况表； （7）正在施工和新承接的项目情况表； （8）近年发生的诉讼及仲裁情况； （9）其他材料：见申请人须知前附表

在上述对建设工程项目中信任影响因素的划分中，将组织特征划分为能力和信誉这两大类。在实际操作中，资格预审也体现了对申请人能力和信誉的考察，只有通过这些考察，业主才会对承包商产生一个初步的了解，觉得承包商可信，可以将工程建设托付给承包商。

2）评标阶段内容

评标是指按照定量评标标准和方法对各投标人的投标文件进行评价比较和分析，从中选出最佳投标人的过程。评标是招标投标活动中十分重要的阶段，评标是否真正做到公平、公正，决定着整个招标投标活动是否公平和公正；评标的质量决定着能否从众多投标竞争者中选出最能满足招标项目各项要求的中标者。

大型工程项目的评标程序通常分为初评和详评两个阶段。初评阶段评标委员会以招标文件为依据，审查各投标书是否为响应性投标，确定投标书的有效性。

---

① 李世蓉. 业主工程项目管理使用手册 [M]. 北京：中国建筑工业出版社，2007.

检查内容包括：投标人的资格、投标保证的有效性。报送资料的完整性，投标书与招标文件的要求有无实质性背离，报价计算的正确性等。在详评阶段，评标委员会会对各投标书的实施方案和计划进行实质性的评价与比较。设有标底的，评标时应该参考标底。评标首先对各投标书进行技术和商务方面的审查，评定其合理性，以及若将合同授予该投标人在履行过程中可能给业主带来的风险。评标委员会认为必要时可以单独约请投标人对投标书中含义不明确的内容作必要的澄清和说明，但澄清或说明不得超出投标文件的范围或改变投标文件的实质性内容。

通过以上分析，并结合实际中的评标文件。我们可以看出在评标过程中，对投标人主要考察体现在以下几个方面：第一，投标书对招标文件实际的影响程度；第二，投标书实施方案和计划；第三，投标方的胜任程度及信誉；第四，投标报价的合理性。通过评标的考察，合适的投标人将收到中标通知书，与业主签订合同。

（2）影响业主对承包商初始信任的因素

招标投标过程中资格预审的评标过程实际上可以看作是业主对承包商的一个考察的过程，通过这个考察过程，业主觉得承包商有能力完成工程项目的建设，这就形成了业主承包商最初的信任。工程项目招投标阶段主要还是对承包商能力和信誉的考察，目的是选择一个合适的合作伙伴。其中的理论和方法已经在工程建设中得到实际的应用和验证，其考察的内容也会影响业主方对承包商的评价和认可，可以作为业主对承包商信任的来源。

工程建设合同是业主承包商为完成商定的工程，规定了双方应履行的义务和享有的权利的协议，是双方行为的规范。合同是双方协商签订的，是双方共同意志的体现。合同条款应该具有公平性，综合考虑双方的利益需求。合同的条款应该清晰明确，具有良好的可操作性。另外，合同中的承诺应实际有效，承包商的报价应公平合理。这些都会影响业主对承包商的信任。因此，在对研究总结的基础上，结合对初始信任过程的具体分析，提出初始信任阶段影响业主对承包商信任的影响因素，具体的内容将在后文叙述，如表4-11所示。

高星级酒店建造咨询对于品牌维护的核心竞争力之一是将招标采购、合同管理进行标准化，并严格遵循招标全过程流程管理的标准化，正是这些使高星级酒店建造咨询公司达到了满足品牌需求、节约成本、快速扩张的目标。

1）招标采购范围的标准化

高星级酒店建造咨询根据以往项目采购的经验，将采购明细进行标准化沉淀，制定了相应的招标采购项目明细，整理后如表 4-12 所示。

在招标采购的项目明细中，详细规定了招标采购的项目、招标的类别、组织

初始信任影响因素　　　　　　　　　　　　　　　　表 4-11

影响因素	包含内容
能力	资质
	财务状况
	已完成项目
	人员素质
声誉	知名度
	美誉度
投标特性	对招标文件的响应
	投标书实施方案
	投标报价
	合同公平
	合同条款清晰

高星级酒店建造咨询招标采购项目明细　　　　　　　表 4-12

招标采购项目名称		组织实施方	招标类别	合同方式	计价方式
编号	细项名称				
1	样板房精装修	业主	直接委托	两方合同	交钥匙包干
2	卫生洁具供应	酒店管理方	材料供应库	两方合同	单价合同
3	磁卡锁供应	酒店管理方	材料供应库	两方合同	单价合同
4	施工总承包单位	业主	一类招标	两方合同	总价包干加变更
5	综合布线、楼宇自控、背景音乐、音视频、保安监控、房控	业主	地方类招标	两方合同	总价包干加变更
6	厨房设备供应安装	酒店管理方	指定品牌	三方合同	总价包干加变更
7	程控交换机供应	业主	直接委托	两方合同	总价包干加变更
8	卫星电视系统	业主	直接委托	两方合同	交钥匙包干
9	客房活动家私供应安装	业主	地方类招标	两方合同	总价包干
10	客房装饰灯具供货安装	酒店管理方	指定品牌	三方合同	总价包干
11	酒店软装	业主	地方类招标	两方合同	总价包干
12	室内标识标牌设计施工交钥匙	业主	地方类招标	两方合同	交钥匙包干

实施方合同签订方式、计价方式，避免合同签订时再进行反复谈判、磋商而耗费时间和精力。

通过招标采购明细的规范，明确了高星级酒店建造各方对项目采购的权责。

2）合同管理的标准化

合同管理是一系列复杂的系统工程，它涵盖项目前期的合约规划，中期的招标、评标、定标和签约，以及后期的合同执行、项目评估等一系列过程，这就要求公司组织和协调好各部门做好全过程的合同管理工作。根据公司的业务流程特点，在专家的建议下，本书梳理并制定了高星级酒店建造项目合同管理标准化体系，如图 4-8 所示。

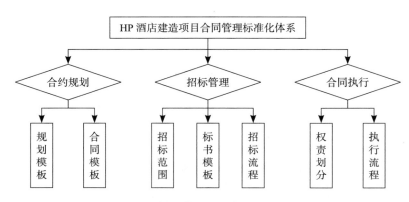

图 4-8　高星级酒店建造项目合同体系

如图 4-8 所示可知，高星级酒店建造项目通过合约规划制定出标准化的规划模板和合同模板，用于指导项目全过程的合同签订。在招标管理中，通过规定招标范围、标书模板和招标流程，高效地完成招标工作。在合同执行标准化过程中，通过各部门和员工的权责划分，明确每个人的责任范围，制定标准化、系统化的合同执行流程，很好地进行科学、合理、规范的合同实施管理。

（3）高星级酒店建造咨询项目合同分类

由于酒店建造涉及物料和部品部件繁多，招标采购的工作量十分复杂且任务繁重，因此合同管理在项目中的作用不言而喻。高星级酒店建造项目整个过程的各类合同数量达到 300 个以上，缺乏标准化、规范化的合同管理，将使项目存在巨大的风险。因此在合约规划的基础上，本书将项目全过程不同阶段涉及的所有合同进行了分类，并进一步归类整理，如表 4-13 所示。针对每一个大类合同，高星级酒店建造咨询公司结合实践经验和知识，分别制定了标准化模板。

高星级酒店建造管理项目合同分类及履约部门　　表 4-13

序号	合同类别	关键合同数目	履行责任部门	合同举例
1	服务咨询	12	工程部	测绘勘察、监理合同
2	设计类	25	设计部	项目设计、设计顾问
3	前期工程	28	工程部	前期咨询、项目规划
4	施工总承包类	1	工程部	土建、机电施工
5	专业分包	20	工程部	桩基工程、机电工程、消防设计安装工程
6	材料、设备供应类	18	工程部	空调、客控类、门窗、精装材料
7	配套分包类	15	工程部	景观、市政家居类、市政热力、电力
8	营销类	12	营销部	销售代理、印刷合同、物业管理

5. 招标全过程流程管理的标准化

招标是酒店建造项目中繁琐且工作量巨大的一项工作，但也是最重要的环节之一。因此，制定标准化的招标流程管理，能提高招标的效率和准确性，便于在庞大繁杂的项目管理中厘清头绪，避免工作中的偏差和遗漏，有利于工作有序、顺利地开展。

本书在梳理项目业务流程的基础上制定了招标管理的标准化流程图，如表 4-14 所示。

招标流程管理标准化明确了招标的目的，将招标从发起、审核、会审、发标、开标、定标等全过程的流程进行规范，界定项目部、成本部、销售部、研发部等不同部门的权利和责任，将方案设计图、标书模板、招标、投标、评标、定标审批表等文件进行梳理，进而确保高星级酒店建造项目能够公开、公平、公正地选择符合条件的最优供方。

4.3 招标采购过程管理

4.3.1 招标采购计划编制

招标采购首要的管理工作是进行采购项目管理方案的制订，通过制定详细的招标采购计划，为招标采购工作的实施奠定基础。

（1）招标采购项目背景描述

项目背景是任何项目管理者必须首先弄清楚的一个关键问题，主要是说明项目是如何提出来的，以及项目所处的环境等。要做好采购项目的招标工作，首先

全咨项目重难点工作一览表+期望承包商供应能力需求表

表4-14

序号	工程单元	高星级商务酒店项目的重难点	承包商供应能力需求
1	建筑方案设计	①融合总体环境：总平面布置应布局合理、功能分区明确、各功能部分既联系方便又互不干扰，并综合自然和规划条件等各种因素形成一个融合于当地总体环境的最佳设计方案；②创造突出形象	①业绩能力：需要设计承包商曾有同类型标准的酒店设计业绩证明；②设计能力：负责建筑方案的设计单位，需要与装修设计、园林设计、机电设计等专业设计顾问，进行充分沟通，协调统一
2		功能区域的划分：商务酒店位于城市高层酒店的功能区域通常分为地下层、低层裙楼、主楼客房层、顶层、设备层等	对酒店每栋楼层的功能层进行划分，承包商设计前应与业主单位充分沟通，考虑地下楼层是否多层、低层设置大堂、主楼主要设置宾客区、高层设置观光餐厅、顶层设置设备等
3		动向流线的设计与规划：动向流线设计与功能区域是紧密联系的，宾客动向流线、服务动向流线、物品流线	宾客的动线设计，其中主要包括大堂、餐厅、客房以及娱乐等。要能够保证各个活动的流畅性，并且要充分利用各单项建筑的体现酒店的各个功能；服务动向包括员工活动流线和为宾客提供服务的流线；物品流线主要包括原材料、布草用品、办公用品等进入酒店的路线。承包商设计前需要对各项功能区域合理规划设计
4		酒店外形设计特色突出	承包商拥有相关业绩的设计团队，设计过行业内知名的酒店建筑设计方案
5	机电设计	酒店机电设计包括电气设计、给水排水设计、通风空调设计、通信设计以及各专业的消防设计等	各机电专业都有主机电房，设计时有一个共同的原则，即在酒店总体设计和各单项建筑设计时，承包商需要将主机电房布置到最为合适的位置，承担过大型酒店机电设计项目，具备相关业绩
6	消防设计	酒店的消防设计必须保证酒店的安全，遵循消防设计的规定	承包商对新建、扩建和改建的酒店都应符合《建筑设计防火规范》GB 50016—2014
7	景观设计	景观设计首先应满足酒店使用功能要求，景观美观要服从使用功能，其次要确定园风格，主题性建筑及小品，需要配合建筑物的整体造型，还要配合夜景照明，保证夜晚和节日的照明效果	景观设计首先要突出酒店建筑形象和立面特点，体现建筑师在设计中所赋予建筑物的生命主题。景观设计要讲究对建筑风格，通过硬景、软景及配套设计来衬托建筑物，使其生命力更加旺盛

续表

序号	工程单元	高星级商务酒店项目的重难点	承包商供应能力需求
7	景观设计		入口部分的景观设计,并不是设计一个城市广场,而是要体现酒店的品牌标准要求。首先在酒店主体的空间主入口区域造势,要有一个景观中心,在城市道路与建筑主体的空间轴线上;同时,可以依据酒店建筑的特点,在设计上给人以视线上的引导,以满足道路、交通、遮蔽、围护等功能要求
8	声学设计	酒店应按照中华人民共和国国家标准进行声学设计包括:《民用建筑隔声设计规范》GB 50118—2010、《建筑隔声评价标准》GB/T 50121—2005、《剧场,电影院和多用途厅堂建筑声学技术规范》GB/T 50356—2005、《声环境质量标准》GB 3096—2008、《城市区域环境振动标准》GB 10070—1988、《社会生活环境噪声排放标准》GB 22337—2008,还要符合《厅堂扩声系统声学特性指标》GYJ 25—1986,以及国家建筑标准设计图集《建筑隔声与吸声构造》08J931 的相关要求	承包商具备相关设计经验,客房的声学设计,多功能厅、宴会厅和大堂等公共空间的声学设计
9	环保设计	20 世纪 60 年代,美籍意大利建筑师保罗·索勒瑞生态学(Ecology)与建筑学(Architecture)相结合,提出了著名的"生态建筑(Arology)"新概念。生态建筑,也被称为绿色建筑,可持续发展的建筑。在中国对"绿色建筑"的定义为:在建筑的全寿命周期内,最大限度地节约资源(节能、节地、节水、节材)、保护环境和减少污染,为人们提供健康、适用和高效的使用空间,与自然和谐共生的建筑。为此制定了《绿色建筑评价标准》GB/T 50378—2019,设计与运营的法则。目前全球对绿色建筑的评估标准除我国已颁布的《绿色建筑评价标准》GB/T 50378—2019,还有美国绿色建筑委员会(USGBC)制定的 LEED 标准体系使用较为广泛	绿色环保酒店是以保护环境和减少污染为宗旨,其主要体现在以下几个方面: ①建设过程中尽可能维持原有场地的地形、地貌、水系、植被和有价值的树木等环境状况,减少施工工程量,也不会对原有生态环境造成破坏 ②环境噪声应满足《城市区域环境噪声标准》GB 10070—1988 ③可采用屋顶绿化和墙面绿化等方式,以增加绿化面积,提高绿化二氧化碳固定方面的作用

要对项目背景作出正确描述。

1）项目背景主要包括以下几个方面的内容：

①采购项目概况及主要问题与建议。

②项目具体特征。如建设项目包括建设规模、结构类型、类别等。

③项目的利益相关者分析。对于代理招标采购项目而言，所采购的项目多数是大型的工程、货物或服务，需要许多方面的个人或组织的积极参与，涉及多方面的利益，由于各方关系较为复杂，有必要对项目利益的相关者进行深入的分析。

④市场范围。

2）制定采购工作协调管理规划

①范围说明。包括项目的描述、需要采购的产品类别、项目相关信息。

②采购活动所需的资源。应认真分析信息、人力、技术资料等方面的占有情况，确定哪些资源需要采购。

③市场状况。采购计划必须考虑市场供应情况及采购的条件。

④制约条件和基本假设。由于项目采购存在着诸多变化不定的环境因素交织在实施采购过程中，面对变化不定的社会经济环境所做出的一些合理推断，就是基本假设。制约条件和基本假设的存在限制了项目组织的选择范围。

（2）招标采购的组织方式与团队组建

1）招标采购的组织方式。接受招标采购任务或接受代理招标委托后应根据企业及项目特点，选择恰当的组织方式，建立招标组织机构，如图4-9所示，为某咨询公司采取矩阵式组织方式，针对某工程建设项目进行招标管理工作。

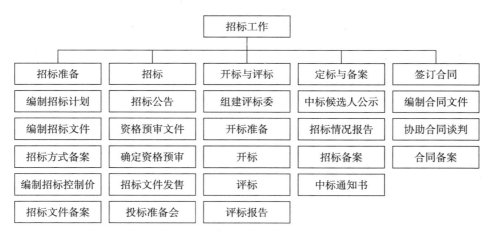

图 4-9 矩阵式招标管理工作

2）组建招标采购团队。招标采购团队是为了成功完成采购任务而组建的机构。招标采购团队应具有如下特征：

①共同明确的采购目标。共同的目标是招标采购团队存在的基础，清晰明确的采购目标是有效开展工作的保障。

②招标采购团队是由不同部门、不同专业的员工组成。

③角色适当分工。招标采购团队的成员必须有清晰的角色定位和分工。团队成员应清楚地了解自己的定位与责任。

④信息沟通顺畅。招标采购团队成员应针对出现的问题及时交流。

⑤团队成员能力互补。招标采购团队成员总体专业知识和技能全面，规模适中，素质与技能互补性强。

3）招标采购项目经理的责任和权力。应授予项目经理以下基本权限：

①项目团队的组建权。项目团队的组建权包括两个方面：一是项目经理班子或管理班子的组建权，二是项目团队队员的选拔权。

②财务决策权。拥有财权并使其个人的得失和项目的盈亏联系在一起的人，能够较周全、负责地顾及自己的行为后果，因此，项目经理必须拥有与项目经理负责制相符合的财务决策权，否则项目就难以顺利展开。一般来讲，这一权力包括分配权和费用控制权。

③项目实施控制权。包括在招标采购各阶段中向团队成员下达指令的权利，审核各类文件并予以批准的权利。

（3）编制采购计划应考虑的问题

一般来说，制订采购计划至少需要考虑以下六个方面的问题：

1）采购的工程、货物或服务的数量、技术规格、参数和要求。

2）所采购的工程、货物或服务在整个项目实施过程中的哪一阶段投入使用。

3）每一项采购彼此间的联系。

4）全部采购如何分别捆包，每个捆包应包括哪些类目。

5）每个捆包从开始采购至到货需要多少时间，从而制定出每个捆包采购过程阶段时间表，并根据每个捆包采购时间表制定出项目全部采购的时间表。

6）对整个采购工作协调管理。

（4）编制招标采购计划（合同包与标段的划分）

当需要采购的货物及设备量大、技术要求高、供货商家多，如工程项目采购的规模大、专业广、技术复杂，采购服务类别多，则应根据采购项目的实际情况，按照时间及空间关系、采购的合同类型、供应商的专业划分及能力、市场供应条件等，合理地划分合同包，划分标段或构成合同组团，编制招标采购计划。在工程建设项目管理中，该采购计划亦被作为"项目管理组织计划"（合同网络图）。如表4-15所示，为合同包分类汇总表。

合同包分类汇总表　　　　　表4-15

序号	招标工作内容	工作子项	招标方式		备注
			公开	邀请	
1	一、设计招标	1 建安设计（总包）/分包			
2		1.1 中水机房设计			
3		1.2 弱电设计			
4		1.3 园林庭院设计			
5		1.4 玻璃幕墙设计			
6		1.5 其他专业设计			
7		2 精装修设计（二次）			
8		3 市政及基础设施设计			
9		3.1 热力站设计			
10		3.2 有线电视外线设计			
11		3.3 电信外线设计			
12		3.4 电力外线设计			
13		3.5 雨污水道路设计			
14		3.6 绿化设计			
15		3.7 热力外线设计			
16		3.8 天然气外线设计			
17	二、工程招标	1 地质勘察设计施工			
18		2 土石方			
19		3 建安工程（总包）分包			
20		3.1 消防工程			
21		3.2 室内天然气工程			
22		3.3 立体停车设备工程			
23		3.4 电梯工程			
24		3.5 变配电工程			
25		3.6 弱电系统集成工程			
26		1）通信系统工程			
27		2）有线及卫星电视工程			

续表

序号	招标工作内容	工作子项	招标方式 公开	招标方式 邀请	备注
28		3）综合布线工程			
29		4）安全防范工程			
30		5）建筑自动化管理工程			
31		6）多媒体环境与展示			
32		3.7 信息网络系统工程			
33		3.8 中水工程			
34		3.9 热力站工程			
35		3.10 暖通空调工程			
36		4 精装修工程			
37		4.1 主体精装修工程			
38		4.2 公共区精装修工程			
39		4.3 中庭精装修工程			
40		4.4 玻璃幕墙工程			
41		4.5 石材幕墙工程			
42		4.6 钢结构工程			
43		4.7 装修土建结构工程			
44		4.8 其他装饰装修分包工程			
45		5 市政工程			
46		5.1 热力外线工程			
47		5.2 有线电视外线工程			
48		5.3 电信外线工程			
49		5.4 电力外线工程			
50		5.5 市政雨污水工程			
51		5.6 园林绿化工程			
52		5.7 自来水外线工程			
53		5.8 天然气外线工程			
54		5.9 道路工程			
55		5.10 室外照明及光彩工程			
56	三、设备招标	1 空调设备			
57		1.1 冷却塔			
58		1.2 冷水机组			

续表

序号	招标工作内容	工作子项	招标方式 公开	招标方式 邀请	备注
59		1.3 空气调节设备			
60		2 电梯			
61		3 配电设备			
62		4 照明灯具			
63		5 卫生洁具			
64		6 防火门、安全门			
65		7 水泵			
66	四、材料招标	1 装饰材料			
67		1.1 装饰石材			
68		1.2 地砖			
69		1.3 其他材料			

注：招标方式根据国家和地方招标管理办法的要求，结合招标子项的投资金额确定。

（5）制定招标采购的里程碑计划

如表4-16所示，为某工程建设项目招标工作里程碑计划。

4.3.2 项目采购计划的编制

项目采购计划是工程项目管理体系规划中的一个重要的组成部分，该计划的编制就是在前期工作的基础上，根据收集有关工程项目真实、可信的信息资料，根据项目各项工作完成的先后顺序要求和组织方式等条件，通过分析计算，对工程项目采购内容进行分解，用以指导采购工作的时间和流程，以达到对工程项目的目标进行控制的作用。

采购计划既是指导工程项目采购各项工作的基础，也是用于检查和控制、监督管理的基础。工程项目中的任何一项工作，如果没有计划的指引，也就没法对实际工作进行检查对比，更无法进行有效的动态跟踪和控制。因此，全过程工程咨询单位应重视工程项目采购规划的意义和作用，加强工程项目采购规划的编制工作。

工程项目采购计划应该包括在工程项目管理总体计划中，在工程项目实施的开始阶段就应编制，并随着工程项目的进展不断调整。

表 4-16

某工程建设项目里程碑计划

招标内容		时间	xx年						xx+1年						xx+2年					
			2月	4月	6月	8月	10月	12月	2月	4月	6月	8月	10月	12月	2月	4月	6月	8月	10月	12月
设计	工程设计		▲																	
	二次设计(含装修)									▲										
建安工程	土石方				▲															
	建安工程(总包、分包)					▲														
	机电安装										▲									
	弱电系统													▲						
设备	空调														▲					
	电梯															▲				
	配电															▲				
材料	主材(钢材、混凝土)				▲															
	装饰材料																▲			

（1）制定工程项目采购规划的工作步骤

工程项目采购规划，可按照如下的工作步骤制定：

1）进行工程项目分解分析，并列出所有需要采购的内容；

2）对采购内容进行分类，可以按照工程、货物、服务来划分；

3）对采购内容进行分解或打包合并，确定合同包；

4）明确采购的组织架构和采购的工作流程；

5）选择确定采购的方法，如采用国际竞争性招标、国内竞争性招标、询价采购等方法；

6）制定采购工作的进度计划。

（2）项目分解与合同包的确定

在进行项目分解与合同打包时，要考虑以下几个因素：

1）将类似的产品或服务放在一起考虑，实行批量采购往往容易获得更加优惠的报价。

2）工程进度计划和采购计划的安排。计划先实施的工程或先安装的设备要先采购，采购工作量要适当均衡，不能过于集中；同时，也要考虑设备制造周期，例如可考虑基础设施设备和非标设备优先采购原则。

3）地理因素。有些土木工程（如公路、铁路等）要考虑将地理位置比较集中的工程放在一起采购，避免过于分散。

4）合同额度要适中。如果太大，会限制投标人的条件，导致合格的投标人数量太少；而如果太小，则许多承包商缺乏投标的兴趣，也会导致竞争不足。

（3）建立项目采购的组织

采购的组织是实现项目采购目标和完成采购任务的重要保障，也是保持招标采购过程公开、透明的必要条件。招标采购的规划包括资质结构设计和任务分工、流程设计等。

（4）采购计划的制定过程，如下：

1）对采购的内容按照货物、工程和服务进行分类。

2）对工程项目进行分解，确定合同包。

3）根据以上的划分和对市场的分析，确定采购方式。

在此过程中，采购计划仍需要综合考虑项目实际需求确定采购内容、采购方式方法、采购数量、质量、履约时间等。主要包括咨询设计服务、工程建设服务和材料设备采购。

①咨询设计服务采购计划制定

咨询设计服务主要包括总体规划方案、勘察、设计和工程监理等采购内容。由于无法预先计算项目费用,为控制工程造价同时提高采购质量,因而采用竞争性谈判方式。

②工程建设服务采购计划制定

由于长期从事工程项目开发,与很多施工单位建立了良好的合作关系,工程服务采购采用邀请招标,由于涉及工程量大,时间紧迫,为节省时间且充分挖掘成本潜力因而采用博弈方式。

③设备及材料采购计划制定

设备及材料采购是指购买工程项目所需材料、设备和与之相关的服务。以电梯采购为例,充分考虑产品性能、采购成本、电梯安装质量以及全生命周期的使用、维保费用,考虑时间价值,因此采用价值工程理论分析方法确定电梯供应商。

根据材料的需用计划和采购经济采购量的分析结果以及将要选择的合同类型编制采购计划,说明如何对采购过程进行管理;具体包括合同类型、组织采购的人员、管理潜在的供应商、编制采购文档、制定评价标准等采购计划,一般由项目物资部门制定;根据项目需要,采购管理计划可以是正式、详细的,也可以是非正式、概括的,关键强调其正确性、及时性和可执行性。

4.3.3 招采阶段评标办法

(1)评标方法

本次评标采用综合评标法。

1)评标办法附表(表4-17)

评标办法附表　　　　　　　　　表4-17

条款号	评审因素	评审标准
2.1.1	形式评审标准	
	投标人名称	与营业执照、资质证书一致
	签字、盖章	在投标文件格式部分指定的位置加盖单位章、签字
	投标文件格式、内容	符合第五、六、七章"投标文件格式"的要求,投标文件组成齐全完整,内容均按规定填写
	报价唯一	只有一个投标报价

续表

条款号	评审因素	评审标准
2.1.2 资格评审标准	资质条件	市政公用工程施工总承包三级及以上资质
	营业执照	原件真实有效
	安全生产许可证	原件真实有效
	项目经理的建造师注册证书	市政专业
	项目经理的安全生产考核合格证	真实有效
	银行保函	由基本账户开户行或其上级银行开具
	企业信用手册	真实有效
	建造师劳动合同	真实有效
	建造师养老保险	真实有效
	注册造价师劳动合同、养老保险、执业资格证书及执业印章	真实有效
2.1.3 响应性评审标准	投标报价	只有一个投标报价且未超过最高投标限价
	工期	不高于招标文件规定的期限
	工程质量	不低于招标文件规定的质量目标
	投标有效期	不低于招标文件规定的时限
	投标保证金	按照招标文件规定的金额、形式、时间提供了投标保证金
2.2.1	分值构成（总分100分）	投标报价：60分；施工组织设计：40分
2.2.2	评标基准价计算方法	所有有效投标报价 1.算数平均值为第一轮评标基准价，低于第一轮评标基准价4个百分点的投标报价，不参与第二轮有效算数平均值的合成 2.最终有效报价算数平均值=第二轮合成有效算数平均值 3.低于或等于评标基准价4个百分点以上的投标报价，得36分；如果所有投标报价均不低于第一轮评标基准价4个百分点，则第一轮评标基准价为最终有效报价算术平均值 （有效投标报价指通过形式、资格、符合性评审的投标报价；初步评审未通过的投标报价不参与评标基准价的计算）

续表

条款号	评分因素		评分标准	
2.2.3（1）	施工组织设计评分标准（40分）（缺项得0分，但加*号项不能缺，否则视为废标）	内容完整性和编制水平（5分）	内容完整，编制水平高	4.10～5.00
			内容较完整，编制水平较高	3.10～4.00
			内容基本完整，编制水平一般	1.50～3.00
		*施工方案与技术措施（10分）	施工方案科学合理，针对本项目的适用性及合理性高的	8.10～10.00
			施工方案较合理，针对本项目的适用性及合理性较高的	4.10～8.00
			一般	1.00～4.00
		质量管理体系与措施（5分）	体系完善，措施科学合理	4.10～5.00
			体系较完善，措施较合理	3.10～4.00
			一般	1.50～3.00
		*安全管理体系与措施（5分）	体系完善，措施科学合理	4.10～5.00
			体系较完善，措施较合理	3.10～4.00
			一般	1.50～3.00
		环境保护管理体系与措施（包含扬尘治理）（5分）	体系完善，措施科学合理	4.10～5.00
			体系较完善，措施较合理	3.10～4.00
			一般	1.50～3.00
		*工程进度计划与措施（5分）	计划科学，与措施结合合理的	4.10～5.00
			计划较科学，与措施结合较合理的	3.10～4.00
			一般	1.50～3.00
		资源配备计划（包含人力、物力、资金）（5分）	科学合理	4.10～5.00
			较合理	3.10～4.00
			一般	1.50～3.00
2.2.3（2）	投标报价评分标准	投标报价（60）	投标报价与评标基准价一致得60分。每高于评标基准价一个百分点减0.5分，每低于评标基准价一个百分点减0.3分，减完为止	
2.2.3（3）	其他因素评分标准		0分	

注：1. 施工组织设计得分为各评委打分的算术平均值。

2. 评标办法中要求的备查原件，应在投标文件中放置与原件一致的复印件并加盖单位公章，否则评委将不予认可。

2）评标定标原则

根据《中华人民共和国招标投标法》及有关规定，坚持公平、公正、科学、择优的原则，反对不正当竞争。

3）评标组织

评标由依法组建的评标委员会负责，评标委员会由建设单位代表 1 人和从评标专家库中随机抽取的 4 名有关技术、经济等方面的专家组成，评标委员会成员人数为 5 人，其中技术、经济等方面的专家不少于成员总数的 2/3，与投标单位有利害关系的专家不能担任评委。专家的随机抽取应符合省级有关专家评委的管理规定。

（2）评审标准

1）初步评审标准

①形式评审标准。

②资格评审标准。

③响应性评审标准。

2）分值构成与评分标准

①分值构成

施工组织设计。

项目管理机构。

投标报价。

其他评分因素。

②评标基准价计算

评标基准价计算方法。

③评分标准

施工组织设计评分标准。

投标报价评分标准。

其他因素评分标准。

（3）评标程序

1）初步评审

评标委员会可以要求投标人提交第二章"投标人须知"等规定的有关证明和证件的原件，以便核验。评标委员会依据相关规定的标准对投标文件进行初步评审。有一项不符合评审标准的，评标委员会应当否决其投标，按无效标处理。

投标人有以下情形之一的，评标委员会应当否决其投标按无效标处理：

①第二章"投标人须知"第 1.4.2 项、第 1.4.3 项规定的任何一种情形的；

②串通投标或弄虚作假或有其他违法行为的；

③不按评标委员会要求澄清、说明或补正的。

投标报价有算术错误的，评标委员会按以下原则对投标报价进行修正，修正的价格经投标人书面确认后具有约束力。投标人不接受修正价格的，评标委员会应当否决其投标。

①投标文件中的大写金额与小写金额不一致的，以大写金额为准；

②总价金额与依据单价计算出的结果不一致的，以单价金额为准修正总价，但单价金额小数点有明显错误的除外。

2）详细评审

①评标委员会按本章第 2.2 款规定的量化因素和分值进行打分，并计算出综合评估得分。

按本章第 2.2.4（1）目规定的评审因素和分值对施工组织设计计算出得分 A；按本章第 2.2.4（3）目规定的评审因素和分值对投标报价计算出得分 B。

②评分分值计算保留小数点后两位，小数点后第三位"四舍五入"。

③投标人得分 =A+B。

④评标委员会发现投标人的报价明显低于其他投标报价，或者在设有标底时明显低于标底，使得其投标报价可能低于其个别成本的，应当要求该投标人作出书面说明并提供相应的证明材料。投标人不能合理说明或者不能提供相应证明材料的，评标委员会应当认定该投标人以低于成本报价竞标，否决其投标按无效标处理。

3）投标文件的澄清和补正

①在评标过程中，评标委员会可以以书面形式要求投标人对所提交投标文件中不明确的内容进行书面澄清或说明，或者对细微偏差进行补正。评标委员会不接受投标人主动提出的澄清、说明或补正。

②澄清、说明和补正不得改变投标文件的实质性内容。投标人的书面澄清、说明和补正属于投标文件的组成部分。

③评标委员会对投标人提交的澄清、说明或补正有疑问的，可以要求投标人进一步澄清、说明或补正，直至满足评标委员会的要求。

（4）评标结果

1）除第 2 章"投标人须知"前附表授权直接确定中标人外，评标委员会应按照得分由高到低的顺序推荐中标候选人。

2）评标委员会完成评标后，应当向招标人提交书面评标报告（表 4-18）。

投标现场答辩评分汇总表　　　　　　　　　表 4-18

＿＿＿年＿月＿日

项目	投标单位得分					
1. 仪容仪表						
2. 时间掌握						
3. 语言简洁						
4. 逻辑性强						
5. 回答准确						
6. 情况熟悉						
7. 工作思路						
8. 综合印象						
合计得分						

复核人：　　　　　审核人：　　　　　统计人：

第 5 章　高星级商务酒店项目施工阶段

5.1 高星级商务酒店施工重难点分析

5.1.1 幕墙工程施工策划方案

幕墙工程作为建筑工程的重要分项和组成部分，具有其自身特点。不仅有一般土建工程现场作业、现场管理的特点，还充分表现出工业产品工厂化加工、现场成品安装的类似于机电工程管理的自身特点，从而要求幕墙工程的项目管理必须同时兼顾现场安装和工厂加工两大方面的两种不同管理模式，才能充分满足大工程量、高品质的幕墙工程的需要（表5-1）。

酒店工程主要幕墙形式为玻璃幕墙、石材幕墙、铝板幕墙，对工厂加工组织要求较高，必须使用优良的工厂化生产组织才能保证质量和进度，必须有完美的工厂化组织和管理才能保证整个工程从材料采购、工厂加工、现场安装全过程的质量控制。

高星级商务酒店位于城市中心，项目多为高层建筑，包括主楼和裙楼，幕墙施工区域广，范围大，而且根据土建进度，幕墙需安装与土建同步施工，因此从建筑高度上和平面广度上都需划分施工段，以便进行有层次、递进式的流水施工作业，提高施工效率，合理统筹资源配置。具体施工阶段划分如图5-1所示。

1. 施工总体方案及进场准备

高星级商务酒店工程幕墙施工的全过程包括：接到建筑图、结构图之后的进一步设计、材料的采购和安排、工厂的材料加工和组装，组装后的材料发运和到场材料的安装、检测和验收以及产品的维护、保修服务。施工过程各个环节紧密联系，需要整体把握。在施工过程中认证听取各方意见和检查。

整体幕墙系统施工工艺流程如图5-2所示。

高星级商务酒店施工重难点分析一览表

表 5-1

序号	施工单元	分项施工工程	施工过程的重点难点	应对措施	
1			城市内酒店项目，项目可利用施工空间不足，施工总平面布置难以策划，现场无办公区、生活区布置空间	（1）地下室施工阶段，将纯地库场地进行硬化作为钢筋加工场地，在南侧和西侧内支撑上设置挡土墙回填后作为道路和维场使用。 （2）协调酒店公司，在项目开工前完成与商业相接部分的地库，混凝土浇筑完成后作为临时道路。 （3）依靠总包资源，在附近地块寻找临时生活区场地	
2			施工过程常见干扰因素	施工用水用电不足，未预留施工箱变，施工用水困难	（1）开工前与电力部门协商，增设 1 个 800kVA 的箱变，以满足本项目高峰用电需求。 （2）增设一个施工用水接驳点，同时在总包合同中要求开工 3 个月内增设临时水箱
3			高星级酒店超高层塔楼及裙楼垂直运输管理存在困难	（1）现场裙楼设置 3 台施工升降机，办公塔楼设置 2 台附墙施工升降机，塔楼 1 台附墙施工升降机。现场共设置 4 台塔式起重机。 （2）所有施工升降机及塔式起重机由各土建总包单位统一管理，安排专职司机及信号工。 （3）垂直运输高峰期由各土建总包单位编制每月、每天垂直运输专项计划，并合理利用夜间休息时间	
4	地下工程	工程桩施工	①施工设备的选择； ②泥浆的配置及管理； ③钻进成孔工艺的选择	工程桩施工工艺流程 （1）成孔钻进技术之前，进行准备工作：桩位测量，护筒埋设，设备选择，开钻前必须经质检人员检查验收无误，护壁泥浆配制及管理，泥浆循环系统布置。 （2）钻机采取正反循环并联安装，清孔采用泵吸反循环两次清孔。 （3）桩身混凝土浇筑	基坑围护施工
5		支护结构施工	①支护方案的选择； ②基坑止水、隔渗幕、降水； ③高压旋喷施工方法； ④进行基坑监测工作； ⑤地下室工程的防水措施	（1）根据图纸优化支护方案，支护体系采用桩锚支护体系，主要采用双排钻孔灌注桩，局部地段采取加设内支撑，配合花管注浆加固土体。 （2）支护桩施工采用反循环钻孔灌注桩施工法，花管注浆施工安排穿插施工作业，基坑开挖与预应力锚杆。 （3）根据地质勘察报告选择治理地下水的办法，高压悬喷施工和高压旋喷插施工同时使用。 土方开挖采取分层开挖，与验收同步，配合花管注浆施工。基坑开挖施工采用信息化施工，控制开挖详见基坑土方开挖施工示意图	人工挖孔灌注桩施工

续表

序号	施工单元	分项施工工程	施工过程的重点难点	应对措施	
5	地下工程	支护结构施工		（4）重点监测：①支护结构顶部水平位移及沉降观测；②四周土体表面、邻近建筑物、沿街地下管线、道路的水平唯一及沉降观测；③邻近重要建筑物的倾斜观测；④支护及外侧土体的变形和倾斜观测；⑤内支撑（锚杆）结构受力观测；⑥支护结构外侧土压力及水压力观测；⑦地下水位观测；⑧防渗结构初检、渗漏追踪；⑨目测巡视。 （5）结构自防水和外墙附加防水施工。	地下室垫层及防水施工
6	结构工程	钢筋工程	重点是粗钢筋的下料、定位、绑扎、焊接或机械连接	（1）钢筋进场时，受力钢筋接头按规范检验合格并做好标识后方可开始绑扎，绑扎时要所有受力筋与箍筋或拉筋的品种、级别、规格和数量必须符合设计要求。 （2）翻样时综合考虑墙、梁、柱、板的相互关系，按设计要求翻样。 （3）绑扎注意施工顺序，剪力墙、梁、柱钢筋，柱子角部与顶部的绑扎。 （4）要求： ①钢筋安装时，受力钢筋的品种、级别、规格和数量必须符合设计要求。 ②任何竖向钢筋接头按规范检验合格并做好标识后方可开始绑扎，绑扎时要满足结构抗震设防要求。 ③保证钢筋埋设数量及位置准确，以满足角部主筋与箍筋绑牢。 ④作为电气接地引下线的坚向钢筋必须标识清楚，焊接不但要满足导电要求，更要符合钢筋焊接质量要求	
7		模板工程	①模板选用、模板施工流程及方法； ②模板拆除； ③模板成品保护	（1）主体剪力墙模板采用木模板，柱模板采用木模板，梁板模板采用定型钢框竹胶板，梁板模板采用木模板支撑采用快拆体系。楼梯模板采用木模板，现场组装封闭式模板。 （2）墙模板施工流程：放线→安设洞口模板→安装内侧模板→测量放线→安装模板→调整固定→预检。柱模板施工流程：柱钢筋验收→测量放线→安装模板→调整固定→预检。 （3）模板拆除均要以同条件混凝土试块的抗压强度报告为依据。 （4）模板平放用木方土垫，吊装模板时轻起轻放，拆模必须执行拆模申请制度	地下室结构施工

续表

序号	施工单元	分项施工工程	施工过程的重点难点	应对措施	
8	结构工程	混凝土工程	①混凝土的拌制及入模方式; ②混凝土泵送工艺; ③混凝土的施工; ④混凝土的养护和成品保护	(1) 泵送工艺：模板检查与复核→预埋件，预埋立管检查与复核→技术交底→输送泵就位→泵管布置就位→签发混凝土浇筑令→搅拌混凝土试块试件→混凝土浇筑结束，拆除清理泵管→泵送混凝土养护。 (2) 独立承台于底板底部留设水平施工缝，单个浇筑，布料混凝土试块试件→混凝土浇筑结束，拆除清理泵管→泵送混凝土及重机吊运人工入模方式，人工振捣密实。 (3) 楼板覆盖塑料薄膜进行养护，墙体取带模养护，柱涂刷养护剂或包裹塑料薄膜进行养护。柱混凝土拆模后，用塑料护角条对柱墙阳角部分进行成品保护;对楼梯踏步，采用满铺模板进行保护	1～3层结构施工
9		砌筑工程	施工流程和施工方法的选择	楼面清理→墙体放线砌块浇水→制备砌筑砂浆→砌块排列→铺砂浆→砌块就位→校正→砌筑→坚缝灌砂浆勾缝	混凝土养护
10		屋面工程	施工流程和防水层的施工	(1) 主楼屋1：现浇钢筋混凝土屋面板→干铺150mm厚加气混凝土砌块→20mm厚1:8水泥加气混凝土碎渣找2%坡→20mm厚1:2.5水泥砂浆找平层→刷基层处理剂→两层3mm厚APP改性沥青卷材，面层卷材表面带绿页岩保护层。 (2) 主楼屋2：现浇钢筋混凝土屋面板→干铺150mm厚加气混凝土砌块→20mm厚1:8水泥加气混凝土碎渣找2%坡→20mm厚1:2.5水泥砂浆找平层→刷基层处理剂→两层3mm厚APP改性沥青卷材→20mm厚25mm厚中砂→30mm厚250mm×250mm，C20预制混凝土板。 (3) 裙楼屋面：现浇钢筋混凝土屋面板→40mm厚（最薄处）现浇1:8乳化沥青珍珠岩1.5%找坡→20mm厚1:2.5水泥砂浆找平层→刷基层处理剂→3mm厚APP改性沥青卷材→满铺0.15mm厚聚乙烯薄膜一层→40mm厚C30UEA补偿收缩混凝土防水层，内配钢筋14双向中距150mm，表面压光	3～15层结构施工
11		门窗工程	按材质进行安装施工和成品保护	(1) 铝合金门窗和木门门窗都有不同的施工流程和方法。 (2) 建立严格的成品保护制度	16～28层结构施工

续表

序号	施工单元	分项施工工程	施工过程的重点难点	应对措施	
12	脚手架工程	楼地面工程	不同材质的地砖露面的施工准备及施工条件不同，事前需要制定质量验收标准	(1) 楼面工程先做样板，经选定后再大面积施工。 (2) 铺地砖面层结合年固必须符合设计要求，颜色及铺装缝宽符合设计要求，基层与面层应符合设计要求，坡度、标高、符合规范要求，陶瓷类块材应用水浸湿，首先试铺，排列适当，铺设完1～2天后地砖用水泥浆嵌缝。严格控制平整度，铺砌前应洒水、湿润基层，应洁净，无杂质。 1) 砂子品种、质量必须符合设计要求。 2) 花岗石规格方正，花色、品种符合规格要求，表面平整、光滑。 3) 面层与基层的结合必须符合设计要求	29层以上结构施工
13		给水排水系统	机电大型设备（手扶梯/发电机组/制冷机组/锅炉/冷却塔/高低压柜/油汽设备）众多，运输落位难度大	(1) 提前规划设备到场时间节点，合理穿插落位并做好成品保护工作。 (2) 对设备运输通道上反坎、砌体/二构进行必要的后置预留，为后期设备运输落位创造条件。 (3) 若要制于现场结构条件，需要设备配套配合拆装，则应在招标阶段配合招标，拆装费包含在合同总价中	
14	机电工程	电气系统	机电调试工作系统复杂，难度较大	(1) 成立专门的调试小组；编制切实可行的专项调试方案，确定单机调试和联调计划，组织机电联合调试。 (2) 给水排水调试、组织好调试用水电，邀请商管部门提前介入，确定单机调试和专业分包，同时协调机电专业分包，调试合格后对各系统和设备进行分步调试移交	
15		暖通空调系统	因高星级酒店施工图纸及相关系统后期变更较多，二次深化图纸及相关系统后期变更较多拆改	(1) 提前确定各区域的业态及主要负荷。 (2) 尽量与业主沟通竣工备案前不施工以减少拆改	
16		消防风水电系统	裙楼及地下室机电安装复杂	(1) 利用BIM技术对酒店地下室及裙楼复杂管线的安装标高、安装位进行一次深化。 (2) 重点控制地下室及裙楼公区过道顶棚管线标高，样板先行，样板评审通过后方可大面施工	

续表

序号	施工单元	分项施工工程	施工过程的重点难点	应对措施
17	机电工程	弱电智能化系统	质量细节把控，如管道封堵、支架、减振、保温、油漆、管墩等细节	(1) 以图片及大样的形式明确质量细节的做法要求。 (2) 明确样板先行制度并经相关责任单位签字、样板确认后方可大面积展开施工，否则施工单位应无条件返工，直至达到合同及业主要求
18			管线综合排布难度大，需对机电各专业管线进行综合排布，保证楼层净高	(1) 使用二维、三维绘图软件，使排布结果更可靠。 (2) 综合排布初稿内部评审，对不满足使用功能，不利于施工质量控制的区域进行讨论与解决。 (3) 施工时严格监督各专业管线的标高、返弯处理，并严格控制安装质量
19		柴油发电机、锅炉安装、电梯系统	机电系统调试直接关系机电各系统最终使用功能的实现与否，同时会影响本工程整体使用的可靠性	(1) 编制机电系统调试专项方案，对机电系统调试措施进行明确规定。 (2) 调试前，复核调试的环境是否满足调试要求，电源的稳定性，动力设备的润滑等。 (3) 调试中，严格按批准的调试方案进行，严守调试操作程序，详细记录调试过程与各项参数，用于调试的资源配置，调试的进度、质量、安全管理措施进行明确方法、控制箱的手自动状态，例如管道系统的阀门状态
20		机电质量通病管理		针对电气工程，给水排水工程、暖通、空调工程制定专项质量通病防治措施，做好成品保护
21		主要机房设备及管道综合排布		(1) 设备选型确定后对设备房进行BIM管线综合，满足美观及功能、检修要求。 (2) 各相关专业参与
22		设备选型、机房内各专业管道走向进行统筹布置难度大		(1) 运用三维绘图软件，模拟布置机房内的各种做法及重要节点标准，必要时做专项培训。 (2) 提前明确设备机房内的各种做法及重要节点标准，必要时做专项培训。 (3) 机房安装前，先选一典型机房作为样板，待该样板经三方验收后，方可大面积开展施工

续表

序号	施工单元	分项施工工程	施工过程的重点难点	应对措施
23	幕墙工程	框架式幕墙		为了保证预埋件与连接件材料的品质，需要对关于预埋件材料的相应检测报告和合格证等一系列资料进行审核和批准，其中主要包括对生产许可证、材料质保书以及埋件的拉拔试验报告的审核和批准。 （1）材料运输方案： （2）产品保护方案：
		石材幕墙	①幕墙材料作为加工成品，在运输过程中易于发生破损，比如玻璃板块易于破裂、型材易于划伤，铝板易于折弯变形等问题。 ②石材质量控制措施，石材根据不同的地理位置，矿层等各种因素会有不同的石材纹理和颜色。 ③幕墙板块的搬运和吊装措施 ④幕墙施工复杂环节技术措施	①玻璃板块装车采用玻璃存储架。玻璃在车内应垂直存放，同时用软性材料铺在下面，玻璃之间不要留过大缝隙。玻璃间应在工厂内撒上保护粉以及隔离小垫，防止划碰。 ②铝型材的运输：粘贴保护膜之后，按照长短大小整齐码放，应该尽量紧凑，没有过大缝隙，缝隙过大会造成颠簸时的磕碰。 ③钢构件的运输：按照长短大小整齐码放，应该尽量紧凑，没有过大缝隙，缝隙过大会造成颠簸时的磕碰。 ④石材板块运输期间保护：采用木质存储架，做好石材与面板之间的隔离保护，不允许与其他硬物直接磕碰接触。 （3）定货时要求石材厂家使用同一矿脉，同一批次的原石，在石材加工时，严格按照分区域，分版图的加工，保证石材加工的成品色差以及纹理尽可能一致。定期到石材加工厂进行检查和跟踪。 幕墙施工的关键施工处理：石材与玻璃板块交接部位的保温和防水，玻璃面板间水密性和气密性施工，檐口及女儿墙封修处理，各交接面的误差控制。 幕墙施工复杂环节技术措施：①框架安装精度控制；②幕墙施工中所涉及的所有构件及连接件必须在可接受的变形范围内能承受其自身重量、玻璃等其他饰面材料的重量，能承受由构件移动造成的动力方向载、地震荷载、主负压荷载，幕墙的负载能力，空气渗透性能，幕墙的材料质量；③幕墙节能要求；④隐蔽工程措施；⑤打胶密封措施
		铝合金百叶幕墙		
		玻璃幕墙		

图 5-1 塔楼和裙楼施工部署

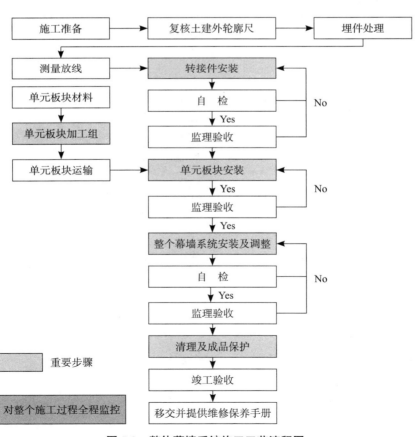

图 5-2 整体幕墙系统施工工艺流程图

具体施工方案划分如表 5-2 所示。

各幕墙系统施工方案总表　　　　　　　　表 5-2

幕墙系统	施工方案
塔楼单元幕墙 	单元式玻璃幕墙现场施工采用移动式单臂单元吊车完成，埋件、单元转接件及单元辅助安装采用吊篮进行施工，施工时施工人员乘坐施工电梯到安装层，单元板块通过单元吊车提升到安装位置后，由安装人员安装。另外，屋面以上装饰部位采用双排脚手架进行施工
塔楼框架幕墙 	使用吊篮施工。板块安装时在施工面顶部架设电动葫芦进行吊装
裙楼石材幕墙 / 裙楼玻璃幕墙 	裙楼采用双排脚手架施工。材料运输及板块安装时借助幕墙专用的塔式起重机完成
裙楼铝合金百叶 	采用双排脚手架施工。材料运输及板块安装时借助幕墙专用的塔式起重机完成
裙楼雨篷 	由于雨篷面积较小，现场施工采用满堂脚手架进行施工。施工人员可在脚手架架设的施工平台上进行施工。材料通过吊车或人员运送

续表

幕墙系统	施工方案
其他 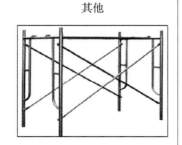	本系统位于车库坡道出入口及室外小房间。高度低,采用门式架进行施工

2. 大面单元幕墙施工方案

单元板块的吊装主要采用移动式单臂吊车(图 5-3)进行施工,埋件补埋纠偏处理、转接件安装及装饰条的安装在现场使用吊篮进行施工,由于塔楼的高度较高,单元板块吊装采用两个阶段施工:第一,单元提升车停放在 16 层楼内,主要吊运 4~15 层的单元板块;第二,将单元提升车设置在屋面,主要吊装 16~28 层部位的单元板块。

单元体幕墙的板块材料将使用吊具吊装设备进行操作吊运,单元板块被运到转运台后使用推车将其转放在相应楼层内,每个板块存放层各布置 12 个板块存放区。

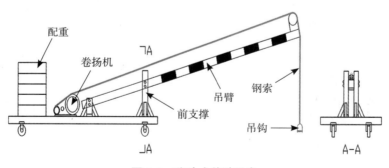

图 5-3 移动式单臂吊车

3. 主楼框架幕墙施工方案

北立面框架幕墙考虑施工安全性和操作方便性,施工采用电动吊篮,如图 5-3 所示进行施工。材料运输通过电动卷扬机完成。吊篮可根据现场需要选用不同规格吊篮。施工时施工人员乘坐吊篮进行安装施工,材料运送到安装楼层后,从洞口部位递出进行安装。

吊篮只运送施工人员及随身工具到幕墙安装位置进行安装作业，幕墙龙骨及面材采用幕墙专用吊装设备进行石材、玻璃板块及龙骨的垂直运输，安装时将幕墙板块运送到安装位置后暂时停放，施工吊篮带着施工人员立刻进行板块安装，局部与建筑洞口较近部位，可通过土建施工外用电梯、塔式起重机等垂直运输设备将幕墙材料运输到安装层后，到幕墙安装时通过建筑窗洞口运出，进行安装。

吊篮施工将吊篮吊具（提升装置）设置在屋顶楼面上。施工按预埋件配合、现场放线、后补埋件处理以及框架和玻璃安装，以及密封处理打胶等工序。施工时龙骨从下向上安装，面材从上向下安装。塔楼北立面吊篮采用满布的形式，预计将使用9部吊篮进行框架幕墙安装。

施工工艺流程：工地测量→预埋件的现场处理→连接件安装→校准检验→安装基准竖框→竖框校准与检收→横料的安装→玻璃板块安装→清理、验收。

4. 裙楼框架幕墙系统施工方案

裙楼框架幕墙包括框架玻璃幕墙FS3～FS7。此类幕墙安装的共同点是立框和面板分开进行，即先安装龙骨幕墙横竖框料，之后进行装饰面板的安装。安装区域为3层以下所有裙房部位。

根据不同区域合理选用施工方式是幕墙施工的主要技术措施，裙房共3层，因此裙房幕墙施工主要采用有双排脚手架比较合适，同时较低立面安装区域可采用门式架，如小雨篷、门框安装等，满堂红脚手架施工，如主入口雨篷等。

幕墙龙骨及面材的垂直运输主要采用电动葫芦、卷扬机进行，局部配备汽车吊或人工拉运方式。

5. 塔楼框架幕墙安装方案

塔楼框架幕墙拟采用吊篮施工。吊篮设计制作应符合《高处作业吊篮》GB/T 19155—2017和《建筑施工脚手架安全技术统一标准》GB 51210—2016，并经企业技术负责人审核批准。吊篮适用于高层建筑施工，尤其是适用于高层建筑的外立面没有特别多的造型，不影响吊篮上下行进的建筑。电动吊篮示意如图5-4、图5-5所示。

（1）预埋件及幕墙连接件的施工方案

根据我国现行行业标准《玻璃幕墙工程技术规范》JGJ 102—2003、BS和ASTM等幕墙相关标准规定：幕墙构件与混凝土结构通过预埋件连接，预埋件必须在主体结构混凝土施工时埋入。本工程的部分幕墙板块的连接件是连接在幕墙支撑钢结构上，幕墙连接件在钢结构加工厂预先焊接在钢结构组成的龙骨上，由于对施工偏差控制严格，因此埋件进行埋设及连接件与钢结构焊接时，将对埋植

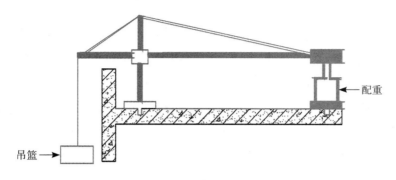

图 5-4 电动吊篮屋顶悬挂机构示意图

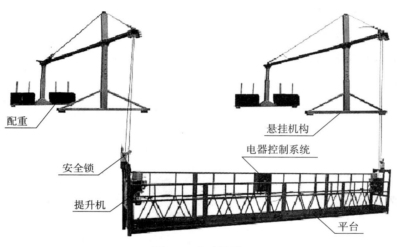

图 5-5 电动吊篮

位置及连接件焊接部位进行整体检查、调整，对不合格或尺寸偏差大的部位进行现场调整。在预埋件的埋设及连接件焊接过程中，由于土建结构和钢结构会存在一定的施工偏差，因此预埋件及连接件在设计阶段就已经考虑了如何吸收土建及钢结构误差的方法。

为了保证预埋件与连接件材料的品质，需要对关于预埋件材料的相应检测报告和合格证等一系列资料，主要包括生产许可证、材料质保书以及埋件的拉拔试验报告进行审核和批准。

（2）测量放线说明

首先需要对主体结构施工单位移交的轴线和标高进行全面的现场核实，确定相关轴线是否适用，之后按照承包商幕墙的位置开展测量，找到幕墙施工所需要的各项信息。

工程外形简捷，达到了风格一致、观感统一的效果。因此，测量放线是工程装饰效果能否达到设计预期的关键。

测量放线时，总体控制幕墙外面，其中，重点是各个交接点、转接部位的三维坐标点测量放线和对进出面的控制。为保证工程施工质量和安装的准确性，应该尽量安排有经验、有技术的工作人员进行测量。

（3）埋件处理说明

在立面幕墙现场安装时需对埋件进行位置复核，如发现有遗漏或位置偏差较大无法使用的埋件的，要采取后补措施。

对于在工程当中漏埋的埋件，必须进行后补处理，处理方法和工艺必须经过建设单位和监理单位的同意。

后补埋件的位置经过测量定位之后，要进行检查，核实埋件的位置是否满足安装需求，确认无误之后再安装螺栓进行固定，固定打孔时需要考虑与混凝土的钢筋冲突等问题。

6. 单元式幕墙施工方案

外立面单元幕墙板块吊装流程如下，并参考如表5-3所示。

单元式幕墙重点项目控制措施　　　　　　　　　表5-3

单元式幕墙重点项	控制措施
单元式幕墙的防水系统	（1）设计方面：保障型材断面及系统的合理性，秉承等压腔排水原理，合理考虑接缝宽度及安装误差，减少拼装零件及工艺孔，合理选用胶的类型确保闭合处理。 （2）施工方面：严格板块接缝宽度，保障胶条的有效咬合；所有板块组装螺钉必须带胶锁入，气密线严禁留存工艺孔，加强4个板块十字交叉区域，打胶作业切勿漏打胶或多打胶，保障水密线和尘密线之间的等压腔与室外相通
单元幕墙板块的运输	（1）板块进场运输：有效利用成品多层胎架，机械化运输集中堆放。 （2）板块进工作面运输：利用塔式起重机配合钢制卸料平台将板块运输到指定层间或采用大型施工电梯利用夜间时间运输至指定楼层。 （3）板块工作面内转运：采用龙门起重机把板块从多层胎架上卸到专用平板运输车上、运输至临时单层胎架上
单元幕墙板块转接安装	（1）保证转接件安装精度，确保转接件能有效地进行三维调整。 （2）单个转接件的中心挂轴位置必须精确，且转接件要横平竖直。 （3）左右相邻转接件挂轴要同轴，支撑轴标高水平偏差应控制在可调节范围内。 （4）上下相邻转接件挂轴中心线共面，中心线要在一条直线上。 （5）以柱间距为控制量，该间距中转接件累积误差不能超过1mm
单元幕墙板块吊装	（1）综合利用塔式起重机、环轨加电动葫芦、卷扬机、移动小起重机、擦窗机等起重机具满足现场吊装施工。 （2）在吊装部位设计专门的吊装夹板，保证吊装部位局部有足够的强度和稳定性来

续表

单元式幕墙重点项	控制措施
单元幕墙板块吊装	保证安全可靠的吊装。 （3）板块的起吊及下行过程中，上下层均配有安装人员，对板块进行保护措施的实施，以防止板块发生碰撞。 （4）插接时优先实现左右接缝的对接，再实现上下的板块的对接。 （5）对接后进行六个自由度方向上的调整，调整的原则是横平竖直，并确保挂件与转接件的有效接触与受力
单元幕墙板块的收口	（1）不同接口部位：常用于分段施工，两段结合处的收口，需充分考虑对接方式。 （2）相同接口部位：常用于施工电梯、塔式起重机等部位，即收口部位预留至少三块单元板块的位置，收口时两单元组件平推进入空位，再从上而下插最后一单元组件，然后再调整三个单元组
单元幕墙的安全措施	（1）建立和健全各项安全生产体系。 （2）建立施工现场危险源辨识与安全措施对策。 （3）明确安全责任和落实安全生产责任制。 （4）落实三级教育制度、加强危险点的日常管理。 （5）制定相应的应急预案，防止事故的发生及减轻事故损失

首先，进行板块吊装前的准备。检查准备吊装板块的完好性、核对板块标号。

将层吊移至吊装板块上方的指定位置；安装单元板块吊装夹具并确认其可靠性；确认对讲机通话的可靠性，同时确认所有参与吊装人员已到指定位置。

其次，将单元板吊出单元板块存放层。此过程需起重机司机，以及参与过程中的指挥工以及必要的人员配合才能完成。吊装时应该在专门指挥工的指引下逐步操作，切不可过快，注意安全。

在单元板块的下行过程中，单元在吊装向下运输时，应该派专门的人员在单元吊装所在楼层的楼上进行指挥操作。

单元向下运输的整个过程，经过所有的楼层里都应该安排相应的人员看护，防止单元在运送过程中出现磕碰。

单元板块的插接就位过程，单元板块下降到指定位置时与另一板块的连接需要多人配合完成。操作板块下降到挂件距离固定点一定距离时应暂停，操作水平方向的连接。在左水平方向插接好之后，继续落下板块至单元水槽内，并调整单元之间的缝隙。单元挂好后，调整垂直和水平方向上的安装偏差，调整好之后按照同样的方式继续安装其他单元。

单元板块的微调，通过可以测量水平的设备确认水平后，用扳手调整挂架处的顶丝来调整单元的水平。板块与结构连接节点的调整基于目前的设计都可以满足各个方向的调整,安装过程中需有可以调整的转接件,保证其偏差控制在规定要求内,之后进行固定,安装的过程和结束后一定要保证幕墙的水平和进出。

5.1.2 机电工程施工策划方案

高星级商务酒店项目按国际五星级标准建造,酒店管理公司大多为世界知名酒店管理公司,如万豪、希尔顿等。国外品牌酒店对机电系统的各个设备都有详细的选型、安装和验收要求,大部分要求高于国内现行设备安装验收规范要求。项目涉及的机电系统包括给水排水系统、空调制冷采暖及通风系统、电气系统、消防风水电系统、弱电智能化系统、电梯系统、厨房洗衣场设备等,每个系统又包含不同的分部分项工程。

作为机电安装总承包单位要负责该项目内给水排水、暖通空调、电气安装这几个主要系统的安装,并统一协调其他分包工程的安装工作,统一指挥专业分包单位的施工质量、进度和安全工作,除严格执行公司已有质量要求和标准外,为保证达到酒店管理公司特殊的要求,安排了经验丰富的管理团队与项目对接,以达到预期的高标准质量要求。酒店项目机电安装系统概况如表5-4所示。

酒店机电工程概况表　　　　表5-4

单位	分部工程	分项工程
机电安装总包	给水排水系统	变频生活泵供水系统、热水及循环系统、生活排水系统、雨水及虹吸排水系统
	电气系统	10kV供电系统及变配电系统、供配电系统安装、照明系统、电气火灾监控系统、防火门状态监控系统等
	暖通空调系统	空调送排风系统、空调冷冻冷却水循环系统、通风系统、平时防排烟系统
专业分包单位	消防风水电系统	室内外消火栓系统和自动喷水灭火系统、水喷雾灭火系统、火探管灭火系统、消防水炮系统等
	弱电智能化系统	综合布线系统、监控网络系统、计算机信息及网络系统、有线电视及境外电视转播、BAS系统、门禁及一卡通系统、停车管理系统、会议音视频系统、信息发布系统
	柴油发电机	机房交钥匙工程
	锅炉安装	机房交钥匙工程
	电梯系统	交钥匙工程
指定分包	燃气管道安装	
	市政供水	
	市政供电	

1. 塔楼设备吊装运输方案

A：塔式起重机运输

现场塔楼土建工程运行至塔楼对应设备层后，可根据现场实际情况使用工地现场塔式起重机进行运输。

B：垂直井道运输

利用电梯井道作为吊装通道；将电梯轿厢运至设备层以上；在电梯井道临时设置 5t 工字钢吊装桁架用手动葫芦牵引；设备层电梯井道搬运通道上的侧墙应可拆除。

C：扒杆运输

利用钢材臂杆、滑轮组及卷扬机组成简易式起重机，在机电层对变压器进行运输（图 5-6）。

A 塔式起重机

C 扒杆运输

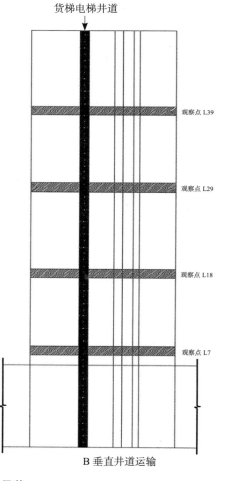

B 垂直井道运输

图 5-6 塔楼设备吊装

A、C方案需要在现场塔楼土建工程运行至塔楼对应设备层后进行运输，且会受到当时室外条件和天气条件的影响；B方案可以在任何时候对塔楼变压器进行吊装，对于人员保护较好。

塔楼变压器在初次安装时可结合施工现场实际情况调整，三个方案均可运输。

2. 调试方案

（1）空调水系统：地下四层机房设置2台800冷吨的离心式制冷机组和1台400冷吨的螺杆冷水机组提供系统冷源。3台机组采用并联方式，共用4台水泵由BA系统监测和控制。冷却系统由6台设置于裙房四层屋面冷却塔和5台冷却水循环水泵组成。夏季冷冻水供水温度为6℃，回水温度为11℃。冬季由天然气热水锅炉提供热采暖热源，锅炉房在地下一层的，共有3台1750kW的热水锅炉，冬天提供60℃热水至采暖分水器，回水温度控制在50℃，温度差为10℃。酒店管理工作公司要求过渡季节可以同时供冷和供热，故空调水系统采用四管制，可以同时提供冷热源，主楼供回水主干管采用同程式系统，裙房部分水系统采用异程系统，每个区域均设有平衡阀以控制供回水量，保证系统稳定。

（2）空调风系统：客房内采用独立风机盘管加集中送风系统，公共区域如大堂、餐厅、会议室采用独立空调处理机系统，餐厅等客人集中区域外加风机盘管。新风管采用镀锌钢板加保温方式，客房垂直部分送风管因在狭小的管井内而采用了复合保温材料管，便于安装和调试。酒店的空调送风系统在冬季要求可以加湿，空调机末端设置有蒸汽供给装置，利用锅炉房的蒸汽进行加湿。各区域送风管均设置调节阀门以控制送排风量。

（3）通风系统：地下室停车采用轴流双速风机，兼做平时排风和消防事故排风作用，按消防分区设置风机。各主要设备机房内设置单独的排风机满足消防及设备使用，排风量按3～6次/小时。标准层客房内沿竖井设置共用排风管道和全热交换的排风机，以达到节能降耗的目的，全热交换新风机设置在16层避难层。对于酒店各厨房内的通风要求，酒店明确提出厨房岗位送风量在40%以上，其余由负压供给，对厨房送风管道的制作和安装提出全数漏风漏光量检查的较高要求。

（4）防排烟系统：消防电梯楼梯间和防烟楼梯间设有机械加压送风系统，走廊区域设置集中排烟风口，送风机设置在16层和35层避难层区域。停车场区域采用排烟、补风机与平面通风系统合用，在火灾信号发生后并确定火灾后，由各区域消防控制模块切断该区域非消防电源，并可启动相关消防风机排烟和补风。排烟管靠近风机处设置280°防火阀，各楼层卫生排风口设置70°防火阀，并由消防模块提供控制和反馈信号。

（5）给水排水系统

1）酒店地下室首层以下采用市政管网直接供水方式，二层及以上部分采用生活变频水泵加压供水方式，生活水泵房内设置两组变频供水机组分高低区供水，泵房内二次供水水箱不锈钢水箱容积设置两台，总容量为342m³，设计考虑可保证酒店一天的基本用水量，并且两个水箱可以互为备用和方便检修时使用。

2）酒店生活热水系统与冷水同压，也分为两个系统，生活热水热源由锅炉房提供，容积式换热器设置在地下二层，共有9台容积式换热器。冷热水管均采用304薄壁不锈钢管，连接方式为双卡压连接。因五星级酒店要求卫生间打开水龙头后3s出热水，本项目在卫生间立管处设置热水回水管，卫生间内部管道采用电伴热系统保证出水效率。

3）酒店采用污废水分流系统。生活废水经设备层汇集后排入市政室外管网，管材为柔性铸铁管，法兰连接。生活污水经过设置在室外的化粪池沉淀后排入市政管网。车库内废水排至各区域集水井内经排水泵加压后排入外管网。厨房、餐厅油污水先排至地下一层的不锈钢隔油池内经沉淀和处理后，由水泵直接排往室外市政污水管。

4）消防水系统包括室内外消火栓和室内喷淋系统，设计用水量为40L/h和30L/h，中高区消火栓和喷淋系统均由地下室传输水泵送到35层传输泵内经二次加压后向上供给。消防水池设置在地下四层，容量为540t（分两隔）。屋顶设18t消防不锈钢水箱，保证火灾时早期灭火使用水量，同时设有消火栓和喷淋自动稳压装置，保证系统压力稳定。在发电机房内专门设置水喷雾系统，满足机房灭火需要。另外，因消防水系统需满足美国NFPA消防标准要求，在厨房排油烟管设置了260℃的感温喷淋头，在客房垂直污衣井内按要求第二层设置了68℃的喷淋头。

（6）电气系统

本项目属于超高层建筑，电气负荷按使用要求分类，其中消防负荷、电话机房、计算机房、消防电梯、航空障碍标志灯、冷库动力管理公司特殊要求等按一级考虑；普通电梯、生活水泵、污水提升泵、酒店客房照明、公共区域照明等按二级负荷考虑；其他普通照明电力负荷为三级负荷。

1）变配电供电系统：由本酒店工程位于一层的专用开闭所引入的两路10kV高压电源至地下一层和35层的高压变电室，再经变压器分配后为相关设备供电。项目变配电室共有6台变压器，总用电容量为10000kVA。其中冷冻机单独设置2台800kVA变压器供电。配电室低压侧设置母联，变配电室采用高供高计的计量方式。

2）动力供电系统：供给地下四层冷水机组、垂直照明用电采用母线直供方式，其余动力干线均采用电缆方式，由配电室树干与放射形式相结合，沿水平及电气竖井电缆桥架敷设至电源配电箱处。

3）照明供电系统：根据节能设计要求，本项目地下室照明、应急照明和疏散指示照明均采用LED节能灯具。应急照明根据所属位置不同，采用90～120min不等的蓄电池供电。各区域照度按照节能设计书执行。在酒店大堂、大堂吧等公共区域设置智能照明和调光系统，满足宾客使用需要。

4）消防电源：项目内所有消防负荷均采用双路电缆供电方式，在末端配电箱内设置双电源转换开关。同时在地下二层设置一台1000kVA的柴油发电机组，满足在两路市政供电失电情况下，消防设备用电、重要机房和部分场所的应急用电，包括但不限于以下部分：

①应急照明，包括所有疏散指示灯、楼梯灯、走廊灯和应急出口指示灯。

②消防电气和报警广播设备。

③消防电梯、客梯（至少一台）、冷库设备、污水提升泵和消防电梯集水井水泵、生活用水泵、停车场道闸系统、保安室和总经理办公室。

④各区域加压送风和排烟设备。

⑤消防控制室、消防水泵房、总机房、电脑机房等重要机房。

（7）防雷接地系统

①酒店和公寓在一幢塔楼内，项目建筑总高度200m，按一类防雷建筑物设计。屋顶避雷网采用不小于12mm的镀锌结构施工圆钢组成避雷网格，再利用结构柱内主筋引下线接至基础内钢筋作接地装置，保证所有电气接地装置电阻小于1Ω。在建筑物45m以上处每层利用结构钢筋焊接连通设置均压环装置。

②低压配电接地采用TN-S系统，中性线与保护线分开的方式。所有设备及基础保护接地、工作接地、防雷保护接地等共用接地系统。卫生间处设置等电位连接，机房设备处设置局部等电位箱，管道井内管道、幕墙金属门窗等与就近的接地线可靠连接，每层强电井内设置单独接扁钢以满足区域设置连接使用。

5.2 施工阶段进度管理

5.2.1 项目进度管理策划

建设工程总进度目标是指整个项目的进度目标，它是在项目决策阶段项目定义时确定的，工程进度控制的依据是项目决策阶段所确定的工期以及建设工程施工合同所约定的工期目标。在确保工程质量和安全并符合控制工程造价的原则下控制进度。应采用动态的控制方法，对工程进度进行主动控制。

（1）依据

1）施工合同所约定的工期目标；

2）施工总进度计划；

3）施工现场进度统计表情况。

（2）内容

工程项目进度管理，是指建设项目在实施过程中，全过程工程咨询单位对各个阶段的进展程度和项目最终完成的期限所进行的管理，从而确保工程项目在满足时间约束的条件下实现项目的总体目标。

（3）程序

1）编制建设项目总控制计划；

2）实施施工总进度计划；

3）建设项目进度调整；

4）编制项目进度报告书。

（4）注意事项

1）在实际建设项目实施的过程中，工程项目总进度目标可以按照下列方法进行：参照过去同类或相似工程进行推算；采用建设定额工期；按照投资人的实际要求确定。

2）明确管理机构与岗位。利用组织分解结构确定承担管理任务和子项任务的机构与岗位，检查各任务间的逻辑关系。

3）完善并优化进度计划。项目管理机构应仔细研究草拟的进度计划，应考虑如下事项：工作时间估算的现实性，管理与生产任务间逻辑关系的准确性，是否有未排入计划的疏漏任务，各岗位分配任务的均衡性与适当性，是否有可能导致任务搁浅的工作瓶颈等。

为了完成施工阶段进度控制工作，全过程工程咨询单位或专业咨询工程师（监理）需要做好以下工作：完善建设工程控制性进度计划；审查施工单位提交的施工进度计划；协助投资人编制和实施有投资人负责供应的材料与设备供应计划；组织进度协调计划，协调各方关系；跟踪检查实际施工进度；研究制定预防工期索赔的措施，做好工期延期审批工作等。项目专业监理工程师应按下列要求监督进度计划的实施：

（1）依据施工总进度计划，对施工单位实际进度进行跟踪监督检查，及时收集、整理、分析进度信息，发现问题及时按照建设工程施工合同规定和已审批的进度计划要求纠正，实施动态控制。

（2）按月（周）检查实际进度，并与计划进度进行比较分析，发现实际进度滞后于计划进度且有可能影响合同工期时，要求施工单位及时采取措施，实现计划进度目标。

（3）在监理月报中向投资人报告工程实际进展情况，比较分析工程施工实际进度与计划进度偏差，预测实际进度对工程总工期的影响，报告可能出现的工期延误风险。

（4）因由业主原因可能导致的工程延期及其相关费用索赔的风险，应向业主提出预防性建议（图5-7）。

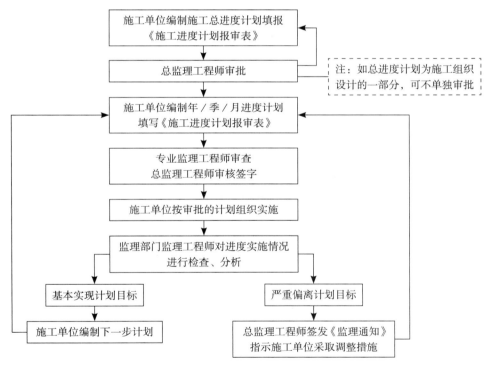

图5-7 进度控制程序

专业监理工程师可采取下列方法对施工进度偏差进行纠正：

（1）发现工程进度偏离计划时，总监理工程师应组织监理人员分析原因，召开各方协调会议，研究应对措施，签发《监理通知单》或《工作联系单》，要求施工单位进行调整。

（2）在监理月报中向投资人报告工程进度和所采取的纠正偏离措施的执行情况。

（3）由于施工单位原因造成工期延误，在专业监理工程师签发《监理通知单》后，施工单位未有明显改进，致使工程在合同工期内难以完成时，项目监理机构应及时向投资人提交书面报告，并按合同约定处理。

5.2.2 项目进度控制工具

常用的制订进度计划的方法主要有甘特图、里程碑计划和网络计划。

1. 甘特图

这是进度计划最常用的一种工具，最早由 HenryL.Gantt 于 1917 年提出。由于其简单、明了、直观、易于编制，因此它成为小型项目管理中编制项目进度计划的主要工具。即使在大型工程项目中，它也是高级管理层了解全局、基层安排进度时有用的工具。但是，由于甘特图不表示各项工作之间的关系，也无法指出影响项目工期的关键所在，因此，对于复杂的项目来说，甘特图就无法适用了。横道线段表示任务计划各工作的开展情况，工作持续时间、开始与结束时间，其实质是图和表的结合形式，在工程中被广泛应用（图 5-8）。

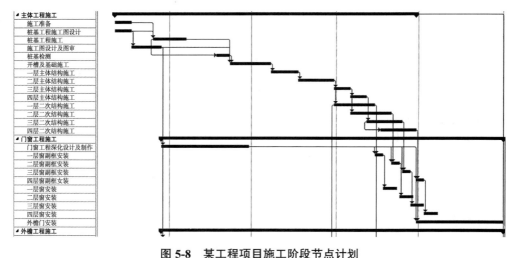

图 5-8　某工程项目施工阶段节点计划

2. 里程碑计划

里程碑计划是以项目中某些重要事件的完成或开始时间作为基准所形成的计划，是一个战略计划或项目框架，以中间产品或可实现的结果为依据，它显示了项目为达到最终目标必须经过的条件或状态序列，描述了项目在每一阶段应达到的状态，而不是如何达到。

里程碑计划可用里程碑图或里程碑表来表示，如表 5-5 所示。

里程碑计划表　　　　　　　　　　表 5-5

项目名称	1月	2月	3月	4月	5月	6月
里程碑事件	上中下	上中下	上中下	上中下	上中下	上中下
技术方案确定	30/1 △					
研究试验				15/4 △		
技术设计					15/5 △	
制作组装						15/6 △

3. 网络计划

网络计划技术是用网络计划对项目的工作进度进行安排和控制，以保证实现预定目标的科学的计划管理技术。网络计划是在网络图上加注工作的时间参数等而编制成的进度计划，因此，网络计划由两部分组成，即网络图和网络参数。网络图是由箭线和节点组成的，用来表示工作流程的有向、有序的网状图形；网络参数是根据项目中各项工作的延续时间和网络图所计算的工作、节点、线路等要素的各种时间参数。

（1）网络计划的表示方法

网络计划的表达方式是网络图。网络图是由箭线（一端带箭头的实线）和节点（圆圈）组成的有向、有序网状图形。网络图按其所用符号的意义不同，可分为双代号网络图和单代号网络图。

双代号网络图是由箭线、节点和线路三个要素所组成的。一个箭线表示一个施工过程。箭线表示的施工过程可大可小：可以是单位工程；也可以是分部工程、分项工程；一个施工过程也可以作为一项工作。每个施工过程的完成都要消耗一定的时间及资源，但也有一些工作只消耗时间而不消耗资源，如混凝土养护、砂浆找平层干燥等技术间隙，如单独考虑时，也可作为一个施工过程来对待。双代号网络图中各施工过程均用实箭线表示，如图 5-9 所示。

单代号网络图是指以节点及其编号表示工作，以箭线表示工作之间的逻辑关系的网络图。一个节点就表示一项工作，节点所表示的工作代号、工作名称和持续时间等标注在节点内。单代号网络图中工作的表示方法如图 5-10 所示。

网络图中的节点都必须有编号。节点编号必须满足两条基本规则：其一，箭头节点编号大于箭尾节点编号；其二，在一个网络图中，所有节点不能出现重复

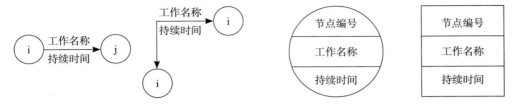

图 5-9 双代号网络图中工作的表示方法　　图 5-10 单代号网络图中工作的表示方法

编号。在双代号网络图中只表示前后相邻工作之间的逻辑关系，既不占用时间，也不耗用资源的虚拟的工作称为虚拟工作，虚拟工作起着联系、区分、断路三个作用。在单代号网络图中，虚拟工作只能出现在网络图的起点节点或终点节点处。

（2）工艺逻辑和组织逻辑

工艺逻辑和组织逻辑是工作之间先后顺序关系——逻辑关系的组成部分。

1）工艺逻辑

工艺逻辑是指生产工艺上客观存在的先后顺序关系，或者是非生产性工作之间由工作程序决定的先后顺序关系。如图 5-11 所示，支模 2→扎筋 2→混凝土 2 为工艺逻辑。

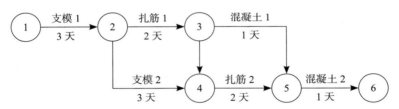

图 5-11 某工程项目混凝土双代号网络计划

2）组织逻辑

组织逻辑是指在不违反工艺关系的前提下，人为安排的工作的先后顺序关系。混凝土 1→混凝土 2；扎筋 1→扎筋 2；支模 1→支模 2 等为组织关系。

（3）紧前工作、紧后工作和平行工作

1）紧前工作

在网络图中，某工作的紧前工作是指紧排在该工作之前的工作。而在双代号网络图中，有可能存在虚拟工作来连接该工作与其紧前工作，其主要起逻辑连接或逻辑间断的作用。

2）紧后工作

在网络图中，某工作的紧后工作是指紧排在该工作之后的工作总称。在双代号网络图中,也有可能存在虚工作来连接该工作与其紧后工作,也主要起逻辑连接或逻辑间断的作用。

3)平行工作

在网络图中,某工作的平行工作是指可以与该工作同时进行的工作。工作之间的逻辑关系主要表现为紧后工作、平行工作及紧前工作。只要能根据工作之间的逻辑关系明确其紧前或紧后关系,就可以根据该关系正确绘出网络图。

(4)先行工作和后续工作

1)先行工作

某工作的先行工作是指从网络图的起点节点开始,沿着箭头的方向到该工作为止的各条通路上的所有工作。

2)后续工作

某工作的后续工作是指从该工作之后开始,沿着箭头方向到网络图终点节点的各条通路上的所有工作。

在建设工程进度控制中,后续工作是一个非常重要的概念。因为在工程网络计划的实施过程中,如果发现某项工作进度出现拖延,则受到影响的工作必然是该工作的后续工作。

(5)线路、关键线路和关键工作

1)线路

线路是指从网络图的起点节点到终点节点,沿着箭线方向顺序通过一系列箭线与节点的通路。网络图中的线路可依次用该线路上的节点代号来表示。

2)关键线路和关键工作

网络图可有多条线路,每条不同的线路所需的时间之和往往各不相同,其中持续时间最长的线路称为关键线路,关键线路的长度就是网络计划的总工期。位于关键线路上的施工过程称为关键工作。这些关键工作的持续时间长短直接影响整个计划完成的时间,因此,关键工作的实际进度是建设工程进度控制工作中的重点。

在网络计划中,有时可能会出现几条关键线路,而且在网络计划执行过程中,关键线路也不是一成不变的。在一定条件下,关键线路还会发生转移。

(6)双代号网络图的绘制

在绘制双代号网络图时,一般应遵循以下基本规则:

(1)必须正确表达已定的逻辑关系。

(2)网络图中,严禁出现循环回路。

4. 关键链项目管理模型（CCPM）

关键链项目管理模型，也叫项目管理信息系统，即 Critical Chain Project Management，简称 CCPM。CCPM 在项目进度管理中考虑了人类行为的影响因素，并将约束理论、聚集理论、中心极限定理等引入到计划的制定中，通过设置工期裕量、控制关键链、采用最晚的计划、避免资源并行分配等一系列措施，来解决传统项目管理中存在的种种问题。

（1）多项目管理信息系统

1）工序工期表示

对数正态分布可用来描述工序工期在相同期望值下不同程度的不确定性。

2）工期裕量估计

如果工序所用资源在执行中接近其可供量的上限水平，工期裕量设置应大些；如果工序的紧前工序比较多，工期裕量设置应大些；考虑到管理者对实施项目的风险偏好不同，可能选择偏高风险下较小的工期裕量，以缩短项目工期，或者相反。

①资源紧张度。

②工序复杂，用工序所在链路的复杂度来反映工序的复杂度。

③风险偏好水平。

链路包含的工序比较多时，根据统计学原理可以知道整条链路近似服从正态分布。在 95% 保证率下给出的工期裕量（对应于 2 倍标准差），从风险的角度看，管理者面临 5% 的风险链路会超出裕量控制。

3）关键链计划制订

对同一项目，采用的启发式规则不同，得到的关键链一般也不相同。而制定一个好的关键链计划作为基准计划对 CCPM 的成功至关重要。

（2）考虑资源的限制，自后向前检查最晚计划中是否存在资源冲突。

（3）在资源冲突时段，选择工序在更早的时间开始，解决资源冲突。为保证工序间关系的稳定性，建立工序间的资源链来描述它们之间的资源依赖关系。

5.2.3 项目进度管控要点

1. 施工进度计划编制过程

（1）酒店建设项目的分解结构

工作分解结构（WBS）是按照一定的原则把项目逐层分解，即项目→任务→工作→日常活动，WBS 是编制项目进度计划的基础，通过 WBS 得到的每一项工作是组成网络计划图的最小单元。

根据网络计划技术的工作原理，首先按照 WBS 原理，结合项目施工工艺，将酒店建设项目划分为 8 个施工阶段（表 5-6）。

高星级酒店建设总计划图　　　　　　　　　　　表 5-6

序号	阶段	工作内容
1	开工准备阶段	组织相关人员和机械设备进场，开工前先对所有人员进行岗前培训和动员，设备必须经验收合格之后才能进场安装调试。严格按施工总平面布置建成临时设施，制订有针对性的技术质量计划
2	土方施工阶段	施工顺序为：基坑支护→降水→挖土→桩基工程。本工程的土方开挖量较大，基础土方支护采用钢管和竹夹板支护，土方开挖采用机械与人工相结合的开挖方法，搞好土方平衡计算，减少重复搬运，施工时作业面不宜过大，分层分段进行，按先远后近，依次开挖，掌握气象变化情况，注意边坡稳定，场地排水
3	垫层施工阶段	本阶段施工顺序为：垫层施工→基础底板防水施工→防水保护层施工。防水工作必须从垫层的施工开始阶段就引起重视，并且贯穿整个项目建设阶段
4	正负零及土方回填阶段	回填土的质量必须严加控制，其含水量、夯实次数都将直接影响后期工程的质量，因此必须严格控制，防止回填土下沉；严格控制每层回填土的厚度；避免在雨天进行施工
5	主体施工阶段	本阶段工程量，耗用的劳动力多，各种材料需要量大，机械设备占用率高，并对工程质量和工期起决定性作用，因此必须重点控制。在质量方面，重点控制工序之间的验收把关，模板、钢筋不符合要求的，坚决不允许浇捣混凝土，严格控制梁柱节点质量，确保观感优良。本工程梁板柱采用定性钢模板，配以木模辅助，支撑采用早拆模支撑体系，抓住施工工序的关键线路，合理压缩调整，争取缩短工期。在五层主体完工之后，砖砌体进入施工，其中，水、电等预理工作与土建同步
6	配套工程阶段	酒店建设项目的配套工程主要包括：幕墙工程、管网及总平工程、机电安装、泛光照明工程。各项工作同时交叉进行，可以很好地节约时间，缩短工期
7	内装施工及整体布置阶段	本阶段组织施工的原则是：外墙自上而下施工，内墙抹灰和楼地面同时流水作业。在此阶段，门框、窗框密切配合，穿插进行管道安装，管内穿线等工作。室内水电安装与室内粗装修同时进行，当完成室内粗装修之后，自上而下进行室内精装修，大面积装修完成后是收尾阶段，主要工作为设备安装，水电器具的安装，门扇、窗扇的安装，油漆、室外工程等。此阶段要从上到下施工，逐层保护成品
8	交工验收阶段	进行水电检测，各种设备的调试运行，整理交工资料，核定质量等级，组织竣工验收。同时施工设备及人员逐步退场

根据以上分析，现绘制星级商务酒店建设项目具体的结构分解图，如图5-12所示。

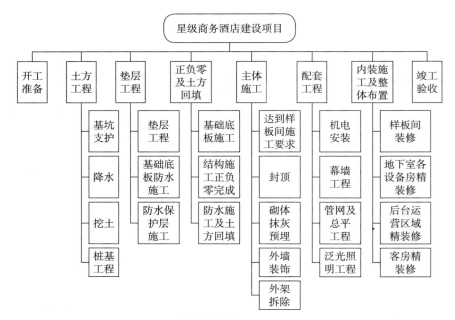

图5-12 星级酒店建设项目工作结构分解图

（2）酒店建设项目工作先后关系的确定

工作之间的先后顺序关系叫逻辑关系。逻辑关系包括工艺关系和组织关系。

①工艺关系。生产性工作之间是由工艺过程决定的，非生产性工作之间由工作程序决定的先后顺序关系叫工艺关系。

例如，在酒店项目中，垫层工程的施工顺序是：垫层施工→基础底板防水施工→防水保护层施工，这三项工作之间的先后顺序是由工艺过程决定的，不能轻易地调整其施工先后顺序。因此，这三项工作之间的逻辑关系称为工艺关系。

②组织关系。工作之间由于组织安排需要或资源调配需要而规定的先后顺序关系叫组织关系。组织关系也称为软逻辑关系。软逻辑关系是可以由项目管理班子确定的。

例如，在酒店项目完成主体工程之后，配套工程中机电安装、幕墙工程、管网及总平施工工程、泛光照明工程都可以由项目管理班子或者各相关单位决定进场时间，因此他们之间的逻辑关系称为组织关系。

根据土建机电各项工作的施工工艺，结合以往酒店建设项目的经验，现将酒店建设项目工作先后关系确定如表5-7所示。

星级酒店建设项目工作先后关系　　　　　　　　表 5-7

工序代号	工序内容	紧前工作
A	开工准备	—
B	土方工程	A
C	桩基工程	B
D	垫层工程（含砖胎模砌筑）	C
E	基础底板防水施工	D
F	防水保护层施工	E
G	基础底板施工	F
H	结构施工正负零完成	G
I	防水施工及土方回填	H
J	达到板间施工要求（5层）	H
K	封顶	H
L	砌体、抹灰、预埋	I、J、K
M	外墙装饰	L
N	外架拆除	M
O	管网及总平施工工程	L
P	泛光照明工程	L
Q	机电安装工程	L
R	幕墙工程	L
S	内装施工及整体布置	L
T	验收竣工	N、O、P、Q、R、S

（3）酒店建设项目网络图绘制

网络图的绘制依据是项目的工作关系，利用网络图可以把项目工作的逻辑关系表达出来，酒店建设项目的双代号网络计划如图 5-13 所示。

在双代号网络图中，工作用一个箭线表示，并在箭线上写上工作的名称。用箭头和箭尾分别表示工作的结束和开始。活动的名称由位于箭头和箭尾的圆圈内的号码表示。虚工作则用虚箭线来表示，虚工作是指那些既不消耗资源也不占用时间的工作，它仅代表一种逻辑关系。

如表 5-7 所示，可以得到各项工作之间的先后关系和持续时间，在结构施工正负零完成以前所有工作之间的逻辑关系都非常清晰，每项工作只有一项紧前工作，每项工作也只有一项紧后工作，因此只需要按照双代号网络图的绘制规则将这几项工作的逻辑关系和持续时间表示出来即可。

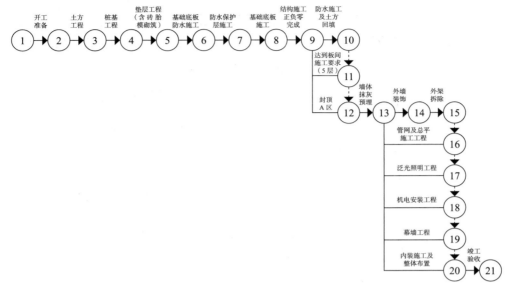

图 5-13 酒店建设项目双代号网络计划图

如表 5-7 所示可以看出，砌体、抹灰、预埋工作有三项紧前工作，它们分别是：防水施工及土方回填、达到样板间施工要求（5 层）、封顶，这三项工作是平行工作，但是它们的紧后工作同为一项工作，因此，本设计利用虚箭线表示这三项工作之间的逻辑关系，具体绘制如图 5-13 所示，工作 10-11 以及工作 11-12 都是虚工作，这两项工作既不消耗资源，也不消耗时间，仅仅为了形象地表示上述三项平行工作与砌体、抹灰、预埋工作的逻辑关系，方便绘制合理的网络图。

同理，最后的竣工验收工作也有多项紧前工作，为了清楚地表达这些紧前工作和该工作的逻辑关系，这里也运用了虚箭线，具体绘制如图 5-13 所示。

从图 5-13 中可以看出，外墙装饰、外架拆除、泛光照明工程以及幕墙工程虽然和内装饰施工及整体布置是平行工作，但是由于它们的持续时间相比内装饰施工都要少很多，因此这就便得这几项工作有很多机动时间可以利用，可以由施工现场管理团队灵活地确定具体的开工时间。

（4）酒店建设项目进度安排

酒店建设项目进行进度安排是为了实现在对工程的质量和成本不变的前提下缩短施工周期，或者是确保预期工期的实现。施工企业管理层是主要的负责人。企业管理层根据经营方针在"项目管理目标责任书"中确定项目经理部的进度控制目标。

星级商务酒店建设项目网络时间参数计算如表 5-8 所示。

星级商务酒店建设项目网络时间参数计算表（d） 表 5-8

工作	持续时间	最早开始时间	最早完成时间	最迟开始时间	最迟完成时间	总时差	自由时差	关键工作
1-2	10	0	10	0	10	0	0	是
2-3	90	10	100	10	100	0	0	是
3-4	60	100	160	100	160	0	0	是
4-5	30	160	190	160	190	0	0	是
5-6	30	190	220	190	220	0	0	是
6-7	25	220	245	220	245	0	0	是
7-8	15	245	260	245	260	0	0	是
8-9	82	260	342	260	342	0	0	是
9-10	30	342	372	404	434	62	0	
9-11	40	342	372	394	434	52	0	
9-12	92	342	382	342	434	0	0	是
10-11	0	372	372	434	434	62	0	
11-12	0	382	382	434	434	52	52	
12-13	120	434	554	434	554	0	0	是
13-14	245	554	799	760	1005	206	0	
13-16	425	554	979	595	1020	41	0	
13-17	180	554	734	840	1020	286	245	
13-18	444	554	998	576	1020	22	0	
13-19	150	554	704	870	1020	316	294	
13-20	466	554	1020	554	1020	0	0	是
14-15	15	799	814	1005	1020	206	0	
15-16	0	814	814	1020	1020	206	165	
16-17	0	979	979	1020	1020	41	0	
17-18	0	979	979	1020	1020	41	19	
18-19	0	998	998	1020	1020	22	0	
19-20	0	998	998	1020	1020	22	22	
20-21	90	1020	1110	1020	1110	0	0	是

网络时间参数的具体计算方法如下：

1）持续时间

酒店建设项目各项工作的持续时间由表 5-8 可以得到。

2）工作最早开始时间

工作的最早开始时间用 $ES_{i\text{-}j}$ 来表示，工作的最早开始时间就是箭尾结点的最早开工时间。本项目的开始工作为开工准备 1-2，因此，其最早开始时间为 0。而工作土方工程 2-3，该工作最早开始时间应该等于其紧前工作亦即开工准备工作的最早完成时间，即 10d。以此类推，可以计算出本项目其他工作的最早开始时间。

3）工作最早完成时间

工作的最早完成时间用 EFH 来表示，工作的最早完成时间就是该项工作的最早开始时间和本工作的持续时间之和。如第一项工作：开工准备，其最早开始时间为 0，持续时间是 10d。因此其最早完成时间 $ES_{1\text{-}2}$=0+10=10（d）。以此类推，可以计算出本项目其他工作的最早完成时间。

4）最迟完成时间

工作的最迟完成时间用 $LF_{i\text{-}j}$ 来表示，最迟完成时间应该由后往前推算，例如本项目最后一项工作——验收竣工，该工作的最迟完成时间 $LF_{20\text{-}21}$ 等于该工作的最早完成时间 $EF_{20\text{-}21}$，而其他工作的最迟完成时间应该等于其紧后工作的最迟开始时间。例如，工作 7-8 的紧后工作 8-9 的最迟开始时间是 260d，因此工作 7-8 的最迟完成时间就是 260d。如果某项工作有多项紧后工作，那么该项工作的最迟完成时间应该取其所有紧后工作的最早开始时间的最小值，例如本项目中，工作 8-9 共有三项紧后工作，即 9-10、9-11、9-12，这三项紧后工作的最迟开始时间分别为 404d、394d、342d，因此工作 8-9 的最迟完成时间为三者的最小值 342d。以此类推，可以计算得到本项目其他工作的最迟完成时间。

5）最迟开始时间

工作的最迟开始时间用 $LS_{i\text{-}j}$ 来表示。工作的最迟开始时间等于其最迟完成时间减去该项工作的持续时间。例如在表 5-8 中，工作 13-18 的最迟完成时间是 1020d，其工作持续时间是 444d，因此，工作 13-18 的最迟开始时间 $LS_{13\text{-}18}$=1020−444=576（d），其余工作的最迟开始时间用同样方法可以得到。

6）总时差

工作的总时差用 $TF_{i\text{-}j}$ 表示。其值等于最迟开始时间减去最早开始时间，或者等于最迟完成时间减去最早完成时间，即 $TF_{i\text{-}j}=LS_{i\text{-}j}-ES_{i\text{-}j}$；或者 $TF_{i\text{-}j}=LF_{i\text{-}j}-EF_{i\text{-}j}$

例如在表 5-8 中工作 13-19 的最迟开始时间 $LS=780$（d），最早开始时间 $ES=554$（d），因此工作 13-19 的总时差 $TF_{13-19}=870444=316$（d）。其余工作的总时差可由类似方法求得。

7）自由时差

工作的自由时差用 FF_{i-j} 来表示。工作的自由时差等于其紧后工作的最早开始时间减去该工作的最早完成时间，即 $FF_{i-j}=ES_{i-j}-EF_{i-j}$。例如，在表 5-8 中工作 13-19 的最早完成时间 $EF_{13-19}=740$（d），其紧后工作 19-20 的最早开始时间 $ES_{13-19}=998$（d），因此工作 13-19 的自由时差 $FF_{13-19}=998-704=294$（d）。其余工作的自由时差可以由类似方法求得。

（5）酒店建设项目关键线路的确定

关键线路，即由总时差为 0 的活动所组成的线路。它是项目最重要的活动路线，在进度控制中对位于关键线路上的关键活动必须特别重视，在时间上、资源上予以特殊保证。根据表 5-8 可以得到星级商务酒店建设项目各项工作的网络时间参数，其中表中的第七列是各项工作的总时差，工作总时差为零的各项工作就是关键工作（已在表格最后一列标出），由关键工作连接起来的线路即为关键线路，因此星级商务酒店建设项目的关键线路为：A→B→C→D→E→F→G→H→K→L→S→T。

2.识别关键路径工程

（1）进度关键节点把控

1）前期工程：三通一平。

2）基础工程：桩基检测及验收，主体工程基础验收。

3）混凝土结构主体工程：每层楼地面；主体封顶及每层砌体；主体验收；内、外抹灰、外墙砖；分层水电安装；分层窗框及栏杆安装；分层外架拆除；室外明沟及散水；防雷检测、使用功能检测；竣工验收。

4）外立面幕墙工程：单元式幕墙、框架式幕墙及铝板安装。

5）钢结构工程主体工程：钢结构吊装、钢结构封闭、室内地面、设备安装、配套工程（电梯验收、消防验收、动力验收、智能化验收、室外管网及水电设施验收）。

6）环境景观工程：道路、绿化。

（2）施工分区安排

酒店工程项目施工面积大，合理安排施工顺序是工期控制的关键，因此，在各个施工阶段施工时应做好相互之间的衔接。

①在地下结构及防水、保护层、回填土施工过程中,优先考虑酒店、酒店兼容办公、大厅的回填进度。

②对于酒店、酒店兼容办公,工作量主要集中在主楼上,在各个施工阶段均应以主楼为主导组织施工。

③主体结构施工阶段,总体按照基础结构的顺序进行施工。在主体结构施工同时,地下室砌体、内外装饰装修和安装穿插施工。

④室内外装修和安装,随结构的施工自下而上进行。结构验收后首先进行管道间、设备间粉刷,为主管道和桥架施工创造条件。各分项的顺序为:先室内粗装修、外围护幕墙,后室内安装、精装修工程。地下室的装饰作为独立的施工区域,原则是顶板涂料优先于安装,墙面及地面穿插进行施工。

(3)酒店施工区段的划分

1)地下室及地上主体结构工程在着重考虑了施工组织、现场条件、结构分布、后浇带设置及每段工作量基本一致等因素后,将其平面划分为六个施工区。施工区段划分如图5-14所示。

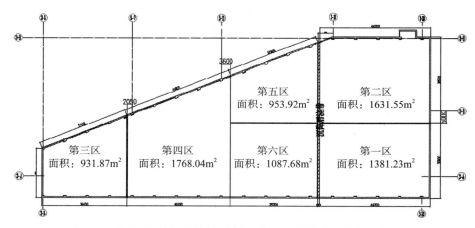

图5-14 基础结构施工阶段与主体结构施工阶段分区与顺序示意图

2)竖向验收段的划分:由于项目为主楼、裙房建筑,为了在结构施工时及时插入室内外装饰和安装施工,将其竖向划分为多个验收段,具体如下。

①主楼±0.000以下即地下室作为一个验收段。

②主楼1~7层作为一个验收段。

③主楼8~15层及裙房分别作为一个验收段。

3)幕墙、室内装饰、安装工程等从顶至下按层的顺序展开施工。主楼、裙房分别作为单独的施工区段,地下室作为单独的施工区段。

4）室外装饰，按主楼、裙房分为 2 个施工区段。

5）市政工程，为 1 个施工区段。

（4）酒店兼容办公施工区段的划分

1）基础、地下室结构施工阶段的区域划分及主体结构施工阶段划分如图 5-15 所示。

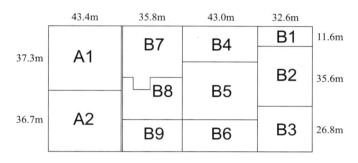

图 5-15 基础结构施工阶段与主体结构施工阶段区段划分与顺序示意图

2）地下室及地上主体结构工程在着重考虑了施工组织、现场条件、结构分布、后浇带设置及每段工作量基本一致等因素后，将其平面划分为 11 个施工区。

3）竖向验收段的划分如下：

①主楼 1~5 层、裙房 1~3 层及地下室作为一个验收段。

②主楼 6~13 层、裙房 4~6 层作为第二个验收段。

③主楼 14~17 层作为第三个验收段。

4）幕墙、室内装饰、安装工程等根据每个验收段从顶至下按层的顺序展开施工。主楼、裙房分别作为单独的施工区段，地下室作为单独的施工区段。

5）室外装饰，按主楼、裙房分为两个施工区段。

6）市政工程，为一个施工区段。

（5）登录大厅施工区段的划分

1）基础、地下室结构施工阶段的区域划分及主体结构施工阶段划分如图 5-16 所示。

2）地下室及地上主体结构工程在着重考虑了施工组织、现场条件、结构分布、后浇带设置及每段工作量基本一致等因素后，将其平面划分为 30 个施工区。

3）地上主体结构采用流水施工，施工节奏为主楼东西两侧各分四个施工区，每区自南向北两段相互流水施工，各区及各段之间错开层数不得大于一层。

4）竖向验收段可划分为两个验收段：混凝土结构作为一个验收段，钢结构

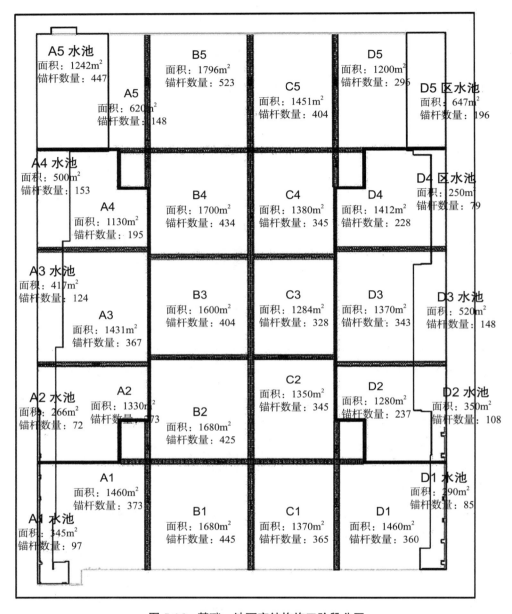

图 5-16 基础、地下室结构施工阶段分区

作为一个验收段。

5）室内装饰、安装工程，地上与地下划分 2 个施工段组织进行施工。

6）室外装饰，为 1 个施工区段。

7）市政工程，南北划分为 2 个施工区段。

（6）A 展厅施工区段的划分

1）地下室结构工程在着重考虑了施工组织、现场条件、结构分布、加强带设置等因素后，将 A1 展厅（附带相邻连廊区域）在平面布置上划分为 15 个流水段，将展厅 A2、A3、A4（均附带相邻连廊区域）在平面布置上分别划分为 10 个流水段，共计 45 个流水施工段。施工区段划分如图 5-17 所示。

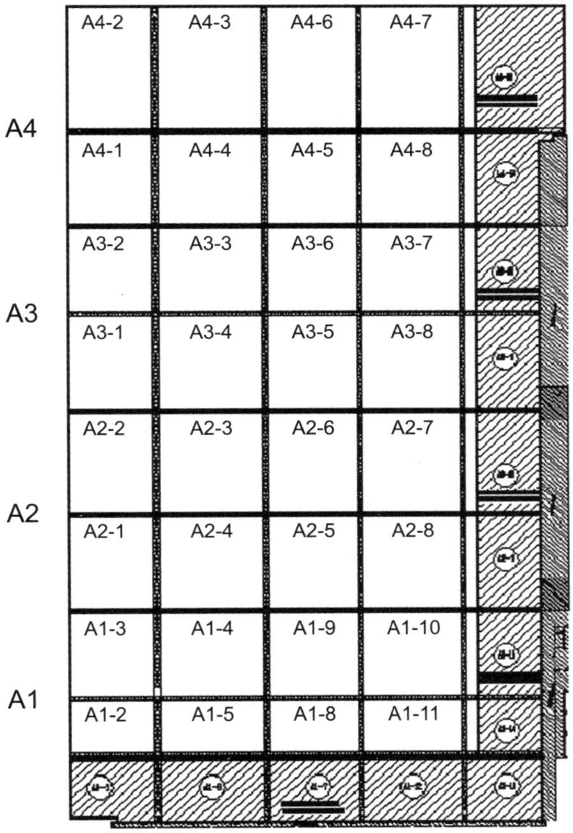

图 5-17 基础结构施工阶段区段划分与顺序示意图

2）竖向验收段可划分为 2 个验收段：混凝土结构作为一个验收段，钢结构作为一个验收段。

3）室内外装饰、安装工程。按地下室、地上的使用功能不同可分为 2 个区段：地下夹层作为一个施工区段，地上部分作为一个施工区段。

4）市政工程，按照西北侧划分为 2 个施工区段。

（7）B 展厅施工区段的划分

1）土方开挖、桩基及基础施工阶段 5 个展厅各为一个施工区域，每个施工区域分为 10 个施工段，总共 50 个施工段。预制管桩施工完成后进行基础垫层、底板防水、底板钢筋混凝土结构及架空层结构施工具体划分如图 5-18 所示。

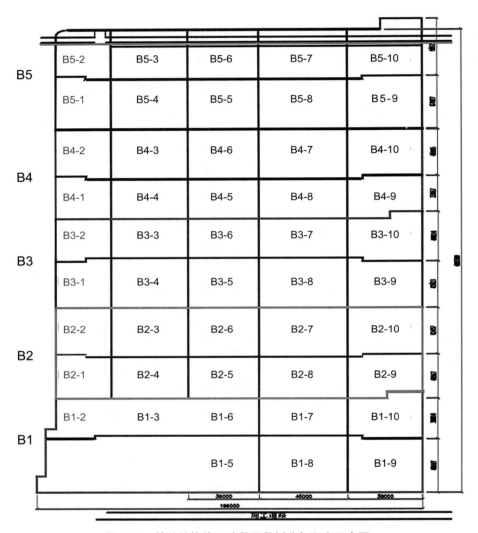

图 5-18 基础结构施工阶段区段划分与顺序示意图

2）主体结构施工阶段。

①项目主体结构施工阶段 5 个展厅各为一个施工区域，每个施工区域分为 10 个施工段，总共 50 个施工段。其具体划分与基础施工阶段一致。

②室内装饰、安装工程，每栋展厅每一层作为 1 个施工段组织进行施工。

③室外立面装饰，每栋展厅为 1 个施工段，共 5 个施工段。

④市政工程，按照西北侧划分为 2 个施工区段。

5.2.4 项目进度管控措施

1. 技术保证措施

（1）先对本工程进行全面、准确地了解，以保证及时开工及开工后的顺利施工，对施工中可能出现的各种问题有充分的预计并制订出各种相应的预防措施。

（2）深化图纸，优化施工方案，提出针对本工程的合理化建议，科学合理地加快施工进度。

（3）及时组织施工图纸会审记录，事先及时地解决施工图纸中的技术问题。组织施工班组对各分项工程进行技术、质量交底，避免返工。

（4）加强过程控制，采取跟踪管理，在第一时间解决施工中的技术问题。经常查阅蓝图、翻样图、修改图纸及会审纪要，按图、按操作规程施工。

（5）发挥施工技术管理的优势，组织专业施工班组，平面分区域同步进行，确保工期目标实现。

项目部将成立一支由项目工程师、施工总管负责，抽调技术过硬、作风顽强的工人组成突击队，负责对质量要求高、施工难度大、工期紧的分项工程进行施工，并迅速解决现场发生的一切突发事件，确保工期顺利、如期交付。

2. 施工计划实施及调整

加强计划的严肃性，积极组织、均衡施工，实施对计划的全方位控制，以确保工期目标的实现。

加强计划的动态管理，按施工的实际情况，及时调整计划，并实施检查制度。

事先编制总进度计划，找出关键工序和关键线路，并加强对其实际施工中的控制，如出现延期现象，及时加以调整，保证抢回工期。

编制单体施工进度计划，月度及旬计划，并要求各施工班组根据计划及时准备劳动力及机械设备，对于不能完成各阶段计划的施工班组给予处罚，并采取措施进行补救。

用计划控制各分项进度，按计划要求，每周召开一次平衡调度会议，及时解决劳动力、施工材料、设备问题，确保工程按周计划实施。

3. 材料供应保证措施

及时做好各类材料、设备供应计划，按公司项目管理法中的材料计划，保证材料供应能跟上施工的要求。

加强周转设备管理，按计划及时组织周转设备的进退场，并做到堆放整齐，现场无散落。严把材料质量关，材料不合格品不得进场。

按合同及计划要求、掌握甲供材料的动态,按有关规定办好甲供材料的交接。

4. 施工设备供应保证措施

根据施工总进度计划表,确保工程所需的各类大小型机械正常就位使用,充分发挥单位设备先进的优越条件。合理调配人员使用设备,做到专业班组、设备专人管理。

5.3 施工阶段质量管理

5.3.1 项目质量管理策划

全过程工程咨询单位在施工阶段的质量管理主要包括质量管理的规划、质量管理计划的编制、质量管理计划的实施、施工阶段质量检查验收。施工阶段对项目的质量管理主要体现在通过质量管理的规划,制定质量管理的目标和实现目标的质量管理组织机构及各参建单位职责程序,在此基础上运行质量管理程序,以质量计划文件的编制为质量管理的起点,通过施工阶段质量计划的实施,控制施工阶段的质量目标,对工程质量从始至终的预控与从下到上的过程控制结合,按照预控、实施、检查、处置、验收、再检查、再验收的循环方式进行施工阶段质量管理,实现质量计划目标。

(1)依据

1)国家及地方相关法律、法规性文件,如《关于修改〈中华人民共和国建筑法〉的决定》(2011年);

2)《建设工程质量管理条例》及建设工程的强制性标准;

3)《建筑工程施工质量验收统一标准》GB 50300—2013;

4)《建设工程质量检测管理办法》(原建设部令141号);

5)《建筑工程质量监督条例(试行)》;

6)《质量管理体系 基础和术语》GB/T 19000—2016;

7)工程咨询、勘察、设计、监理和施工、发承包等相关发包合同文件;

8)质量管理计划;

9)投资人的功能要求报告及设计任务书;

10)工程地质勘察文件、设计施工图纸及设计要求;

11)施工组织设计及专项施工方案措施;

12)其他影响质量的因素等。

（2）内容

建设项目的质量管理是指通过以较低的投资在预定的时间完成满足工程项目质量要求，包括质量管理的规划、质量管理计划的编制、质量管理计划的实施、施工阶段质量检查验收。

（3）程序

施工阶段质量控制程序如图 5-19 所示。

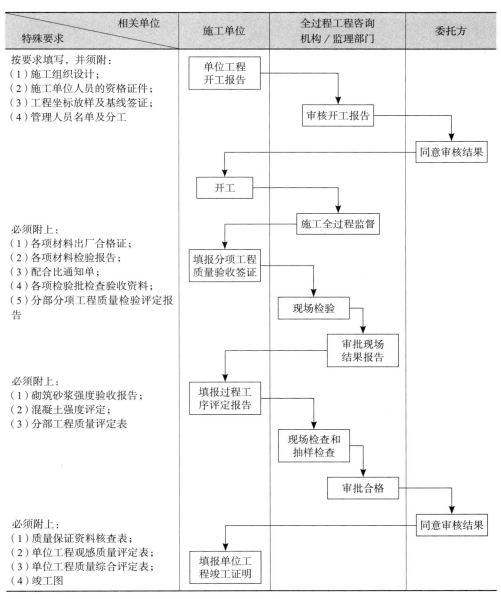

图 5-19 施工阶段质量控制程序

其中分包单位资质审查基本程序如图 5-20 所示。

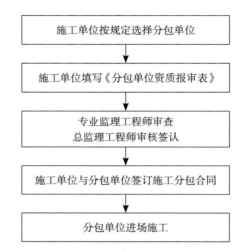

图 5-20　工程材料、构配件和设备质量控制基本程序

全过程工程咨询单位对施工阶段的质量控制涉及的程序：

①制定质量监控工作程序，制定现场施工质量控制程序。

②开工前审核各项技术保障文件是对工程质量进行全面监督、检查与控制的重要程序（环节）。审核的具体内容包括：审查进入施工现场的各分包单位的资质、人员资格证明文件；审查施工承包单位的开工申请应具备的各项条件，检查、核实施工准备工作落实情况；核查承包单位提交的施工专项方案、施工组织设计等技术保障措施的审批程序合法性；审查施工单位提交的有关材料、半成品和构配件的质量证明文件。

③协调组织各种相关施工技术、工艺、质量问题的会议。如施工图会审会议、设计技术交底会议、地基基础处理会议等。为了使施工单位准确理解设计技术要求，全过程工程咨询单位或专业咨询工程师（监理）要组织设计、施工、监理等相关部门参加会议，以便有效准确地按照设计规范、标准开展施工活动。

④对进场的原材料、构配件和设备进行监控。进场的原材料、构配件和设备经施工单位自检后，全过程工程咨询单位或专业咨询工程师（监理）对检查合格产品进行审核。凡是不合格的不能进入现场，更不得在施工中使用。

⑤认真进行现场质量监督检查，施工中各工序、工艺是否按照方案实施，重要工序、关键部位是否旁站监督控制，坚持施工方自检和专项检查：抽检、平行检、巡检、预检的原则，强化施工过程中的隐蔽检查验收工作，通过施工方的自检和专项检查，发现质量问题，及时处理，消除质量隐患。

⑥制定工程质量控制方案措施，明确各分部分项工程保证质量的措施及质量控制重点，按照管理程序：实施、检查、纠正、再检查、验收，才能进入下道工序的循环，不断克服质量的薄弱环节和通病、缺陷、隐患，以促使工程质量的提高。

⑦按照国家各项施工验收规范，各项质量检验标准和设计的要求，对分部分项的重点部位、关键部位、结构安全、使用功能原材料等项进行质量的检验评定和取样抽检评定。

⑧工程质量追踪回检，对完成后的各项工作及工程交付使用后要进行回访，检查工程质量的变化情况，及时收集质量信息，由于施工原因造成的质量问题，要认真处理，不断总结提高工程质量水平。

（4）注意事项

①施工承包商对施工质量负责。工程施工中的质量控制属于生产过程的质量控制，不仅要保证工程的各个要素符合规定要求，也要保证各个部分的成果，即分部分项工程符合规定要求，还要保证最终整个工程符合质量要求，这个阶段质量控制的对象是承（分）包商、供应商或工程项目部，重点是对他们的管理保证体系和运行进行完善和控制。

②在工程施工过程中，如果出现问题，质量目标最容易受到损害，投资人、承包商、供应商等忽略质量目标，项目管理对此要有充分的认识，并提前做好应对准备措施。

③确定质量控制程序，明确权力和责任，必须向实施者落实质量责任，灌输质量意识。质量控制的关键因素是实施者，所以投资人与全过程工程咨询单位应高度重视对承（分）包商、供应商的选择。

④各项施工任务完成后应督促施工单位、监理单位及时完善质量保证文件。

5.3.2 项目质量控制方法

（1）"PDCA" 循环

"PDCA" 循环（戴明循环）是项目质量管理和进行质量管理体系行为的基本方法。其核心内容是通过确定管理目标，经过不断的周期性计划、实施、检查和处置活动来进行管理行为，以期达到质量目标。在每次循环上升的过程中，"PDCA" 四大职能相互促进、相互联系，对发现的质量问题进行改善和解决，完成不断循环前进和上升的过程。

①P（Plan）——计划。计划的管理职能是指确定质量目标、实现质量目标

所需要的措施和手段。在项目实施过程中，首先要确定预期的质量标准和目标，或是项目需要改进的地方，根据项目整体需求制定相关计划。如果计划不周全，或者没有计划，那就是意味着计划了失败的项目。

② D（Do）——实施。实施的职能是通过投入生产要素和生产资源，转换为质量的实际值，通过小规模的改变和调整，并收集数据，达到质量目标的改进。因此，需要通过不断的循环过程达到质量的完善。为了保证能够达到预期的效果，在管理活动的实施过程中，需要严格执行计划的要求、方案和行为准则，将计划的各种规定的措施落实到具体的资源配置活动中去。

③ C（Check）——检查。检查是将变化产生的结果与之前的情况进行比较，观察问题是否得到改进。检查包括两个方面的内容：一是检查计划或调整要求是否得到严格执行，项目干系人是否执行了既定的行动方案；二是检查计划执行的落实情况是否达到目标要求，并对此计划的执行过程进行分析和比对。

④ A（Action）——处置。处置是为了保证质量检查结果处于受控状态或预期要求而采取的措施。处置方法包括预防改进和纠偏两个方面。预防纠偏是将检查到的质量状况尤其是质量通病问题及时反映到质量管理部门，采购改进的措施和方法，以期减少类似情况的发生。纠偏主要是针对质量问题或质量事故，采用质量计划中对问题的处理方法进行处理，解决存在的问题。

（2）质量审核清单（Quality Checklist）

质量监督是运用质量审核清单进行的全面审查。质量审核清单的运用实现了评审工作的全面、细致、无遗漏，最大限度地保证了评审质量，有效核实了虚增工程量、高套预算定额、虚列费用等问题。质量审核清单的使用虽然增加了工作量，但实践表明，其使用有效地为业主节约了投资成本，实现了业务增值。

（3）三阶段控制

三阶段控制原理是质量控制原理，它是指在质量控制中包括事前控制、事中控制、事后控制，这三个阶段构成质量控制的系统过程，这三大过程控制是一个有机的系统过程。三阶段控制方法与质量管理"PDCA"循环有相似之处，是通过事前控制的计划，事中控制的实行、检查和处置，以及事后控制的总结、计划调整和提高，达到质量管理和质量控制的循环和持续改进。

① 事前质量控制

事前控制是指通过制订详细的质量计划，明确质量目标责任，落实质量控制要点和质量责任制，进行事前主动的质量控制。事前质量控制可以利用较少的技术管理资源达到控制质量结果的目的，减少资源的投入和人材机成本，避免产生较大的施工误差和质量事故。同时，事前控制还可以充分发挥项目组织管理、技术先进性的作用，针对施工项目对象的特点，分析和发现项目质量控制的薄弱环节，制定有效的预防控制措施，可早期发现问题和高效地进行质量管理。

②事中质量控制

事中控制是保证每道工序质量处于合格和受控状态，重点是对工序、施工质量、质量形成关键节点情况的检查。检查分为施工人员自查、互查和专职检验人员专门检查、监理与业主单位监督检查等，在质量形成过程中，施工人员的自查和互查是检查的重点，也是施工质量的决定因素。事中控制要求施工作业人员坚持质量标准，严格施工作业要求和规范，检查不合格的工序不能进行下道工序施工。

③事后质量控制

事后控制是施工完成以后，对其质量结果情况进行专门的评价、认定和总结，或是对施工工序中的质量偏差的检查和纠偏，包括对不合格质量问题的处理。其重点是要采取有效手段处理过程中发现的质量问题，保持质量状况处于正常状态，杜绝不合格的施工工序进入到下道工序，影响整体质量形成。

（4）全面质量保障体系与全面质量管理理论（Total Quality Assurance System and Total Quality Management，TQM）

建立基础保障、知识保障、组织保障和其他管理的全面质量保障制度。在建立质量保障制度时，考虑各主要参与方对咨询产品的共同影响，保障咨询产品品质。引入"全面质量管理（Total Quality Manage-ment）"理论，主动预防质量漏洞。质量保障体系如图 5-21 所示。

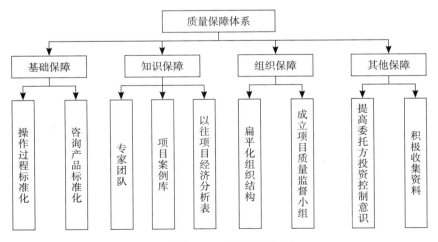

图 5-21　质量保障体系

全面质量管理要求参与建设的业主单位、勘察及设计单位、现场监理单位、各施工单位、设备和材料供应厂商咨询组等所有项目有关的单位，以及全部项目干系人均要投身质量形成过程、质量管理工作中，强调每一个参与人质量意识，并认真处理好与之有关的工作。全过程质量管理是指从项目立项开始，在设计阶段、施工阶段、完工验收、使用维护等项目生命周期各阶段都要重视质量控制和管理，全过程干预质量形成因素，采取各种质量控制方法，保证质量处于良好的状态。全方位质量管理是对影响质量形成的人员、材料、机械、方法与施工方案、环境进行综合分析和研究，采取各种有效的措施和方法，多角度全方位控制质量目标。

5.3.3 项目质量管控要点

1. 质量管理目标体系

全过程工程咨询单位应建立项目的质量管理目标体系，质量目标体系的建立与完善应从总体质量目标的选择与确定、分部分项工程质量目标的制定、日常质量工作检验目标的细化等角度进行改善。在酒店工程的施工过程中应高效快速地优化组合各生产要素，科学地组织土建、机电、装修工程的施工，严格履行工程合同。在项目质量管理目标体系方面，应克服目标体系层级不清、分部目标不明确的问题，建立总体质量目标、分部分项工程质量目标与日常质量工作检验目标为一体的三级质量目标体系。

（1）总体质量目标

严格按照国家现行《建筑安装工程质量检验与评定标准》、地方标准《高级建筑装饰工程质量检验评定标准》要求，确保分部分项工程质量达到优质工程标准。施工一次交验合格率100%；分部工程优质率达到90%以上。

（2）分部分项工程质量目标

根据星级酒店工程实际情况，可以对项目质量目标进行如表5-9所示的分解。

（3）日常质量工作检验目标

为改善日常质量工作建议目标，酒店项目制定的日常质量工作检验目标是通过检查、整改确保每次分项工程验收合格率达到100%，优质率达到90%以上。分解、量化总体质量目标，使总体质量目标融于切实可行的日常管理之中；将总体质量目标分解为主体阶段质量目标（清水混凝土质量标准）和装饰工程质量目标（明确抹灰、木地板、块材地面、玻璃幕墙、门窗、吊顶、涂料等主要装饰做法的质量目标）以及机电预留预埋工程的质量目标，通过对各个分解目标的控制

项目质量目标分解 表 5-9

序号	分部工程名称	计划目标	所含分项工程名称	计划目标
1	地基与基础工程	优质	防水工程	优质
			砌筑工程	合格
			模板工程	优质
			钢筋工程	优质
			混凝土工程	优质
			回填土工程	合格
2	主体工程	优质	模板工程	优质
			钢筋工程	优质
			混凝土工程	优质
			钢结构工程	优质
3	楼地面工程	优质	地砖（石材）地面	优质
			水泥砂浆地面/耐磨	优质
			地毯地面	优质
			防火胶地板	优质
4	门窗工程	优质	木门/防火门	优质
			不锈钢门窗	优质
5	屋面工程	优质	保温层	合格
			防水层	优质
			细部构造	优质
			面层	优质
6	装饰工程	优质	干挂石材	优质
			隔墙抹灰工程	优质
			顶棚工程	优质
			油漆/涂料工程	优质
7	幕墙工程	优质	加工制作	优质
			安装施工	优质
8	暖通、卫生、消防、给水排水工程	优质	管道安装	优质
			设备安装	优质
			栓箱配件安装	合格
			末端装置安装	优质
9	通风空调工程	优质	水道安装	优质
			管道保温	优质

续表

序号	分部工程名称	计划目标	所含分项工程名称	计划目标
9	通风空调工程	优质	风管制作安装	合格
			风机安装	优质
10	电梯安装工程	合格	电梯钢梁焊接	优质
			电梯安装	合格
11	电气安装工程	优质	设备安装	优质
			高低压柜	优质
			盘、柜、箱、盒安装	合格
			避雷针（网）及接地安装	合格
			线缆安装	合格
			照明灯具安装	优质

来确保整体质量目标的实现。从日常分项工程分段施工质量检验的手段来看，主要是抓实测实量，通过建立并严格执行施工管理考评制度和奖罚制度，对质量管理实行全过程检查，每道工序必须经检查合格后方可进入下道工序，否则不允许施工。

2. 施工过程质量控制

质量通病防治措施，如表 5-10 所示。

质量通病防治措施清单　　　　表 5-10

序号	施工单元	质量通病问题	控制措施
1	土建+幕墙	幕墙防渗漏	（1）加强节点优化设计，充分考虑排水路线，逐层排水，做到以排为主，以防为辅。 （2）现场安装之前需通过四性实验并取得相应合格报告，确保系统功能的适用性。 （3）加强加工厂组装质量管理。 （4）现场安装后每层蓄水试验，每 3~4 层淋水试验。 （5）施工过程中重点关注收口位置密封胶打胶质量
2		卫生间节点	（1）反坎施工前地面和墙面必须凿毛并用水冲洗干净，反坎表面不允许有蜂窝、麻面、破损和施工冷缝。 （2）排污管道需分两次封堵，禁用钢丝吊模。 （3）卫生间防水涂刷前必须对基层进行处理，可采用水泥砂浆对基层进行抹灰收光处理，确保防水施工完成后无明显突出骨料，防水涂膜表层无开裂、无气泡

续表

序号	施工单元	质量通病问题	控制措施
3	土建+幕墙	防水施工区域闭水	（1）卫生间、后屋面等有防水区域在防水施工前需进行结构闭水，确保结构无渗漏后再施工做防水。 （2）防水施工完成后闭水48小时，无渗漏后再进入下道工序施工
4		地下室及屋面防水	（1）防水基层必须清理干净，无空鼓、起砂，现场保持干燥。 （2）卷材施工完成后收口方式合理、固定牢固，确保卷材搭接长度符合要求并与基层粘结牢固，无空鼓现象。 （3）刚性层施工完后进行第三次闭水试验，确保无渗漏后再进入下道工序施工
5		塔楼采用钻孔灌注桩+筏板的结构形式，筏板厚度约3m，属大体积混凝土结构施工，混凝土浇筑后易出现大面积收缩裂缝	制定大体积混凝土专项施工方案，通过混凝土材料试配实验控制混凝土材料水化热，通过热工计算测算混凝土内外温差，施工过程中采取测温措施密切关注，采取必要的混凝土表面保温措施
6		两栋塔楼及裙楼计划均采用木模，相比铝膜或钢膜，木模条件下的混凝土浇筑平整度、垂直度等实测实量数据相对较差	（1）选用新模板，木模的周转次数在合同中明确。 （2）制定模板专项施工方案，施工过程中做好模板安装及脚手架搭设的检查工作
7		型钢柱与钢筋连接节点受现场实际情况影响较大，不能严格按照图纸施工	提前进行钢筋放样，遇到冲突问题及时与设计进行沟通，形成书面文件记录以指导施工，必要时采取BIM技术进行优化
8		埋件偏位： 埋件固定不牢，点位控制不准确，钢筋被撬动	细化埋件图，将基准点明确，并使得现场易于寻找；使用50m卷尺来测量，减少误差积累；待钢筋施工完毕后再开始埋件的施工，埋件与箍筋点焊牢固。后期若发现埋件偏位，左右、上下偏差则补埋后置埋件，进出偏差则加焊钢板（平板埋件）或加长T形螺栓（槽形埋件）
9		幕墙分格线上下不一致，幕墙直线度不合要求： 放线时产生误差积累，上下未能统一基准，安装过程中未能及时检测、纠正偏差	放线时首先找好基准，并在各楼层做好标记，作分格点时采用50m以上长度的卷尺，减少误差积累，采用经纬仪对各楼层分格点进行纵向复测，安装过程中采用相同的构件或板块对齐标准
10		幕墙渗漏： 开启部分设计不合理；注胶环境未达规范要求，净化不合格；密封胶厚度不足，且有针眼、稀缝等缺陷；幕	设计方案应进行充分的论证与审核，慎重选材，了解各种材料、五金配件的性能，因材而用；现场施工时，注意图纸及规范要求，打好密封胶并保证内排水系统畅通

续表

序号	施工单元	质量通病问题	控制措施
10	土建+幕墙	墙内排水系统不严密或堵塞；密封胶条规格小，胶条搭接处未密封；开启部分胶条弹性差，五金配件或数量不足，紧闭不严密；单元板块十字接缝处未打胶处理或处理不合格；幕墙与主体交接处未连接好，封口不严或漏打胶	
11		金属幕墙表面不平整：龙骨安装时未调平直，有挠曲现象；金属板面积过大或未加加强筋，自身重力导致板面变形；板材加工不合格；自攻钉的拧紧程度不一致	龙骨安装时要不时地复测其标高、平直度，焊接时采用小一点的电流，尽量能对称施焊，减少焊接变形；龙骨材料在使用前进行校正；设计中不应盲目追求视觉效果而增大分格尺寸，大面积的板材应计算其强度，适当地增设加强筋；进场的板材应进行严格的检测，板材在堆放时要防止其受压变形
12		密封胶缝有气泡、凹凸不平、边缘不平直等	采用熟练工种，明确打胶操作要点
13		幕墙的垂直度及平整度偏差控制	编制偏位预埋件补强处理方案，确保补强方案正确实施；编制专项测量方案，严格执行过程质量控制，特别加强幕墙板块垂直度、平整度、缝宽偏差及接缝高低差等实测实量工作
14	隐蔽工程	楼板裂缝原因分析： （1）板厚设计不合理； （2）楼板配筋不合理； （3）管线预埋叠加处未采取防裂措施造成管线处保护层过薄而开裂； （4）楼板支撑系统不稳定，如扫地杆缺失、立杆间距偏大等； （5）楼板浇筑后过早承受堆载； （6）混凝土浇筑完，收面和养护不到位	（1）钢筋混凝土现浇楼板的设计厚度不宜小于100mm。 （2）当楼板内需要埋置管线时，管线不宜立体交叉穿越；楼板双层配筋时，管线宜布置在楼板的上下层钢筋之间；当楼板采用单向配筋时，应沿管线方向在板的上表面加设一道 $\phi4@100$ 宽600mm的钢丝网片作为补强措施。如无法避免管线交叉，应采取有效的防裂措施，如在交叉部位加设一道细目钢丝网并有效固定。 （3）特殊部位的混凝土现浇板内应配置防裂构造钢筋（宜采用 $\phi8@100$）： ①当建筑物平面不规则时，在房屋凹角处的楼板； ②建筑物两端阳角处及山墙处的楼板； ③建筑物外墙设置大面积玻璃窗时，与外墙相邻的楼板； ④建筑物顶层的屋面板； ⑤与周围梁、柱、墙等构件整浇且受约束较强的楼板。 （4）严格控制混凝土的坍落度。在满足施工要求的条件下，宜采用较小的混凝土坍落度。 （5）加强现浇板收面和养护保温，采用覆膜养护或磨光机收面，机械找平人工拉毛

续表

序号	施工单元	质量通病问题	控制措施
15		空鼓：墙面瓷砖 石膏砂浆	墙面瓷砖：①使用专用胶粘剂；②增加背覆胶；③墙面拉毛后再上墙砖；④加强工序管控，确保水灰比、施工工艺符合要求 石膏砂浆：①基层处理干净后涂刷界面剂；②对于剪力墙石膏砂浆要求分两遍抹灰；③砌体墙面抹灰前适当浇水湿润
16		钢筋工程	检查钢筋品种、规格、数量、位置、锚固和接头位置、连接方式、搭接长度、保护层厚度、钢筋代用及变更；拉结筋处理、洞口过梁、附加筋情况
17	隐蔽工程	钢结构工程	（1）检查预埋件、后置埋件和连接件的规格、位置、连接方式、防腐处理等，检查地脚螺栓规格、位置、埋设方法、是否紧固等； （2）钢结构的焊接工作：事前确认材料等级、焊接工艺、焊缝等级，事中控制焊接速率、焊接顺序，事后落实探伤检测工作，确保质量； （3）钢结构的铰接工作：确认螺栓种类、型号、规格、数量。事中控制紧固方法、紧固顺序，事后控制终拧强度； （4）钢结构安装完成后检查防腐漆规格、种类、漆膜厚度；防腐完成后检查防火材料规格、厚度
18		幕墙工程	（1）检查预埋件、后置件和连接件的规格、数量、位置、连接方式、防腐处理等； （2）检查构件之间以及构件与主体结构的连接点的安装与防腐处理； （3）检查幕墙四周、幕墙与主体结构之间间隙节点的处理、封口的安装；幕墙伸缩缝、沉降缝、防震缝及墙面转角节点的安装；幕墙防雷接地的安装等； （4）检查幕墙的保温施工、防火构造的设置与处理
19		电梯工程	检查电梯承重梁、起重吊环埋设，电梯钢丝绳头灌注，电梯井道内导轨、层门的支架，螺栓埋设，安全接地等
20		安装管线	检查导管的品种、规格、位置、弯曲度、弯曲半径、连接、跨接地线、防腐、管盒处理、敷设情况、保护层、需焊接部位的焊接质量等
21		吊顶工程	检查吊龙骨及吊件材质、规格、间距、连接方式、固定方式、表面防水、防腐处理、外观情况、拼缝和边缝情况、填充和吸声材料的品种、规格、铺设、固定情况等
22		卫生间防水	检查管道口、排气口、地漏等封堵；检查防水基层、防水材料及附加层、防水层做法等内容

续表

序号	施工单元	质量通病问题	控制措施
23	隐蔽工程	屋面工程	检查基层、找平层、保温层、防水层、隔离层材料的品牌、规格、厚度、铺贴方式、搭接宽度、接缝处理、粘结情况；天沟、檐沟、泛水和变形缝、屋面突出部分细部做法等
24	机电工程	专业接口多，协调量大，与综合布线、三网运营商、机房数据中心、机房空调、供配电、园林景观等专业分包均存在专业接口，与总包单位、装修存在工作面交接问题。工程整体协调量大	（1）明确接口协调的责任人。其中，生产经理负责协调工作面交接的问题，总工程师负责协调各专业接口问题； （2）明确接口协调的时间。按照施工进度计划中各专业分包介入的时间，提前落实各专业接口做法，理顺接口处的施工工序
25	机电工程	管线综合排布难度大，需对机电各专业管线进行综合排布，保证楼层净高	（1）使用BIM技术，使排布结果更可靠； （2）综合排布初稿内部评审，对不满足使用功能、不利于施工质量控制的区域进行讨论与解决； （3）施工时严格监督各专业管线的标高、返弯处理，并严格控制安装质量
26	机电工程	设备选型、机房内各专业管道走向进行统筹布置难度大	（1）运用BIM技术，模拟布置机房设备与管线； （2）提前明确设备机房内的各种做法及重要节点施工标准，必要时做专项培训； （3）机房安装前，先选一典型机房作为样板，待该样板经三方验收后，方可大面积开展施工
27	机电工程	机电系统调试直接关系机电各系统最终用功能的实现与集成，同时会影响本工程整体使用的可靠性	（1）编制机电系统调试专项方案，对机电系统的调试步骤、调试方法、用于调试的资源配置、调试的进度、质量、安全管理措施进行明确规定； （2）调试前，复核调试的环境是否满足调试要求，如：管道系统的阀门状态、控制箱的手自动状态、电源的稳定性、动力设备的润滑等； （3）调试中，严格按批准的调试方案进行，严守调试操作程序，详细记录调试过程与各项参数
28	机电工程	机电质量通病管理	针对电气工程、给水排水工程、暖通、空调工程制定专项质量通病防治措施、做好成品保护

（1）地下防水工程质量控制

①选择几家资质等级高、实力强的防水分包队伍进行招投标，择优录用。

②材料进场后要取样复试，要求全部指标达到标准规定。

③基层清理平整并经干燥后铺贴防水卷材，卷材与基层粘贴紧密，禁止空鼓。

④对变形较大、易遭破坏或易老化的部位，如变形缝、转角、三角面，以

及穿墙管道周围、地下出入口通道等处，均应铺设卷材附加层。附加层可采用同种卷材加铺1～2层。

⑤为使卷材防水层增强适应变形的能力，提高防水层整体质量，在分格缝、穿墙管道周围、卷材搭接缝，以及收头部位应做密封处理（用自黏性胶粘带或聚氨酯嵌缝膏）。

（2）钢筋工程质量控制

①钢筋进场后挂牌堆放，堆放场地硬化。

②钢筋半成品作标识，防止用错。

③在钢筋加工制作前，先检查该批钢筋的标识，验证复检是否合格。制作严格按照材料表尺寸。

④加强对钢筋连接接头的质量检测。

⑤对预埋盒的埋设采取加固措施，防止浇筑混凝土时位置偏移。

⑥加强钢筋的定位，严格控制钢筋保护层厚度。

⑦预应力钢筋严格按图纸施工，并控制好标高。

（3）模板工程质量控制

①墙、矩形柱模板在现场硬拼装成大模板。所有模板体系在预制拼装时，用手刨将模板刨边，使边线平直，四角归方，接缝平整，模板拼缝处做成企口，并粘贴密封条以防漏浆。

②做好地下室外墙施工缝的防水工作。

③两块大模板在接缝处做到平整且缝隙小。梁底边、二次模板接头处，转角处均加塞密封条以防止混凝土浇筑时漏浆。

④楼板模板在板与板之间采用硬拼，不留缝隙。

⑤为确保墙、柱根部不烂根，在安装模板时，所有墙柱根部均加垫10mm厚海棉条。

⑥后浇带模板做成梳子状，使钢筋网顺利穿插，梳孔与钢筋空隙用海绵条塞紧避免漏浆。

⑦模板拆除需看同条件养护试块是否达到拆模强度，并实行拆模申请制度。

⑧拆模时不要用力过猛，拆下来的材料要及时运走，拆下后的模板要及时清理干净，并封堵螺杆洞口，有覆膜破损处需刮腻子、刷油漆进行修整。

（4）混凝土工程质量控制

①与搅拌站签订供应合同，对原材、外加剂、混凝土坍落度、初凝时间、混凝土罐车在路上运输等做出严格要求。

②现场收料人员要认真填写商品混凝土小票，详细记录每车混凝土进场时间、开始卸料时间、浇完时间。以便分析混凝土在供应过程中其质量是否能得到有效保障。

③混凝土浇筑前要采取会签单制度，将混凝土浇筑技术指标等相关信息传达给混凝土搅拌站，同时各分项工程的验收情况也要会签，留下验收符合要求的痕迹。

④对每车混凝土都要进行各项指标的检测，如遇不符合要求的，必须退回搅拌站。

⑤同条件试块再派专业试验员现场制作，并做好对试块的施工位置、混凝土强度等级等信息的记录。现场试验室设振动台，标养室采用恒温恒湿全自动设备控制，切实保证恒温恒湿条件。

⑥严格分层振捣厚度，振捣棒严禁碰到预应力钢筋，既防止预应力筋偏位，又防止损伤预应力筋。

⑦施工缝处待已浇筑混凝土的抗压强度超过 1.2MPa 后，才允许继续浇筑，在继续浇筑混凝土前，施工缝混凝土表面要剔毛，剔除浮动石子，并用水冲洗干净后，先浇一层水泥浆，然后继续浇筑混凝土并振捣密实，使新旧混凝土结合紧密。

（5）砌体工程质量控制

①错缝砌筑，砂浆饱满，冬期施工做好保温防冻措施。

②立皮树杆，底部平砌实心砖，顶部斜砌实心砖，砖缝填满砂浆。

③砌体与主体结构之间做好拉结。

④做好砂浆的配比及计量工作，砂浆随拌随用。

⑤控制砌筑高度，墙体转角处及交接处同时砌筑，否则留槎。

⑥拉线砌筑，并随时检查砌体的平整度和垂直度。

⑦同分包配合，做好预埋件、各种管线的预留预埋工作。

（6）回填土质量控制

①回填前将基坑（槽）底的碎砖等杂物清理干净。

②回填的土料清除有机质，并过筛，防止粒径过大。

③回填前，回填灰土应按 2:8 比例拌合均匀，现场按 1 小车白灰对 4 小车回填土料进行配比。

④回填灰土应分层铺摊夯实。每层摊铺厚度控制在规范要求以内（20～25cm）。

⑤控制含水量，拌合土随拌随用。

⑥打夯机依次夯打，均匀分布，不留间隙。打夯应一夯压半夯，夯夯相连，行行相连。

（7）屋面工程质量控制

①屋面工程施工前，首先要对基层进行处理及清理，所有立面与屋面相交的阴角、墙体的阳角在距结构面55cm以下，采用1:2.5水泥砂浆抹成半径为50mm的圆弧；在距结构面55cm的砌块或混凝土墙面，预留或切出6cm宽、3cm深的凹槽，作为屋面的防水收口，凹槽用1:2.5水泥砂浆抹出圆弧角。

②在保温层施工前，隔气层施工完毕并通过验收合格。按屋面实际平面尺寸弹出分格缝，预留排气槽，槽宽为40mm，并放置打孔细管（镀锌管），分格缝的交接处埋设排气管。挤塑聚苯板直接铺设在隔气层上，要紧贴隔气层铺设，块与块之间要挤紧、挤实。

③找坡层施工前，在保温层上弹出不同排水范围的分界线，并按屋面排水范围尺寸计算出各部分找坡层厚度。按计算出的厚度铺贴灰饼，灰饼经验收合格后方可大面积施工。水泥陶粒施工时，应用圆木滚压密实。

找平层按6m×6m设分格缝，缝宽25cm，缝内沥青嵌缝膏。屋面排水坡度为2%，天沟纵向坡度为1%。抹灰找平层水泥砂浆前，应适当洒水湿润基层表面，主要是有利于基层与找平层的结合，但不可洒水过量，以免影响找平层表面的干燥。所以洒水达到基层和找平层能牢固结合为度。根据坡度要求，拉线找坡，一般按1～2m贴灰饼。灰饼经验收合格后方可大面积铺抹水泥砂浆找平层，并按灰饼找平。找平层抹平、压实以后24小时后可浇水养护，一般养护期为7天，经干燥后铺设防水层。

④大面积防水施工前，应先对节点进行处理，进行密封材料嵌填、附加层铺设等。附加层采用3mm厚SBS防水卷材做成，然后用聚氨酯密封。

（8）各专业分包工程质量控制

①电气工程配管重点检查控制管、盒的位置及丝口连接处，应满足设计、规范的要求，抽查配管的弯扁度及隐蔽的办理桥架安装重点及控制桥架安装的接头接缝处的平整度，接地跨接符合规范电线、电缆敷设。重点检查线径、型号、规格，必须满足图纸要求，布线整齐，标识清晰，绝缘电阻测试结果符合规范要求，电气设备重点控制好进场质量，安装基础符合设计要求以及调试期间的成品保护等工作。

②电梯安装工程其施工方案经过批准检查导轨的垂直度、平稳度及噪声，

做好隐蔽预埋件的检查工作，调试后请相关部门检验。

③管道及附件安装工程

根据设计图纸要求，管材及连接方式如表 5-11 所示。

管材及连接方式 表 5-11

序号	管道名称	管材选择	连接方式
1	室外给水管	待设计	待设计
2	室内给水管	热镀锌钢管 $DN \leqslant 80$ 热镀锌钢管 $DN > 80$	丝扣连接 卡箍式连接
3	雨水管、排水管	焊接钢管 无承口排水铸铁管	焊接 或打口
4	冷却循环水管	无缝钢管	焊接连接
5	消火栓给水管	无缝钢管	焊接连接
6	自动喷洒给水管	热镀锌钢管 $DN \leqslant 80$ 热镀锌钢管 $DN > 80$	丝扣连接 卡箍式连接
7	空调冷冻水管	热镀锌钢管 $DN < 50$ 焊接钢管焊接 $DN \geqslant 50$ 无缝钢管焊接 $DN \geqslant 125$	丝扣连接 焊接 焊接
8	空调冷却水管	无缝钢管焊接 $DN > 200$	焊接
9	空调冷凝水管	热镀锌钢管	丝扣连接

以上应严格按图施工，认真履行"三检制"，控制并协调好施工质量及进度之间的关系，同时满足管道间的间距规范。各管线专业间要求风管、电气桥架、水管、电管必须按已审批的深化图进行放线，从安装总体上协调好各专业分包商的工序，从总体上协调好各专业同装饰之间的配合工序，风管法兰内径允许偏差 +2mm，具备标准互换性，镀锌薄钢板翻边尺寸 6～9mm，法兰螺栓孔距不大于 150mm；管道阀件试压严格按审批后的施工方案进行，排水管做闭水试验。气体消防管道安装后进行气压试验，管道在试压完后必须进行冲洗。

④水泵、风机、空调设备安装要求。设备同管路系统接驳，安装按图及规范要求采用软连接，消防水泵的吸入口须向上坡，设备不得承重，管路附件的外力核查冷却塔安装平稳牢固，组装件连接紧密。

⑤保温工程：必须控制好保温材料质量，施工过程中检查保温层紧贴风管、密封、无松弛现象，保温层外表面光滑、平整，保温钉成行，美观均匀。保温层纵向缝必须错开，密实、平整，保温层在支吊架横担上方须设置隔热条，保温层保持平整，遇到支管、风口时，重点检查并控制收口处的细部质量，协调控制好

保温同各专业与装饰间的工序，进行保温成品保护工作。

（9）装修阶段的质量控制

①块材地面：板块挤靠紧密，粘结牢固，无空鼓，缝痕通直无错缝，擦缝饱满与块材平，表面平整洁净，无磨划痕，图案清晰，色泽一致，周边顺直方正。

②玻璃幕墙：骨架横平竖直，无错台错位。玻璃安装粘结牢固，色泽均匀，表面洁净、平整、无翘曲，膜面层完好，四边45°角打磨光滑。压条扣板平直、安装牢固。橡胶条嵌塞严密，密封胶镶嵌密实，填充平整，粘缝以外无污渍。收口严密无缝，坡度准确，排水口畅通。防火保温材料干燥、铺贴牢固不下坠。

③门窗工程：安装牢固，开关灵活，无回弹、翘曲和变形，嵌填材料严密、饱满、均匀，木门窗表面平整光洁，无刨痕、毛刺、锤印和缺棱、掉角。

④吊顶：板面起拱度准确，表面平整，无翘曲、破损、起皮和裂纹接缝、接口严密，排列错开有序，板缝顺直、无错台错位，装饰线肩角、割向正确，阴阳角收边方正。

⑤喷涂：喷涂厚度均匀，颜色一致，不得有漏涂和流坠现象，待第一次罩面涂料干燥后，才能施涂第二遍罩面涂料，表面既无搭接痕迹，又清洁无污染。

酒店项目样板管理：酒店项目材料品种极多，通过样板确认才能确定供货厂家，而供货厂家的生产周期直接影响供货及现场施工，因此需通过样板确认推动施工单位的材料供货；塔楼装修可以分三家，面层要求高度统一；项目石材品种繁多，并且部分品种石材离散性非常大，譬如鹅毛金，通过提前组织专题会议、全国范围内石材加工场地考察、形成专题调研报告，最终确定了石材控制标准，有力地推动了项目进展；由于酒店项目的墙纸种类繁多，且设计师选择的墙纸样品的价格远远超过了合同价，通过寻找可制作替代样品的厂家，并统计墙纸替代品的价格以及数量供合约给予询价，保证了整个工程墙纸在效果上达到设计师的要求，在价格上满足合约标准。

3. 施工事后质量控制

各分部分项工程和结构主体工程、单位工程完工后，全过程工程咨询单位应督促监理单位、施工单位按国家或行业规定整理、归档有关资料，分部、分项、主体工程由监理主持组织验收，单位工程验收由全过程工程咨询单位主持，组织各参建单位参加共同验收，确保工程质量符合国家验收标准。质量管理事后控制内容如表5-12所示。

质量管理事后控制　　　　　　　　　　表 5-12

事后控制	实施控制的内容
已完成的施工产品保护	适时检查对已经完成的成品是否明确实施成品保护，并采取了防护、覆盖、封闭、包裹等相应保护措施。对未实施保护或保护措施不当的，提出整改要求
施工质量检查验收	（1）确认工程质量检查验收所使用的标准先进和有效，并符合相关规定。 （2）按照施工质量验收统一标准划分验收的批次，分项工程、分部工程及单位工程的施工质量验收应多层次设防把关应控制项目质量目标
不合格产品的处理	（1）对项目实施各阶段中发现的材料不合格品，应监督施工等有关单位及时进行标识，并应及时隔离和处置，防止使用到项目中，并保存不合格品处置的记录。 （2）各种不合格品的记录和报告，应传递到有关部门进行不合格原因的检测分析，制定纠正措施，防止同类不合格品的再次使用。 （3）修订同类产品质量管理办法，根据发生的原因完善和改进相关监控措施

质量控制的重点，是指对工程质量控制管理中对后续工程质量影响大的因素，或是发生质量问题时危害大的因素，或是技术要求高、施工难度大的工程部位，或是产品质量不稳定容易发生质量通病的工序，以及设计采用的特种地基、特种结构等新材料、新技术经验不足的情形，都应列为项目质量控制的重点。

工程质量控制的重点设置原则如下。

① 采用新技术、新工艺、新材料的部位或环节。

② 施工条件困难和操作技术要求难度大的工序或环节，如复杂的曲线结构拼装、模板放样等。

③ 对于施工过程中技术要求高的关键环节，如预应力结构的张拉工序中张拉力的控制。

④ 施工中质量不稳定又不容易被直接发现的部位、工序，如地下室、人防工程的防水层、屋面防水层等。

⑤ 对操作人员心理、身体素质或者技术要求较高的工序操作，如高温、高空、水下、危险作业、设备安装、重型构件吊装等。

⑥ 特殊气候对质量影响的因素，如高温或寒冷季节对浇筑混凝土采取的防裂、防冻、测温、施工缝处理等措施。

⑦ 大体积混凝土浇筑、特种混凝土的质量保证措施、大型屋架等构配件吊装等。

⑧ 大跨度或超高结构等技术难度大的施工环节，大孔性湿陷性黄土、膨胀土特殊地基的处理等。

⑨ 关键性的施工操作，工序之间的技术性间歇、施工过程中的观测数据等。

⑩ 质量通病易发的部位、设计变更频繁的部位，涉及多个参建单位交叉集

中作业的部位。

4. 施工阶段质量验收

根据《建筑工程质量验收统一标准》GB 50300—2013 规定验收是指建设工程质量在施工单位自行检查合格的基础上，由工程质量验收责任方组织，工程建设相关单位参加，对检验批、分项、分部、单位工程及其隐蔽工程的质量进行抽样检查，对技术文件进行审核，并根据设计文件和相关标准以书面的形式对工程质量是否达到合格做出确认。其内容如表 5-13 所示。

施工质量验收的内容　　　　　　　　　　　表 5-13

验收划分	符合验收要求
检验批	①主控项目和一般项目的质量经抽样检验合格； ②具有完整的施工操作依据、质量检查记录
隐蔽工程	要求施工单位首先应完成自检并合格，然后填写专用的《隐蔽工程验收单》
分项工程	①所含的检验批均应符合合格质量的规定； ②所含的检验批的质量验收记录应完整
分部（子分部）工程	①所含的检验批均应符合合格质量的规定； ②质量保证资料应完整； ③地基基础、主体结构、各项子分部工程的评（估）定报告文件； ④设备安装等分部工程有关安全和功能的检验和抽样检测结果应符合有关规定
单位（子单位）工程	①所含分部（子分部）工程的质量均应验收合格； ②质量保证资料应完整； ③所含分部工程有关安全和功能的检测、检验资料应完整； ④主要功能项目的抽样结果应符合相关专业质量验收规范的规定； ⑤感官质量验收应符合要求； ⑥各参建责任主体单位对单位（子单位）工程的质量评价、评估文件

检验批和分项工程是质量验收的基本单元；分部工程是在所含全部分项工程验收的基础上进行验收的，在施工过程中随完工随验收，并留下完整的质量验收记录和资料；单位工程作为具有独立使用功能的完整的建筑产品，应进行竣工质量验收。

施工过程的质量验收包括以下验收环节，通过验收后留下完整的质量验收记录和资料，为工程项目竣工质量验收提供依据。

（1）检验批质量验收

所谓检验批是指"按同一生产条件或按规定的方式汇总起来供检验用的，由一定数量样本组成的检验体"，检验批是工程验收的最小单位，是分项工程乃至整个建筑工程质量验收的基础。检验批应由监理工程师组织施工单位项目专业质量检查员、专业工长等进行验收。检验批质量验收合格应符合下列规定。

①主控项目的质量经抽样检验均应合格。

②一般项目的质量经抽样检验合格。

③具有完整的施工操作依据、质量验收记录。

主控项目是指建筑工程中对安全、节能、环境保护和主要使用功能起决定性作用的检验项目。主控项目的验收必须从严要求，不允许有不符合要求的检验结果，主控项目的检查具有否决权。除主控项目以外的检验项目称为一般项目。

（2）分项工程质量验收

分项工程的质量验收在检验批验收的基础上进行。一般情况下，两者具有相同或相近的性质，只是批量的大小不同，分项工程可由一个或若干个检验批构成。分项工程应由专业监理工程师组织施工单位项目专业技术负责人等进行验收。分项工程质量验收合格应符合下列规定。

①所含检验批的质量均应验收合格。

②所含检验批的质量验收记录应完整。

（3）分部工程质量验收

分部工程的验收应在其所含各分项工程验收的基础上进行。分部工程应由总监理工程师组织施工单位项目负责人和项目技术负责人等进行验收；全过程工程咨询单位和勘察、设计部门负责人和施工单位技术、质量部门负责人应参加地基和基础分部工程验收；全过程工程咨询单位和设计部门负责人和施工单位技术、质量部门负责人应参加主体结构、节能分部工程验收。

①分部工程质量验收合格应符合相关规定。

②所含分项工程的质量均应验收合格。

③质量控制资料应完整。

④有关安全、节能、环境保护和主要使用功能的抽样检验结果应符合相应规定。

⑤观感质量应符合要求。

5.3.4 项目质量管控措施

1. 样板引路制度

针对酒店工程施工材料品种多、新工艺多、工序交叉作业多等特点，在装修分项工程中推行样板引路制度，经监理、设计、业主验收确认后再全面展开（图5-22）。

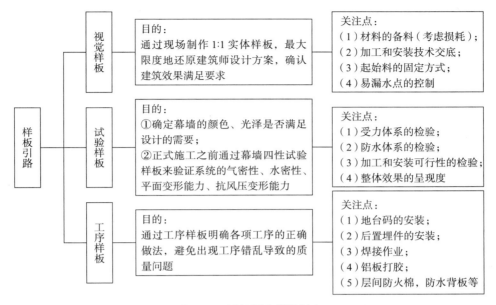

图 5-22　星级酒店样板制度

（1）所有分项（工序）工程施工前，由专业工程师依据施工方案和技术交底以及国家现行的施工质量验收规范、标准和规程，组织进行分项（工序）样板的施工。在施工部位挂牌注明工序的名称、施工责任人、操作班长、施工日期等。

（2）样板工序、样板间选择有代表性，功能齐全的分项工程及重点工序作为样板，请监理共同验收，样板未通过验收前不得进行下一道工序的施工。

（3）在样板施工中要接受技术标准、质量验收规范、质量标准的培训，做到统一操作程序，统一施工做法，统一质量验收标准。

（4）样板工程由技术质量负责人组织先行自检，并按细化设计、施工方案所要求的标准进行评定，在符合要求的基础上，填写样板验收记录，上报项目经理部质量检查科，由质量检查科约请业主、监理组织进行核验及办理样板验收会签手续，重要的样板工序约请政府质量监督部门参加。

（5）在精装修阶段，对于没有定型的材料（设计没有最后确定的）及新材料、新工艺，即通过样板选材造型的前期分项样板，由项目部质量检查科会同业主指定分包单位、地点来做，并组织约请监理、业主、设计单位共同进行验收，确定其最终做法。

（6）在施工过程中验收的质量标准只能高于样板而不能低于样板。

（7）在装修施工阶段中，样板通过后，需挂牌标识。

（8）样板工程未经质量检查科检查批准，不得进行大面积施工。

2. 三级检查制度

（1）自检：每个专业施工队伍对自己完成的每项工程进行检查，在达到质量验收合格标准后，由班组负责人填报其检查记录。

（2）互检：经自检合格的分项工程，在项目部专业工程师的组织下，由专业工长及质量检查员组织上下工序的施工班组互检，对互检中发现的问题，上下工序班组应认真及时地予以解决。

（3）交接检：上下工序班组通过互检认为符合分项工程质量验收标准要求，在双方填写交接检记录，经分包方工长签字认可后，方可进行下道工序施工。项目专业工程师要亲自参与监督。

"三级检查制度"是指在总承包的模式下，落实多级检查，包括分包自检、总包复检、监理验收检查。通过多级检查保证分项工程的施工质量，多级检查可以将存在于施工工序中的质量问题暴露出来，提高施工质量水平。

（4）检查验收流程（图5-23）。

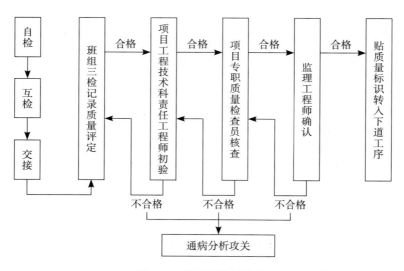

图5-23 检查验收流程图

3. 质量会诊制度

在项目内部分别组成钢筋、模板、混凝土、砌体、装修、安装等分项工程质量考评小组，对每个施工完毕的施工段进行质量会诊和总结，并填入钢筋、模板、混凝土、砌体、装修、安装质量会诊表，质量会诊表中着重反映发生每种质量超差点的数量，并对发生的原因进行分析说明。质量会诊小组成员在每周质量例会上对上一周质量会诊出来的主要问题进行有针对性地分析和总结，提出解决措施，预控下一周不再发生同样的问题。同时，工程部对各层同一分项工程质量问题发生频率情况进行统计分析，做出统计分析图表，进一步发现问题变化趋势，以便更好地克服质量通病。

4. 挂牌施工管理制

标牌管理体现在以下两个方面：其一，标明小组负责施工区域。现场管理人员如发现某段施工质量有问题，可以立即根据标牌查找到操作人员，及时提出整改要求。其二，现场悬挂施工交底标识，直接将施工操作顺序和工艺标准现场交底给工人，让工人在操作过程中始终可以方便地对照交底，从而实现高标准、高质量的目标[①]。

5. 成品保护制度

（1）结构施工阶段

①楼板钢筋绑扎完后搭设人行马道。

②墙、柱、板混凝土拆模必须执行拆模申请制度，严禁强行拆模。

③起吊模板时，信号工必须到场指挥。

④板混凝土强度达到 1.2MPa 以后，才允许操作人员在上行走，进行一些轻便工作，但不得有冲击性操作。

⑤墙、柱阳角，楼梯踏步用小木条（或硬塑料条）包裹进行保护。

⑥满堂架立杆下端垫木枋。利用结构做支撑支点时，支撑与结构间加垫木枋。

（2）装修施工阶段

由于酒店类工程对观感上要求较高，装修质量控制尤其重要，在装修施工过程中各工种交叉施工频繁，包括水、电管道的施工和土建施工的交叉，很容易造成对成品的污染和损坏，因此对成品和半成品的保护尤其重要，保护措施包括：

①制定严格的成品、半成品交接制度。做好各工序的交接，落实好每一道工序后的责任人。同时建立"挂牌"制度，将成品的质量要求、已完成情况提示出来，并对成品和半成品派专人进行"护、包、盖、封"等保护措施。

②运输过程中应注意防止破坏各种饰面。

③油漆涂料施工前将地面清理干净，各种五金管件做好保护。油漆涂料未干前，应设专人看护防止触摸。

④在施工过程中要注意其他专业成品的保护，不得蹬踏各种卫生器具、水暖管道等。

---

① 廖建军. 酒店工程的施工质量管理研究 [J]. 质量论坛，2008（3）：14-15.

⑤在装修阶段入户进行电气焊作业时,要用挡板等保护焊点周围的瓷砖、地砖、防水材料等成品。

(3)工程进入精装修阶段(或机电工程进入设备及端口器具安装时),应制定切实可行的成品保护方案,由经理部、保卫部门负责监督。

(4)成品保护措施(图5-24)。

单元板出场前薄膜包裹　　主入口型材硬保护　　已安装单元板的成品保护　　首层玻璃薄膜保护　　室内玻璃薄膜保护

图5-24　成品保护措施

①成品保护要求写入分包合同,特别是对后期抢工阶段的成品保护要求。

②对分包、劳务进行全面交底,在措施搭设及拆除的过程中避免对已安装材料破坏。

③要求分包设置专人对接成品保护,跟踪分包合同中的文明施工费是否有专款专用。

④材料从加工—组装—安装全程保护膜粘贴,直至业主同意时才允许撕除。

⑤在施工现场为幕墙材料单独规划一块材料堆场,避免二次转运导致的材料损耗。

⑥专业交叉之间(精装、景观、机电、园林、土建),成品保护特别加强,避免已安装材料污染。

⑦首层特别是近人区域的已安装材料,直至交付前才应拆除成品保护措施。

⑧幕墙施工过程中应及时封闭断水,若无法达到封闭条件也需要有临时断水措施,避免因未断水原因导致对其他专业造成污染。

⑨对于易发生因成品保护不到位导致的质量问题(例如,玻璃烫伤、铝板刮花、型材刮花等)做单独成品保护方案。

6. 质量奖罚制度

(1)原则:认真贯彻国家和上级关于质量工作的方针、政策、法令和标准,坚决执行公司质量体系程序文件和质量管理的奖罚规定,以现行国家施工质量验收规范、评定标准为依据,对在施工程进行奖罚。

(2)途径:由项目部质量检查科以各专业施工班组和各分包单位现场施工质量及质量状况为依据,根据本制度的规定负责签发《工程质量问题奖罚通知单》；质量检查科及财务科分别建立质量专用台账，建立质量基金，专款专用。

（3）主要奖励规定

①坚持"样板引路"。质量检查科对同一分项工程的样板质量进行总结评比，对获得第一、二名的施工班组进行奖励。

②项目部每月组织一次在施工程的分项工程质量评比，对于获得第一名的给予奖励。

③项目部不定期进行资料评比，对施工中及时准确上报分项工程验收资料的单位，应给予相应的经济奖励。

（4）主要奖罚规定

①在未通过验收的情形下，擅自进行下一步工序的除勒令停工外，还应对责任单位及相关负责人给予相应的经济罚款。

②每个分项工程在施工前需编制施工专项方案以及质量目标计划，并按相关施工规定要求的时间上报项目经理部工程技术科；无质量目标设计或逾期不落实，不能施工，造成工期延误的，对单位及项目责任人给予罚款。

③在日常工作中，一些质量问题虽经多次书面提出，但未能得到及时整改的，对单位及项目负责人给予罚款，直到整改符合要求为止。

④因管理不善，质量问题迟迟得不到解决或受到监理通报批评的，经项目部核实，依据问题的性质给予罚款。

⑤加强防水工程的质量控制，认真做好蓄水试验工作，凡在验收中发现遗漏问题的，每一处（以每一渗水点为一处）第一次蓄水过程中存在问题的给予罚款，并按实际渗漏累加罚款。

⑥标签制度：每施工完一段，项目质检管理员立即检测，并将检测结果如实填入质检标识签内，标识签粘贴在受检部位，方便工人及时了解每段施工质量的好坏，对增强工人的质量意识起到警示作用。

⑦凡隐蔽工程未经质量检查科及监理公司检查验收就进行下道工序施工的，一经发现，对责任单位及责任人给予罚款。

⑧工程报验资料严重失真与实际情况超差以上的单位，对责任单位及主要责任人给予罚款。

⑨各类质量报表要及时上报项目部，逾期不报或造成项目部上报监理公司的报表延误，对责任单位及责任人给予罚款。

7. 质量验收制度

为了加强工程施工质量，保证每道工序均达到合格标准，以最终达到工程优质的目标，应合理安排和协调各方的工程报验工作，提高报验的效率及工作质量。

（1）各专业施工班组需报验的工程，必须先由各专业项目工程师负责组织工长、技术交底人对该工序进行内部联合检查，合格后按照项目部的有关规定填写报验资料，上报质量检查科。

（2）实行工程项目的计划报验制度。各专业班组在工序完成前三天应将报验计划上报项目部工程质量检查科，质量检查科根据各专业班组的报验计划进行统筹安排，有计划地约请监理工程师组织三方现场验收。

（3）各专业班组根据验收计划安排，按时到指定地点等待验收，并携带报验项目的自检记录单，无自检记录单者，项目部质检人员拒绝验收，并认定验收该项目一次不合格。

（4）为了加强现场验收的严肃性，验收项目第一次不合格，质量检查科将填写存在问题通知单，并要求整改后进行二次报验。凡第二次报验不合格的，其中仍存在第一次报验时质量问题未落实整改的单位，将给予罚款处理，同时对该项目施工负责人罚款，并召开质量现场会。

（5）报验资料和自检记录单必须真实反映实际情况，经验收，实际情况与自检记录单出入过大，验收认定不合格，将给予资料员罚款处理。

（6）工序验收合格并在各方手续齐全后，由质量检查科从监理手中索取。

5.4 施工阶段投资管理

5.4.1 项目投资管理策划

全过程工程咨询单位在施工阶段的投资管理主要体现在资金使用计划的管理、工程计量与工程价款的支付管理、工程变更及现场签证的管理、索赔费用的管理。其中，工程计量及工程价款的支付管理包括工程计量与工程价款支付中对工程计量与工程价款的审核；工程变更及现场签证的管理包括工程变更管理、现场工程签证管理。

本阶段全过程工程咨询单位负责项目投资管理的决策，确定项目投资控制的重点难点，确定项目投资控制目标，并对项目的专业造价工程师的工作进行过程和结果的考核。

（1）依据

1)《建设工程项目管理规范》GB/T 50326—2017；

2)《建设项目全过程造价咨询规程》CECA/GC 4—2017；

3）建设项目可行性研究报告；

4）设计概算；

5）施工图预算；

6）施工合同；

7）施工组织设计（施工进度计划等）。

（2）内容

1）编制资金使用计划，确定、分解投资控制目标。对工程项目造价目标进行风险分析，并制订防范性对策；

2）进行工程计量；

3）复核工程付款账单，签发付款证书；

4）在施工过程中进行投资跟踪控制，定期进行投资实际支出值与计划目标值的比较，发现偏差，分析产生偏差的原因，采取纠偏措施；

5）协商确定工程变更的价款，审核竣工结算；

6）对工程施工过程中的投资支出作好分析与预测，经常或定期向投资人提交项目投资控制及其存在问题的报告。

（3）程序

施工项目投资管理的一般程序如图 5-25 所示。

（4）注意事项

1）在保证工程项目功能目标、质量目标和工期控制目标的前提下，合理编制投资控制计划和采取切实有效措施实行动态控制，不能为了减少投资而采用降低功能目标、降低质量标准和拖延工期的办法。

2）工程项目投资控制，不仅要考虑项目建设期的资本投入，还要考虑项目建成投产后的经常性开支。应从工程项目长期效益出发，全面考虑工程项目整个生命周期的总成本费用，决不能为压缩建设投资，而造成建成投产后经常性使用（运营）费用增加，最终导致工程项目投资效益降低。

3）动态控制。投资控制贯穿于工程项目的整个生命周期。这个过程包括对投资计划的分析和论证，对投资计划执行状况的跟踪、检查、分析和评估，及时发现计划执行中出现的偏差，分析偏差产生的原因，并针对出现的偏差采取有效措施，纠正和消除产生偏差的原因，确保投资控制目标的实现。

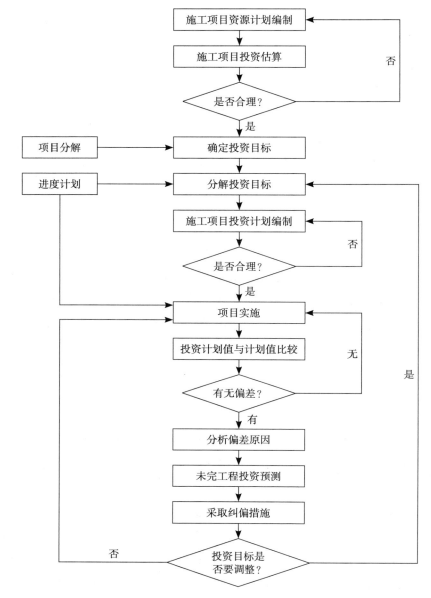

图 5-25 施工项目投资管理的一般程序

5.4.2 项目投资管控措施

1. 工程变更及现场签证的管理

全过程工程咨询单位或专业咨询工程师(造价)应在工程变更和工程签证确认前,对其可能引起的费用变化提出建议,并根据施工合同的约定对有效的工程变更和工程签证进行审核，计算工程变更和工程签证引起的造价变化，并计入当期工程造价。造价部门对工程变更、工程签证认为签署不明或有异议时，可要求施工单位、业主或监理单位予以澄清。

（1）依据

工程变更是施工阶段费用增减的主要途径，全过程工程咨询单位必须重视工程变更管理，主要依据：

1）国家、行业、地方有关技术标准和质量验收规范及规定等；

2）《建设工程工程量清单计价规范》GB 50500—2013；

3）《建设项目全过程造价咨询规程》CECA/GC 4—2017；

4）承发包施工合同；

5）施工图纸；

6）人工、材料、机械台班的信息价格以及市场价格；

7）变更通知书及变更指示；

8）计量签证。

（2）内容

在建设项目施工过程中，由于各种原因，经常出现工程变更和合同争执等许多问题。这些问题的产生，一方面是由于勘察设计疏漏，导致在施工过程中发现设计没有考虑或考虑不周的施工项目，不得不补充设计或变更设计；投资人方案调整、施工单位方案优化。另一方面是由于发生不可预见的事故，如自然或社会原因引起的停工和工期拖延等。

由于工程变更所引起的工程量变化、施工单位索赔等，都有可能使建设项目投资超出投资控制目标，全过程工程咨询单位必须重视工程变更及其价款的管理。

建设项目工程变更管理主要是对工程变更资料的审查，审查的重点包括审查变更理由的充分性、变更程序的正确性、变更估价的准确性。对于施工单位或监理单位提出的工程变更，若在建设项目合同授权范围内且不影响使用功能的情况下，需经投资人和全过程工程咨询单位同意，所有工程变更经设计部门同意后，由监理单位发出。

全过程工程咨询单位在进行工程变更管理过程中，建立严格的审批制度和审批程序，防止任意提高设计标准，改变工程规模，增加工程投资，切实把投资控制在目标范围内。

（3）程序

1）全过程工程咨询单位或其专业咨询工程师（造价）对工程变更和工程签证的审核应遵循以下原则：

①审核工程变更和工程签证的必要性和合理性；

②审核工程变更和工程签证方案的合法性、合规性、有效性、可行性和经济性。

2）工程变更价款确定的原则如下：

①合同中已有适用于变更工程的价格，按合同已有的价格计算、变更合同价款。

②合同中有类似于变更工程的价格，可参照类似价格变更合同价款。

③合同中没有适用或类似于变更工程的价格，全过程工程咨询单位或专业咨询工程师（监理）应与投资人、施工单位就工程变更价款进行充分协商达成一致；如双方达不成一致，由总监理工程师按照成本加利润的原则确定工程变更的合理单价或价款，如有异议，按施工合同约定的争议程序进行处理。

工程变更对工程项目建设产生极大影响的，全过程工程咨询单位应从工程变更的提出到工程变更的完成，再到支付施工承包商工程价款，对整个工程变更的过程进行管理。其中，设计变更工作流程以及工程变更管理的程序如图5-26、图5-27所示。

全过程工程咨询单位进行工程变更管理的主要工作：

1）审查变更理由的充分性

全过程工程咨询单位对施工单位提出的变更，应严格审查变更的理由是否充分，防止施工单位利用变更增加工程造价，减少自己应承担的风险和责任。区分施工方提出的变更是技术变更，还是经济变更，对其提出合理降低工程造价的变更应积极支持。

全过程工程咨询单位对设计部门提出的设计变更应进行调查、分析，如果属于设计粗糙、错误等原因造成的，应根据合同追究设计责任。

全过程工程咨询单位对于投资人提出的设计变更，若因不能满足使用功能或在投资可能的前提下提高设计标准经分析可以变更。

2）审查变更程序的正确性

全过程工程咨询单位审查承包单位提出变更程序的正确性，应按照双方签订合同对变更程序的要求进行审查。如果合同中没有规定，则根据《建设工程价款结算暂行办法》（财建〔2004〕369号）中的规定，在审查过程中主要应注意四个

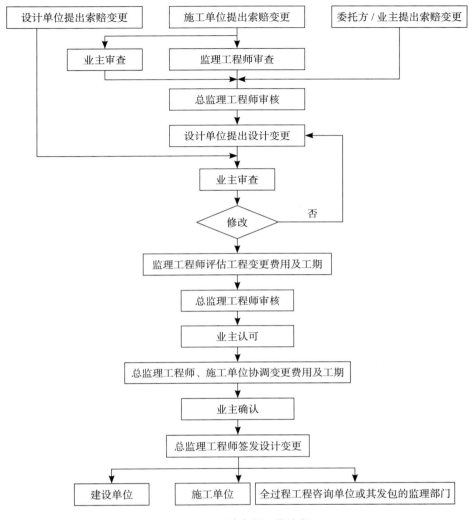

图 5-26 设计变更工作流程

关键环节：

①施工中发生工程变更，承包单位按照经投资人认可的变更设计文件，进行变更施工，其中，政府投资项目重大变更，需按基本建设程序报批后方可施工。

②在工程设计变更确定后 14 天内，设计变更涉及合同价款调整的，由承包单位向投资人提出，经投资人审核同意后调整合同价款。

③工程设计变更确定后 14 天内，如承包单位未提出变更工程价款报告，则投资人可根据所掌握的资料决定是否调整合同价款和调整的具体金额。重大工程变更涉及工程价款变更报告和确认的时限由双方协商确定。

④收到变更工程价款报告的一方，应在收到之日起 14 天内予以确认或提出

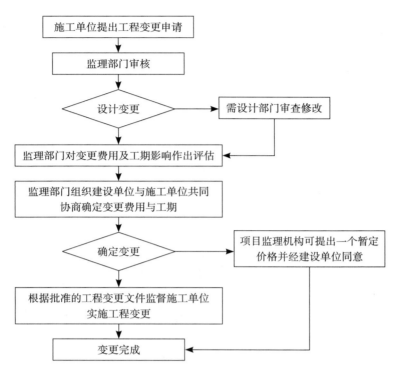

图 5-27　工程变更管理程序

协商意见，自变更工程价款报告送达之日起 14 天内，对方未确认也未提出协商意见时，视为变更工程价款报告已被确认。

3）审查变更估价的准确性

在工程变更管理过程中，全过程工程咨询单位对工程变更的估价的处理应遵循以下原则：

①工程变更计量应按合同约定方法计算工程变更增减工程量，合同没约定的按国家和地方现行的工程量计算规则计算；

②工程变更计价应按合同约定条款计算工程变更价款，合同没有约定的，可按下列原则进行计价。

a. 已标价工程量清单中有适用于变更工程项目的，采用该项目的单价；但当工程变更导致该清单项目的工程数量发生变化，且工程量偏差超过 15%，此时，该项目单价应按照工程量偏差的相关规定调整。

b. 已标价工程量清单中没有适用，但有类似于变更工程项目的，可在合理范围内参照类似项目的单价。

c. 已标价工程量清单中没有适用也没有类似于变更工程项目的，由承包人根据变更工程资料、计量规则和计价办法、工程造价管理机构发布的信息价格和承包人报价浮动率提出变更工程项目的单价，报投资人确认后调整。承包人报价浮动率可按下列公式计算：

招标工程：承包人报价浮动率 $L=(1-$ 中标价 / 最高投标限价 $)\times100\%$；

非招标工程：承包人报价浮动率 $L=(1-$ 报价 / 施工图预算 $)\times100\%$。

d. 已标价工程量清单中没有适用也没有类似于变更工程项目，且工程造价管理机构发布的信息价格缺价的，由承包人根据变更工程资料、计量规则、计价办法和通过市场调查等取得具有合法依据的市场价格提出变更工程项目的单价，报投资人确认后调整。

③合同中另有约定的，按约定执行。

对于建设项目，按照一般规定在合同中没有适用或类似于变更的价格由施工单位提出适当的变更价格，经监理单位确认后执行。全过程工程咨询单位为了有效控制投资，在施工合同专用条款中对上述条款进行修改，在合同没有适用或类似于变更的工程价格由施工单位提出适当的变更价格，经监理单位审核后，报造价部门进行审核，必要时报投资人审批。若施工单位对全过程工程咨询单位最后确认的价格有异议，而又无法套用或无法参考相关定额的，由全过程工程咨询单位或专业咨询工程师（监理）和施工单位共同进行市场调研，力争达成共识。对涉及金额较大的项目，由全过程工程咨询单位（监理单位和造价部门）同施工单位等相关方共同编制补充定额，报造价部门审批，确定变更工程价款。

4）提出审核意见、签认变更报价书

①全过程工程咨询单位审查同意承包商的要求，若投资人授权全过程工程咨询单位，则可以直接签认；若投资人未授权，则需报投资人签认。

②全过程工程咨询单位审查未同意承包商的要求，则需要注明变更报价书上的错误、未同意的原因、提出的变更价款调整方案，并抄送监理单位审阅。

（4）注意事项

1）因不能满足项目使用功能或施工技术要求的需要，则必须进行变更；

2）在满足项目使用功能及施工技术要求的前提下，尽管变更理由充分，若总投资不可控，则全过程工程咨询单位仍不能同意变更；

3）若经相关单位审核同意变更，则应按变更程序确定变更项目综合单价；

4）严格执行应当拒绝的现场工程变更、签证；

现场工程变更、签证是施工阶段费用增加的主要途径，必须重视现场工程变更、签证的管理，严格设计现场工程变更、签证的审批程序，建立现场变更、签证台账制度，每月进行统计分析，并加强现场签证的预防工作，将现场工程变更签证控制在合理的范围内。

下列情形的工作内容不予办理工程变更或现场签证：

①招标文件规定应由施工单位自行承担的；

②施工合同约定或已包括在合同价款内应由施工单位自行承担的；

③施工单位在投标文件中承诺自行承担的或投标时应预见的风险；

④由施工单位原因造成的工程量增加；

⑤法律、法规、规章规定不能办理的。

5）严格执行现场工程变更、签证事项。

现场变更签证应明确根据《建设工程工程量清单计价规范》GB 50500—2013相关规定和要求，对不符合相关规定和要求的应当拒签。

①严格界定工程变更的定义。工程变更是指"合同工程实施过程中由投资人提出或由承包人提出，经投资人批准的合同工程的任何一项工作的增、减、取消或施工工艺、顺序、时间的改变；设计图纸的修改；施工条件的改变；招标工程量清单的错、漏，从而引起合同条件的改变或工程类的增减变化"，除此之外的情形不属于工程变更的范围。

②严格签证内容要求的条件。需要签证的内容尽可能出具正式图纸，如不能实现出具相关图纸或对图纸不能体现的地方，必须在施工前由各方人员现场确认工程量。避免在签证中签认单价或总价。如必须签认价格，应在签证中注明是否为全费用价格，不得写入"……列入直接费"。

③签证应注意时效性。办理签证必须在签证单中注明发生时间，以作为结算时准确判定调整价差的依据。

（5）成果范例

全过程工程咨询单位进行工程变更管理的成果文件参见表5-14、表5-15。

2. 现场工程签证管理

（1）依据

全过程工程咨询单位进行现场签证管理，主要依据：

1）国家、行业和地方政府的有关规定；

2）承发包合同；

3）现场地质相关资料；

4）现场变化相关依据；

5）计量签证；

建设项目工程变更项目汇总表 表 5-14

编号：

工程项目名称		合同名称	
		合同编号	
变更号	变更项目名称	变更的费用	
变更 1			
变更 2			
变更 3			
……			

备注：本表适用于全过程工程咨询单位。

建设项目工程变更审批表 表 5-15

变更提出单位： （盖章） 编号：

工程名称		合同编号	
分部分项工程			
变更的金额	（万元） 详见附件预算书		
变更的原因			
设计单位意见		（盖章） 年 月 日	
监理单位意见		（盖章） 年 月 日	
造价单位意见		（盖章） 年 月 日	
投资人意见		（盖章） 年 月 日	

备注：1. 除相关单位的意见外，其余均由提出单位填写；
   2. 本表一式四份，提出单位、设计部门、监理单位、造价部门各执一份。

6)施工联系单、会议纪要等资料。

（2）内容

现场工程签证是指在施工现场由全过程工程咨询单位和施工单位共同签署的，必要时需投资人签认，用以证实在施工过程中已发生的某些特殊情况的一种书面证明材料。现场签证管理必须坚持"先签证、后施工"的原则。

现场工程签证主要涉及工程技术、工程隐蔽、工程经济、工程进度等方面内容，均会直接或间接地发生现场签证价款，从而影响工程造价。工程签证的主要内容如表5-16所示。

工程签证主要内容　　　　表5-16

签证类型	具体内容
工程技术	1）施工条件的变化或非承包单位原因所引起工程量的变化； 2）工程材料替换或代用等； 3）更改施工措施和技术方案导致工作面过于狭小、作业超过一定高度，采取为保证工程的顺利而进行的必要措施； 4）合同约定范围外的，承包单位对投资人供应的设备、材料进行运输、拆装、检验、修复、增加配件等； 5）投资人借用承包单位的工人进行与工程无关的工作； 6）施工前障碍物的拆除与迁移及跨越障碍物施工
隐蔽工程	1）监理人因某种原因未能按时到位，随后要求剥离检查； 2）在某工序被下一道工序覆盖前的检验，如基础土石方工程、钢筋绑扎工程
工程经济	1）非承包单位原因导致的停工、窝工、返工等任何经济损失； 2）合同价格所包含工作内容以外的项目； 3）没有正规的施工图纸的建设项目，例如大检修工程、零星维修项目，由承包单位提出一套技术方案，经审批完毕后实施；实施完毕后办理工程签证，依据工程签证办理竣工结算； 4）合同中约定的可调材差的材料价格
工程进度	1）设计变更造成的工期拖延； 2）非承包单位原因造成分部分项工程拆除或返工； 3）非施工单位原因停工造成的工期拖延
其他方面	1）不可预见因素，包括不可预见的地质变化、文物、古迹等； 2）不可抗力因素

（3）程序

结合工程实践，全过程工程咨询单位进行规范化的工程签证流程如图5-28所示。现场工程签证需要以有理、有据、有节为原则，即签证的理由成立、签证的依据完整有效、签证的依据计算正确，且每一步都要得到各行为主体的认可和同意，才能继续下一个流程的运行。

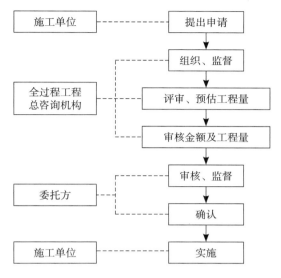

图 5-28 建设项目工程现场签证流程

现场工程签证具体内容具有不确定、无规律的特征，也是施工单位获取额外利润的重要手段。因此做好现场签证管理，是全过程工程咨询单位项目投资控制的一项极其重要的工作，也是影响项目投资控制的关键因素之一。全过程工程咨询单位应要求监理单位和造价部门严格审查现场工程签证，并把好最后的审核关。对于涉及金额较大、签证理由不充足的，全过程工程咨询单位还要征得投资人的同意，实行投资人、全过程工程咨询单位、监理单位、施工单位和造价部门会签制度。全过程工程咨询单位进行现场签证管理主要体现在以下几个方面。

（1）明确现场工程签证内容

施工过程中的签证工作必须符合法律、法规、规章、规范性文件约束下合同对签证的具体约定。全过程工程咨询单位与施工单位对签证中需要明确的内容，可以在施工合同专用条款中重点写明，其涉及的主要内容：

在合同中应约定签证的签发原则，哪些内容可以签证，哪些内容不能签证，如果签证则签证的内容有哪些。凡涉及经济费用支出的停工、窝工、用工、机械台班签证等，由现场代表认真核实后签证，并注明原因、背景、时间、部位等。应在施工组织设计中审批的内容，不能做签证处理。例如，临设的布局、挖土方式、钢筋搭接方式等，应在施工组织设计中严格审查，不能随意做工程签证处理。

全过程工程咨询单位应在合同中约定签证的效力。例如，在一个项目施工合同中，要求现场签证必须有总监签字才能生效，无总监签字的现场签证是不能作为结算审核和索赔的依据。此外，全过程工程咨询单位与施工单位根据单张签证涉及费用大小的签证权限，建立不同层次的签证制度。涉及金额较小的内容可由全过程工程咨询单位现场代表和监理人共同签字认可；涉及金额较大的内容应由全过程工程咨询单位或监理单位、承包单位两方召开专题会议，形成会议纪要，通过签署补充合同的形式予以确定。

（2）合同约定时间内及时签办

现场签证要在合同约定的时间内及时办理，不应拖延或过后回忆补签。一方面保证签证的效力，另一方面由于工程建设自身的特点，很多工序会被下一道工序覆盖，如基础土方工程；还有会在施工过程中被拆除，如临时设施。另一方面，参加建设的各方人员都有可能变动。因此，全过程工程咨询单位在现场签证中应当做到一次一签，一事一签，及时处理，及时审核。对于一些重大的现场变化，还应该拍照或录像，作为签证的参考证据。

（3）加强签证审查

全过程工程咨询单位对签证的审查主要包括几个方面：审查签证主体合法、审查签证形式有效、审查签证内容真实合理、审查签证程序及时间符合合同约定。

1）签证主体合法

签证主体是施工合同双方在履行合同过程中在签证单上签字的行为人。签证单上的签字人是否有权代表承发包双方签证，直接关系该签证是否有效，关系承包方在履行合同过程中所做的签证是否能够最终进入工程结算价。因此，审查签证主体必须为合同中明确约定的主体。

2）签证形式有效

工程签证相当于施工合同的补充协议，一般来说应采用书面形式，审查内容应当包括签证的当事人，签证的事实和理由，签证主体的签字以及承发包双方的公章。

3）签证内容真实合理

审查签证内容真实合理，真实性表现在签证内容属实，有些承包单位采取欺骗手段虚报隐蔽工程量，如虚增道路、场地混凝土的厚度等。另外，建筑材料品种繁多，尤其是装饰材料，从表面看是相同的材料，但其价格却相差很远。合理性表现在签证内容应符合合同约定，签证内容涉及价款调整、工期顺延及经济补偿等内容，应坚持合同原则，严格按照合同约定的计算方法、调整方法等进行相应签证。

4）签证程序及时间符合合同约定

审查应严格遵循合同中约定的签证程序进行签证，未按照时效和程序会导致签证无效。

3. 注意事项

（1）现场签证手续办理要及时。在施工过程中，签证发生时应及时办理签证手续，如零星工作、零星用工等。因施工时间紧迫不能及时办理签证手续的，事后应及时督促监理单位等相关单位补办签证手续，避免工程结算时发生纠纷。

（2）加强现场工程签证的审核。在现场签证中，施工单位有可能提供与实际情况不符的内容及费用，如多报工程量、提供虚假的签证等。因此，全过程工程咨询单位应首先要求监理单位严格审查，同时把好最后的审核关，避免出现施工单位的签证不实或虚假签证情况的发生。

（3）规范现场工程签证。建立现场工程签证会签制度，明确规定现场工程签证必须由全过程工程咨询单位或专业咨询工程师（监理）、造价部门和施工单位共同签认才能生效，必须经由投资人签认，缺少任何一方的签证均无效，也不能作为竣工结算和索赔的依据。在施工过程中，投资人有可能提出增加建设内容或提高建设标准，须经投资人进行签认。因此，在委托合同中应明确其增加的投资由投资人负责。

4. 成果范例

全过程工程咨询单位或专业咨询工程师（监理）进行现场工程签证的成果文件见表5-17～表5-19。

建设项目工程签证汇总表　　　表5-17

编号：

工程项目名称		合同名称	
		合同编号	
签证号	签证项目名称	签证的费用	
签证1			
签证2			
签证3			
……			
……			
……			

备注：本表适用于全过程工程咨询单位。

建设项目工程签证报审核定表　　　　　　　表 5-18

工程名称：　　　　　　　　　　　　　　　　　　　　　　编号：

根据合同（补充协议）第　　条的规定，由于＿＿＿＿原因，要求就下列签证并予核定。事项： 增加／减少合同金额：＿＿＿＿元 附件： 　　　　　　　　　　　　　　申报单位（施工承包）： 　　　　　　　　　　　　　　　　项目负责人： 　　　　　　　　　　　　　　　　　　　　年　　月　　日
监理单位意见： 　　　　　　　　　　　　　　专业监理单位： 　　　　　　　　　　　　　　总监理工程师： 　　　　　　　　　　　　　　　　　　　　年　　月　　日
工程造价部门意见： 　　　　　　　　　　　　　　项目负责人： 　　　　　　　　　　　　　　　　　　　　年　　月　　日
全过程工程咨询单位意见： 　　　　　　　　　　　　　　项目负责人： 　　　　　　　　　　　　　　　　　　　　年　　月　　日

备注：（1）除相关单位的意见栏外，其余均由申报单位填写；
　　　（2）本表一式四份，申报单位、监理单位、造价部门、全过程工程咨询单位各执一份。

5. 工程计量及工程价款的支付管理

（1）依据

全过程工程咨询单位在对工程计量与工程价款支付的管理中，主要体现在对工程计量与工程进度款的审核，主要依据：

1）《中华人民共和国招标投标法》以及其他国家、行业和地方政府的现行有

现场签证表 表 5-19

工程名称：　　　　　　　　　标段：　　　　　　　　　编号：

施工部位		日期	

致：_____（投资人全称）
　　根据_____（指令人姓名）_年_月_日的口头指令或你方_____（或监理人）_年_月_日的书面通知，我方要求完成此项工作应支付价款金额为（大写）_____（小写___），请予核准。

附：1. 签证事由及原因
　　2. 附图及计算式

承包人（章）
承包人代表_____
日期_____

复核意见： 　　你方提出的此项签证申请经复核： □不同意此项签证，具体意见见附件 □同意此项签证，签证金额的计算，由造价工程师复核 监理工程师_____ 日期_____	复核意见： □此项签证按承包人中标的计日工单价计算，金额为（大写）_____元，（小写_____元） □此项签证因无计日工单价，金额为（大写）_____元，（小写_____）。 造价工程师_____ 日期_____

审核意见：
□不同意此项签证
□同意此项签证，价款与本期进度款同期支付。

投资人（章）_____
投资人代表_____
日期_____

注：（1）在选择栏中的"□"内作标识"√"；
　　（2）本表一式四份，由承包人在收到投资人（监理人）的口头或书面通知后填写，投资人、监理单位、造价部门、承包人各存一份。

关规定；

2)《建设工程工程量清单计价规范》GB 50500—2013；

3)《建设项目全过程造价咨询规程》CECA/GC 4—2017；

4)承发包双方签订的施工合同；

5)工程施工图纸；

6）施工过程中的签证、变更费用洽商单和索赔报告等；

7）监理单位核准的工程形象进度确认单；

8）已核准的工程变更令及修订的工程量清单等；

9）监理单位核准的签认付款证书。

（2）内容

工程计量是向施工单位支付工程款的前提和凭证，是约束施工单位履行施工合同义务，强化施工单位合同意识的手段。在项目管理过程中，全过程工程咨询单位应充分发挥监理单位及造价部门在工程计量及工程款（进度款）支付管理中的作用，应从以下几方面对工程进度进行付款：

1）必须完成合同约定的达到付款节点；

2）已完工程项目达到合同约定的质量；

3）对已完工程进行造价审核。

全过程工程咨询单位或其专业咨询工程师（造价）职责：

1）根据工程施工或采购合同中有关工程计量周期及合同价款支付时点的约定，审核工程计量报告与合同价款支付申请，编制《工程计量与支付表》《工程预付款支付申请核准表》及《工程进度款支付申请核准表》。

2）应对承包人提交的工程计量结果进行审核，根据合同约定确定本期应付合同价款金额；对于投资人提供的甲供材料（设备）金额，应按照合同约定列入本期应扣减的金额中，并向投资人提交合同价款支付审核意见。

3）工程造价咨询单位应对所咨询的项目建立工程款支付台账，编制《合同价与费用支付情况表（建安工程）/（工程建设其他费用）》。工程款支付台账应按施工合同分类建立，其内容应包括：当前累计已付工程款金额、当前累计已付工程款比例、未付工程合同价余额、未付工程合同价比例、预计剩余工程用款金额、预计工程总用款与合同价的差值、产生较大或重大偏差的原因分析等。

工程造价咨询单位向投资人提交的工程款支付审核意见，应包括下列主要内容：

① 工程合同总价款；

② 期初累计已完成的合同价款及其占总价款比例；

③ 期末累计已实际支付的合同价款及其占总价款比例；

④ 本期合计完成的合同价款及其占总价款比例；

⑤ 本期合计应扣减的金额及其所占总价款比例；

⑥ 本期实际应支付的合同价款及其所占总价款比例；

⑦其他说明及建议。

全过程工程咨询单位或专业咨询工程师（监理）职责：

①对工程款支付进行把关审核，应重点审核进度款支付申请中所涉及增减工程变更金额和增减索赔金额，这是控制工程计量与进度款支付的关键环节。

②审核是否有超报、虚报及质量不合格的项目，将审定的完成工程投资进度款录入台账。

其中：

a. 工程量计量

当建设工程施工合同无约定时，工程量计量宜每周期计量一次，根据专业监理工程师签认的已完工程，审核签署施工单位报送的《工程款支付报审表》。

对某些特定的分项、分部工程的计量方法，可由项目监理机构、投资人和施工单位根据合同约定协商确定。

对一些不可预见的工程量，如地基基础处理、地下不明障碍物处理等，项目监理机构应会同投资人、施工单位等相关单位按实际工程量进行计量，并留存影像资料。

b. 审核工程款支付

工程预付款支付：施工单位填写《工程款支付报审表》，报全过程工程咨询单位或专业咨询工程师（监理）。专业监理工程师提出审查意见，总监理工程师审核是否符合建设工程施工合同的约定，并签署《工程款支付证书》。

工程进度款支付：施工单位填写《工程款支付报审表》，报项目监理单位。专业监理工程师应依据工程量清单对施工单位申报的工程量和支付金额进行复核，确定实际完成的工程量及应支付的金额。总监理工程师对专业监理工程师的审查意见进行审核，签认《工程款支付证书》后报投资人审批。

变更款和索赔款支付：施工单位按合同约定填报《工程变更费用报审表》和《费用索赔报审表》，报项目监理单位，项目监理单位应依据建设工程施工合同约定对施工单位申报的工程变更的工程量、变更费用以及索赔事实、索赔费用进行复核，总监理工程师签署审核意见，签认后报投资人审批。

竣工结算款支付：专业监理工程师应对施工单位提交的竣工结算资料进行审查，提出审查意见，总监理工程师对专业监理工程师的审查意见进行审核，根据各方协商一致的结论，签发竣工结算《工程款支付证书》。

（3）程序

全过程工程咨询单位监理部门应按下列程序进行工程计量和付款签证：

①监理部门专业监理工程师对施工单位在工程款支付报审表中提交的工程量和支付金额进行复核,确定实际完成的工程量,提出到期应支付给施工单位的金额,并提出相应的支持性材料。

②监理部门总监理工程师对专业监理工程师的审查意见进行审核,签认后报投资人审批。

③总监理工程师根据投资人的审批意见,向施工单位签发工程款支付证书。

在施工过程中,工程计量与进度款支付是控制工程投资的重要环节。工程支付款的支付流程如图5-29所示。全过程工程咨询单位应按工程进度款审签程序进行审核,如图5-30所示。

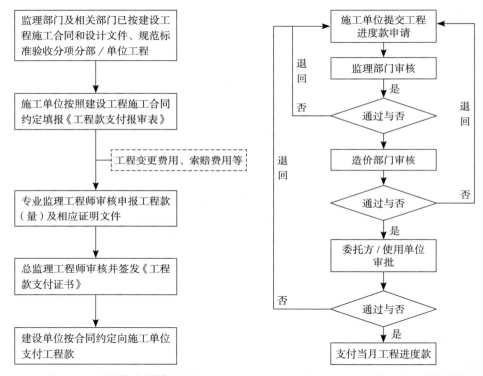

图5-29 工程款支付基本程序　　　　图5-30 工程进度款审签流程图

工程计量与进度款支付为控制工程投资的重要环节。为了更好地控制投资,全过程工程咨询单位应保证工程计量与进度款支付的工作质量。在进行工程计量与进度款支付审核时,应重点从工程计量和进度款支付申请进行控制。

1)全过程工程咨询单位在审核承包单位提交的工程计量报告时应重点审核
①审核计量项目

审核计量项目就是审核项目是否属于该计量项目的范围,以免重复计量。如投标报价按招标工程量清单漏项的项目，或其特征描述已包含在其他报价中的项目，则均不属于该计量项目的范围。

②审核计量计算规则

全过程工程咨询单位应熟练掌握计量的计算规则，审核是否按计量规则计算工程量。

③审核计量数据

全过程工程咨询单位审核的计量数据，就是对其几何尺寸及数量等原始数据，对照设计图纸或实地丈量进行审核，做到每一数据准确无误。

④全面审核

全过程工程咨询单位或专业咨询工程师（监理）对计量资料应进行全面的检查和审核。内容包括：质量检测、试验结果、中间交验证书和各类计量资料及其结果，重点审查计量项目是否符合计量条件，全过程工程咨询单位审核后签认工程计量。

2）工程进度款支付申请的审核

全过程工程咨询单位审核承包单位提交的进度款支付申请是进度款支付程序中的重点，审核内容包括：

①审核分部分项工程综合单价

审核分部分项工程综合单价的正确性。对于施工过程中未发生变化的分部分项工程，其综合单价应按照投标文件中的综合单价计取；施工过程中因政策、物价波动、工程量清单内容错项、漏项、设计变更、工程量增减等原因引起的综合单价发生变化的分部分项工程，其综合单价要严格按照合同约定的调整方法进行调整，并且需经过发、承包双方的确认，避免承包单位出现高报、重报的现象。

②审核形象进度或分阶段工程量

对于签订总价合同的工程或作为总价子目支付的单项工程，全过程工程咨询单位应审核每一支付周期内承包单位实际完成的工程量，对照在合同专用条款中约定的合同总价支付分解表所表示的阶段性或分项计量的支持性资料，以及所达到工程形象目标或分阶段需要完成的工程量和有关资料进行审核，达到支付分解表要求的支付进度款，未达到要求的不应支付进度款。

③审核进度款支付比例

审核进度款支付的比例，应严格按照合同约定，既不能向承包单位多付进度款，又要保证承包单位的资金周转，避免因资金不到位而影响工程进度。

④审核计日工金额

审核计日工的数量，依据现场签证或变更报价单上双方确认的计日工的数量，按照投标文件中计日工的综合单价计算本支付周期内应支付的计日工金额。

⑤审核应抵扣的预付款

应严格按照合同约定的办法计算应抵扣的预付款的具体金额。

⑥审核工程变更金额

对已确认的工程变更，凡涉及工程造价变化的，在监理单位或造价部门审核的基础上由全过程工程咨询单位审核工程变更的程序是否符合要求，变更的理由是否充分，变更的金额是否准确。

⑦审核工程签证金额

对已确认的工程签证，在监理单位或造价咨询单位审核的基础上由投资人审核签证主体是否合法、审核签证形式是否有效、审核签证内容是否真实合理、审核签证程序及时间是否符合合同约定、审核签证的金额是否准确。

⑧审核工程索赔金额

对工程索赔报告的真实性进行审核，重点审核索赔的程序和相关辅助资料的合理性，对费用索赔的计算过程、计算方法及计算结果的准确性进行审核，注重审核索赔费用组成的合理性。

3）工程款支付审批管理

①根据项目施工用款总计划，结合造价管理中的动态控制对项目趋势进行分析，编制项目施工用款年度、季度、月度付款计划。经投资人批准的月度投资用款计划是审核工程款支付的依据。

②按照合同约定的工程预付款、工程进度款等付款规定条件，审核施工单位的相关款项支付申请报告。

③因施工项目的特殊情况，如暂时性资金紧张、工程进度滞后等情况，导致工程实际付款与计划付款严重不符时，经投资人同意，并与相关各方进行相应的协调工作后调整项目投资用款计划。

④造价管理人员负责资金支付的管理，建立工程款付款台账，填写合同付款登记表，留存付款申请表原件等，保证支付账目管理数据清晰。

⑤定期对工程现场实际施工情况与工程款支付的情况进行对比，工程进度款与完成的工程量挂钩，对实际款项发生值与计划控制值进行分析、比较，运用合同和支付等手段确保投资款的合理使用，并控制在预定目标内。

⑥工程竣工结算前，注意付款的截止比例，以免超付。

4）注意事项

①为防止施工招标的工程量清单准确性不够，出现多算、漏算等现象，提高投资控制精度，待施工合同签订后，全过程工程咨询单位应及时组织施工单位对招标的工程量清单予以复核。

②施工过程中产生的索赔，索赔成立后根据合同约定可在进度款中同期支付。

③暂估价格与实际价格的差额根据合同约定可在进度款中同期支付。

全过程工程咨询单位进行工程计量与进度款支付审核的成果性文件参见表5-20～表5-25。

工程计量与支付表　　　　　　　　　　　表5-20

工程名称：　　　　　　　　　　　　　　　　　　　　　　　第　页，共　页

序号	项目编码	项目名称	计量单位	承包人申报数量	投资人核实数量	发承包核实数量	备注

承包人代表： 日期：	监理工程师： 日期：	造价工程师： 日期：	投资人代表： 日期：

6. 索赔费用的管理

（1）依据

全过程工程咨询单位进行索赔费用处理时主要依据：

1）国家和省级或行业建设主管部门有关工程造价、工期的法律、法规、政策文件等；

2）招标文件、工程合同、经认可的施工组织设计、工程图纸、技术规范等；

3）工程各项来往的信件、指令、信函、通知、答复等；

4）工程各项有关的设计交底、变更图纸、变更施工指令等；

工程预付款支付申请（核准）表

表 5-21

工程名称： 　　　　　　　　　　　　　　　　　　　　　　　　　　　编号：

致：（发包人全称）

　　我方根据施工合同的约定，现申请支付工程预付款为 ×××（大写）元，×××（小写）元，请予核准。

序号	名　　称	金额（元）	备注
1	已签约合同款金额		
1.1	其中：安全防护、文明施工费金额		
1.2	……		
2	应支付的工程预付款金额		
3	应支付的安全防护、文明施工费金额		
……			
……	合计应支付的工程预付款金额		

承包人（章）
造价专业人员：
承包人代表：
日　期：

复核意见： □与合同约定不相符，修改意见见附件。 □与合同约定相符，具体金额由造价工程师复核。 监理工程师： 日　期：	复核意见： 　你方提出的支付申请经复核，应支付的工程预付款金额为 ×××（大写）元，×××（小写）元。 □此项签证因无计日工单价，金额为 ×××（大写）元，×××（小写）元。 造价工程师： 日　期：

审核意见：
□不同意。
□同意，支付时间为本表签发后的 15 天内。

发包人（章）：
发包人代表：
日　期：

注：（1）在选择栏中的"□"内作标识"√"。
　　（2）本表一式四份，由承包人填报；投资人、监理单位、造价部门、承包人各存一份。

5）工程各项经监理工程师签认的签证及变更通知等；

6）工程各种会议纪要；

7）施工进度计划和实际施工进度表；

8）施工现场工程文件；

工程进度款支付申请（核准）表　　　　　　　表 5-22

工程名称：　　　　　　　　　　　　　　　　　　　　　　　　　　编号：

致：（发包人全称）

　　我方于 ××× 至 ××× 期间已完成了工作。

　　根据合同的约定，现申请支付本期的工程价款为 ×××（大写）元，×××（小写）元，请予核准。

序号	名　　称	金额（元）	备注
1	累计已完成的工程价款金额		
2	累计已实际支付的工程价款金额		
3	本期已完成的工程价款金额		
4	本期完成的计日工金额		
5	本期应增加和扣减的变更金额		
6	本期应增加和扣减的索赔金额		
7	本期应抵扣的预付款金额		
8	本期应扣减的质保金额		
9	本期应增加或扣减的其他金额		
10	本期实际应支付的工程价款金额		

承包人（章）
承包人代表：
日　期：

复核意见：
□与实际施工情况不相符，修改意见见附件。
□与实际施工情况相符，具体金额由造价工程师复核。
监理工程师：
日　期：

复核意见：
　　你方提出的支付申请经复核，本周期已完成工程价款为 ×××（大写）元，×××（小写）元，本周期应支付金额为 ×××（大写）元，×××（小写）元。
造价工程师：
日　期：

审核意见：
□不同意。
□同意，支付时间为本表签发后的 15 天内。
发包人（章）：
发包人代表：
日　期：

注：（1）在选择栏中的"□"内作标识"√"。
　　（2）本表一式四份，由承包人填报；投资人、监理单位、造价部门、承包人各存一份。

工程款支付报审表　　　　　　　　表 5-23

致：＿＿＿＿＿＿＿＿＿＿＿＿（项目监理单位） 　　根据施工合同约定，我方已完成＿＿＿＿＿＿工作，投资人应在＿＿年＿月＿日前支付工程款共计＿＿＿＿＿＿＿（大写）（小写：＿＿＿＿＿＿），请予以审核。 附件： □已完成工程量报表 □工程竣工结算证明材料 □相应支持性证明文件 　　　　　　　　　　　　　　　　　　施工项目（盖章） 　　　　　　　　　　　　　　　　　　项目负责人（签字） 　　　　　　　　　　　　　　　　　　　　年　月　日
审查意见： 1. 施工单位应得款为： 2. 本期应扣款为： 3. 本期应付款为： 附件：相应支持性材料 　　　　　　　　　　　　　　　　　　专业监理单位（签字） 　　　　　　　　　　　　　　　　　　　　年　月　日
审核意见： 　　　　　　　　　　　　　　　　　　项目监理单位（盖章） 　　　　　　　　　　　　　　　　　　总监理工程师（签字、加盖执业印章） 　　　　　　　　　　　　　　　　　　　　年　月　日
审批意见： 　　　　　　　　　　　　　　　　　　投资人（盖章） 　　　　　　　　　　　　　　　　　　投资人代表（签字） 　　　　　　　　　　　　　　　　　　　　年　月　日

　　本表由施工单位填写，一式三份，监理单位、投资人、施工单位各一份；工程竣工结算报审时本表一式四份，监理单位、投资人各一份、施工单位两份。

9）工程有关施工部位的照片及录像等；

10）工程现场气候记录，如有关天气的温度、风力、雨雪等；

11）建筑材料和设备采购、订货运输使用记录等；

12）工地交接班记录及市场行情记录等。

工程款支付证书 表 5-24

致：_____（施工单位）
　　根据施工合同约定，经审核编号为_____工程款支付报审表，扣除有关款项后，同意支付工程款共计_____（大写）（小写：_____）。附件：
　其中：
　1. 施工单位申报款为：
　2. 经审核施工单位应得款为：
　3. 本期应扣款为：
　4. 本期应付款为：

附件：工程款支付报审表及附件

　　　　　　　　　　　　　　　　　　　　项目监理单位（盖章）
　　　　　　　　　　　　　　　　　　　　总监理工程师（签字、加盖执业印章）
　　　　　　　　　　　　　　　　　　　　　　　年　月　日

建设项目其他费用审批表 表 5-25

工程名称：　　　　　　　　　　　　　　　　　　　　　　　　编号：

致：_____（施工单位）
　　根据施工合同约定，经审核编号为_____工程款支付报审表，扣除有关款项后，同意支付工程款共计_____（大写）（小写：_____）。
　其中：
　1. 施工单位申报款为：
　2. 经审核施工单位应得款为：
　3. 本期应扣款为：
　4. 本期应付款为：

附件：工程款支付报审表及附件

　　　　　　　　　　　　　　　　　　　　项目监理单位（盖章）
　　　　　　　　　　　　　　　　　　　　总监理工程师（签字、加盖执业印章）
　　　　　　　　　　　　　　　　　　　　　　　年　月　日

（2）内容

1）造价部门对工程索赔的审核应遵循以下原则：

①审核索赔事项的时效性、程序的有效性和相关手续的完整性；

②审核索赔理由的真实性和正当性；

③审核索赔资料的全面性和完整性；

④审核索赔依据的关联性；

⑤审核索赔工期和索赔费用计算的准确性。

2）工程造价部门审核工程索赔费用后，应在签证单上签署意见或出具报告，意见或报告应包括下列主要内容：

①索赔事项和要求；

②审核范围和依据；

③审核引证的相关合同条款；

④索赔费用审核计算方法；

⑤索赔费用审核计算细目。

3）全过程工程咨询单位对于施工过程中索赔费用管理，主要包括：

①索赔的预防，做好日常施工记录，为可能发生的索赔提供证据；

②索赔费用的处理，包括索赔费用的计算及索赔审批程序。

4）索赔的预防

全过程工程咨询单位通过工程投资计划的分析，找出项目最易突破投资的子项和最易发生费用索赔的因素，考虑风险的转移，制定具体防范对策。此外，全过程工程咨询单位应严格审查施工单位编制的施工组织设计，对于主要施工技术方案进行全面的技术经济分析，防止在技术方案中出现投资增加的漏洞。

5）索赔费用的处理

全过程工程咨询单位应严格审批索赔程序，组织监理单位进行有效的日常工程管理，切实认真做好工程施工记录，同时注意保存各种文件图纸，为可能发生的索赔处理提供依据。当索赔发生后，要迅速妥当地进行处置。根据收集的工程索赔的相关资料，迅速对索赔事项开展调查，分析索赔原因，审核索赔金额，在征得投资人的意见后负责与施工单位据实、妥善、协商解决。

（3）程序

1）全过程工程咨询单位或专业咨询工程师（监理）可按下列程序处理施工单位提出的费用索赔：

①受理施工单位在施工合同约定的期限内提交的费用索赔意向通知书。

②收集与索赔有关的资料。

③受理施工单位在施工合同约定的期限内提交的费用索赔报审表。

④审查费用索赔报审表。需要施工单位进一步提交详细资料时，应在施工合同约定的期限内发出通知。

⑤与投资人和施工单位协商一致后，在施工合同约定的期限内签发费用索赔报审表，并报投资人。

2）全过程工程咨询单位或专业咨询工程师（监理）批准施工单位费用索赔应同时满足下列条件：

①施工单位在施工合同约定的期限内提出费用索赔。

②索赔事件是因非施工单位原因造成，且符合施工合同约定。

③索赔事件造成施工单位直接经济损失。

3）当施工单位的费用索赔要求与工程延期要求相关联时，全过程工程咨询单位或专业咨询工程师（监理）可提出费用索赔和工程延期的综合处理意见，并应与投资人和施工单位协商。

4）因施工单位原因造成投资人损失，投资人提出索赔时，全过程工程咨询单位应与投资人和施工单位协商处理。

当全过程工程咨询单位未能按合同约定履行自己的各项义务或工作失误，以及应由全过程工程咨询单位承担责任的其他情况，造成施工单位的工期延误和（或）经济损失，按照国家有关规定和施工合同的要求，施工单位可按程序向全过程工程咨询单位进行索赔，其索赔流程如图5-31所示。

5）全过程工程咨询单位对施工单位索赔方法如下：

①收集索赔原始资料

索赔原始资料证据的准备程度决定了索赔能否成功。因此，全过程工程咨询单位对于原始证据的收集整理尤为重要。索赔资料的收集如表5-26所示。

涉及工程费用索赔的有关施工和监理文件资料包括：施工合同、采购合同、工程变更单、施工组织设计、专项施工方案、施工进度计划、投资人和施工单位的有关文件、会议纪要、监理记录、监理工作联系单、监理通知单、监理月报及相关监理文件资料等。

②索赔费用的计算

a. 总费用法

总费用法是指发生了多起索赔事件后，重新计算该工程的实际总费用，再减去原合同价，其差额即为承包商索赔的费用。

计算公式：索赔金额 = 实际总费用 – 投标报价估算费用

但这种方法对全过程工程咨询单位不利，因为实际发生的总费用中可能有承包商的施工组织不合理因素；承包商在投标报价时为竞争中标而压低报价，中标后通过索赔可以得到补偿。

b. 修正总费用法

修正总费用法即在总费用计算的原则上，去掉不合理的费用，使其更合理。

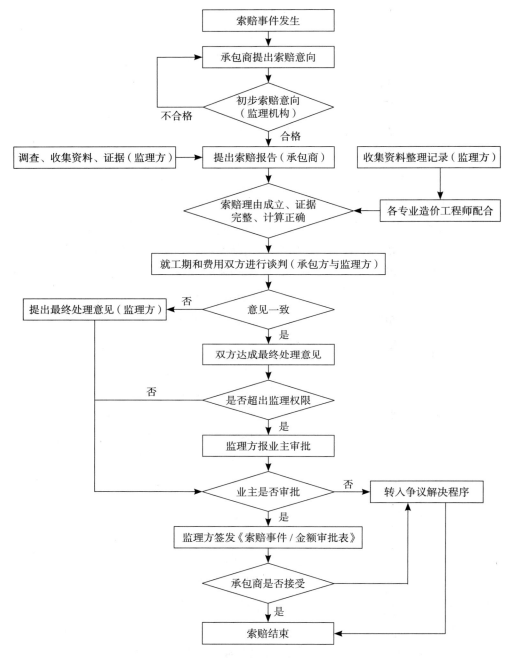

图 5-31 全过程工程咨询单位对施工单位索赔处理程序

索赔资料收集一览表 表 5-26

内容 类型		收集资料内容
签订合同阶段资料	招标文件	招标文件中约定的工程范围更改、施工技术更换、现场水文地质情况的变化以及招标文件中的数据错误等均可导致索赔
	投标文件	投标文件是索赔重要的依据之一,尤其是其中的工程量清单和进度计划将是费用索赔和工期索赔的重要参考依据
	工程量清单	工程量清单也是索赔的重要依据之一,在工程变更增加新的工作或处理索赔时,可以从工程量清单中选择或参照工程量清单中的单价来确定新项目或者索赔事项的单价或价格
	计日工表	包括有关的施工机械设备、常用材料、各类人员相应的单价,作为索赔施工期间投资人指令要求承包商实施额外工作所发生费用的依据
	合同条件	包括双方签订的合同与所使用的合同范本两部分,合同中又包括合同协议书、通用合同条件、专用合同条件、规范要求、图纸、其他附件等
施工阶段资料	往来信函	监理的工程变更指令、口头变更确认函、加速施工指令、工程单价变更通知、对承包商问题的书面回答等
	会议纪要	标前会议纪要、工程协调会议纪要、工程进度变更会议纪要、技术讨论会议纪要、索赔会议纪要等,并且会议纪要上必须有双方负责人的签字
	现场记录	施工日志、施工检查记录、工时记录、质量检查记录、施工机械设备使用记录、材料使用记录、施工进度记录等。重要的记录如质量检查、验收记录,还应有投资人或其代表的签字认可
	现场气象记录	每月降水量、风力、气温、河水位、河水流量、洪水位、洪水流量、施工基坑地下水状况、地震、泥石流、海啸、台风等特殊自然灾害的记录
	工程进度计划	批准的进度计划、实际的进度计划
	工程财务记录	工程进度款每月的支付申请表、工人劳动计时卡(或工人工作时间记录)、工资单、设备材料和零配件采购单、付款收据、工程开支月报等
	索赔事件发生时现场的情况	描述性文件、工程照片及声像资料,各种检查检验报告和技术鉴定报告
其他资料	相关法律与法规	招标投标法、政府采购法、合同法、公司法、劳动法、仲裁法及有关外汇管理的指令、货币兑换限制、税收变更指令及工程仲裁规则等
	市场信息资料	当地当时的市场价格信息、价格调整决定等价格变动信息、当地政府、行业建设主管部门发布的工程造价指数、物价指数、外汇兑换率(如果有)等市场信息
	先例与国际惯例	以前处理此类索赔问题的先例,处理此类索赔问题的国内、国际惯例,所谓惯例是指在事件中逐渐形成的不成文的准则,是一种不成文的法律规范,最初只被一些国家(地区)使用,后来被大多数国家(地区)接受,成为公认的准则

修正的内容包括：计算索赔款的时段仅局限于受到外界影响的时间；只计算受影响时段内的某项工作所受影响的损失；对投标报价费用重新进行核算：按受影响时段内该项工作的实际单价进行核算，乘以实际完成的该项工作的工程量，得出调整后的报价费用。

计算公式：索赔金额 = 某项工作调整后的实际总费用 – 该项工作的报价费用

c. 分部分项计算法

分部分项法即按照各种索赔事件所引起的费用损失，分别计算索赔款。这种方法比较科学、合理，同时方便全过程工程咨询单位审核索赔款项，但计算比较复杂。分项计算方法如表 5-27 所示。使用这种方法计算索赔款时，应先分析干扰事件引起的费用索赔项目，然后计算各费用项目的损失值，最后加以汇总。

分项计算索赔费用方法 表 5-27

	工程量增加	窝工
人工费	预算单价 × 增加量	窝工费 × 窝工时间
材料费	实际损失材料量 × 原单价 × 调值系数	
机械台班费	预算单价 × 增加量	（自有）折旧费 × 时间；（租赁）租金 × 时间
管理费	（合同价款 / 合同工期）× 费率 × 延误天数	一般情况下不考虑
总部管理费	①按照投标书中总部管理费的一定比例计算： 总部管理费 = 合同中总部管理费比率 ×（直接费索赔款额 + 现场管理费索赔款额等） ②按照公司总部统一规定的管理费比率计算： 总部管理费 = 公司总部管理费比率 ×（直接费索赔款额 + 现场管理费索赔款额等） ③以工期延长的总天数为基础，计算总部管理费： 索赔的总部管理费 = 该工程的每日管理费 × 工程延期的天数	
利润	（合同价款 / 合同工期）× 利润率 × 变更天数	一般情况下不考虑
利息	利息 = 计息基数 × 约定的利率	一般情况下不考虑

（4）注意事项

1）此项索赔是否具有合同依据、索赔理由是否充分及索赔论证是否符合逻辑。

2）索赔事件的发生是否存在施工单位的责任，是否有施工单位应承担的风险。

3）在索赔事件初发时，施工单位是否采取了控制措施。据国际惯例，凡遇偶然事故发生影响工程施工时，施工单位有责任采取力所能及的一切措施，防止事态扩大，尽力挽回损失。如确有事实证明施工单位在当时未采取任何措施，全过程工程咨询单位可拒绝其补偿损失的要求。

4）施工单位是否在合同规定的时限内向全过程工程咨询单位和监理单位报

送索赔意向通知书。

（5）成果范例

全过程工程咨询单位进行索赔费用处理的成果性文件见表 5-28～表 5-30。

建设项目工程费用索赔汇总表　　　表 5-28

编号：

工程项目名称		合同名称	
		合同编号	
序号	索赔项目名称	索赔的费用	
1			
2			
3			
……			

注：本表适用于全过程工程咨询单位。

5.5 施工阶段安全管理

5.5.1 项目安全管理策划

（1）安全文明施工管理的定义

安全文明施工包括安全施工、文明施工和施工环境保护，这三个各成体系、各有侧重，且相互影响、相互作用。

安全管理是施工项目实现安全生产顺利开展的管理活动。施工现场的安全管理，重点是对人的不安全行为与物的不安全状态的控制，落实安全管理决策与目标，以消除一切事故、避免事故伤害、减少事故损失为管理目的。控制是对某种具体因素的约束与限制，是管理范围内的重要部分。安全管理措施是安全管理的方法与手段，管理的重点是对生产各因素状态的约束与控制。根据施工生产的特点，安全管理措施带有鲜明的行业特色。

项目文明施工是指保持施工场地整洁、卫生，施工组织科学、施工程序合理的一种施工活动。实现文明施工，不仅要着重做好现场的场容管理工作，还要相应做好现场材料、设备、安全、技术、保卫、消防和生活卫生等方面的管理工作。一个工地的文明施工水平是该工地乃至所在企业各项管理工作水平的综合体现。

项目环境管理是按照法律法规、各级主管部门和企业的要求，保护和改善作

建设项目工程费用索赔报审表　　　　　　　　　　　表 5-29

工程项目名称：　　　　　　　　　　　　　　　　　　　　　编号：

根据合同（补充协议）_____条的规定，由于_____原因，我方提出索赔（资料附后），请有关单位予以审定。 事项及理由： 计算过程：			
费用索赔	（元）	工期索赔	（天）
索赔单位 名称			（盖章） 年　月　日
监理单位 意见			（盖章） 年　月　日
造价部门 意见			（盖章） 年　月　日
全过程工程咨询 单位意见			（盖章） 年　月　日

注：（1）除相关单位的意见栏外，其余均由提出单位填写。
　　（2）本表一式四份，提出单位、监理单位、造价部门、全过程工程咨询单位各执一份。

业现场的环境，控制现场的各种粉尘、废水、废气、固体废弃物、噪声、振动等对环境的污染和危害。

（2）安全文明施工管理的特征

1）建筑产品的固定性和生产的流动性及受外部环境影响因素多，决定了建设工程安全文明施工管理的复杂性。

索赔意向通知书 表 5-30

工程名称： 编号：

致：_____

  根据施工合同_____（条款）约定，由于发生了_____事件，且该事件的发生非我方原因所致。为此，我方向_____（单位）提出索赔要求。

附件：索赔事件资料

提出单位（盖章）
负责人（签字）
年 月 日

  ①建筑产品的分散性与固定性使建筑施工在生产过程中，生产人员、工具与设备具有明显的流动性。

  ②建筑生产主要是露天作业，不可避免地受到自然地理及气候条件变化的影响，加之建筑生产人员、工具和设备的交叉和流动作业，使项目的安全文明施工管理具有很强的不确定性。

  2）建筑生产的单件性决定了建设工程安全文明施工管理的多样性。建筑产品的多样性决定了建筑生产的单件性。项目管理的"一次性"特征及生产过程中大量的新技术、新工艺、新设备和新材料给职业健康安全与环境管理带来不少新的问题。因此，对每个建设工程项目都要根据其实际情况，制订相应的安全文明施工管理计划。

  3）产品生产过程的连续性和分工性决定了建设工程安全文明施工管理的协调性。建筑产品是在同一固定场地进行分段连续作业，且上一道工序生产的结果往往会被下道工序掩盖，每一道程序又由不同的人员和单位来完成。因此，在建设工程安全文明施工管理中要求各单位和各专业人员横向配合和协调。

  4）产品的委托性决定了安全文明施工管理的不符合性。建筑产品在建造前就确定了买主，按建设单位特定的要求和委托进行生产建造。如果发包方过分压低标价，就会造成产品的生产单位对安全文明施工管理的费用投入减少，给建筑产品生产的健康、安全与环境管理造成不利的影响。

5）产品生产的阶段性决定建设工程安全文明施工管理的持续性。一个建设工程项目从立项到投产使用要经历多个阶段，因此要持续不断地对项目各个阶段可能出现的安全和环境问题实施管理。否则，一旦在某个阶段出现安全问题和环境问题就会造成投资的巨大浪费。

6）建筑产品的社会性决定了环境管理的多样性。建设工程产品是历史与环境的记录，是环境的重要组成部分又受环境影响。建设工程产品是否规划、设计和施工质量的好坏，也会对整个社会安全与环境造成影响。

5.5.2 项目安全管理方法

安全管理的指标评价范围包括：

① 每一个项目部项目工程施工的全过程。

② 对工程施工参与各方在施工现场中各种行为的评价。

③ 在工程施工现场综合考评中，承包商的施工现场管理活动和行为占有绝大多数的权重，是最主要的考评对象。

项目现场综合管理成果考评的目的、依据、对象和负责考评的主管单位等概况，如表 5-31 所示。

施工项目现场管理考评的概况　　　　　　　表 5-31

内容	说明
考评目的	加强施工现场管理，提高管理水平，实现文明施工，确保工程质量和施工安全
考评依据	《建设工程施工现场综合考评试行办法》（建监〔1995〕407号）
考评对象	（1）每一个建设工程及建设工程施工的全过程 （2）对工程建设参与各方（投资人、监理、设计、施工、材料及设备供应单位等）在施工现场中各种行为的评价 （3）在建设工程施工现场综合考评中，施工项目经理部的施工现场管理活动和行为占有 90% 的权重，是最主要的考评对象
考评管理机构 考评实施机构	（1）国务院建设行政主管部门归口负责全国的建设工程施工现场综合考评管理工作 （2）国务院各有关部门负责所直接实施的建设工程施工现场综合考评管理工作 （3）县级及以上地方人民政府建设行政主管部门负责本行政区域内的建设工程施工现场综合考评管理工作 （4）施工现场综合考评实施机构（简称考评机构）可在现有工程质量监督站的基础上加以健全或充实

项目现场综合考评的内容，如表 5-32 所示。

施工现场综合考评的内容　　　　　　　表 5-32

考评项目（满分）	考评内容	有下列行为之一，则该考评项目为 0 分
施工组织管理（20分）	（1）合同的签订及履约情况 （2）总分包、企业及项目经理资质 （3）关键岗位培训及持证上岗情况 （4）施工项目管理规划编制实施情况 （5）分包管理情况	（1）企业资质或项目经理资质与所承担工程任务不符 （2）总包人对分包人不进行有效管理和定期考评 （3）没有施工项目管理规划或施工方案，或未经批准 （4）关键岗位人员未持证上岗
工程质量管理（40分）	（1）质量管理体系 （2）工程质量 （3）质量保证资料	（1）当前单次检查的主要项目质量不合格 （2）当前单次检查的主要项目无质量保证资料 （3）出现结构质量事故或严重质量问题
施工安全管理（20分）	（1）安全生产保证体系 （2）施工安全技术、规范、标准实施情况 （3）消防设施情况	（1）当前单次检查不合格 （2）无专职安全员 （3）无消防设施或消防设施不能使用 （4）发生死亡或重伤两个人以上（包括两个人）的事故
文明施工管理（10分）	（1）场容场貌 （2）料具管理 （3）环境保护 （4）社会治安 （5）文明施工教育	（1）用电线路架设、用电设施安装不符合施工项目管理规划，安全没有保证 （2）临时设施、大宗材料堆放不符合施工总平面图要求，侵占场道，危及安全防护 （3）现场成品保护存在严重问题 （4）尘埃及噪声严重超标，造成扰民 （5）现场人员扰乱社会治安，受到拘留处理
投资人、全过程工程咨询单位的现场管理（10分）	（1）有无专人或委托监理管理现场 （2）有无隐蔽工程验收签认记录 （3）有无现场检查认可记录 （4）执行合同情况	（1）未取得施工许可证而擅自开工 （2）现场没有专职管理技术人员 （3）没有隐蔽工程验收签认制度 （4）无正当理由影响合同履约 （5）未办理质量监督手续而进行施工

施工项目现场综合管理综合考评办法及奖罚如表 5-33 所示。

5.5.3 项目安全管理要点

建立内部管理制度

1）建立由甲方、监理、总包方（土建总包+机电总包）、各分包方组成的安全文明施工体系，土建总包为安全文明施工第一责任单位，对现场安全文明施工负总责，甲方、监理实施全过程安全文明施工监督管理，严格执行公司各项安

施工现场综合考评办法及奖罚　　　　　表 5-33

	主要条款
考评办法	（1）考评机构定期检查，每月至少一次；企业投资人、主管部门或总包单位对分包单位的日常检查，每周一次 （2）一个施工现场有多个单体工程的，应分别按单体工程进行考评；若多个单体工程过小，也可按一个施工现场考评 （3）全国建设工程质量和施工安全大检查的结果，作为施工现场综合考评的组成部分 （4）有关单位和群众对于在建工程、竣工工程的管理状况及工程质量、安全生产的投诉和评价，经核实后，可作为综合考评得分的增减因素 （5）考评得分70分及以上的施工现场为合格现场；当次考评不足70分或有单项得0分的施工现场为不合格现场 （6）建设工程施工现场综合考评的结果应由相应的建设行政主管部门定期上报并在所辖区域内向社会公布
奖励处罚	建设工程施工现场综合考评的结果应定期向相应的资质管理部门通报，作为对建筑业企业、项目经理和监理单位资质动态管理的依据： （1）对于当年无质量伤亡事故、综合考评成绩突出的单位应予以表彰和奖励 （2）对综合考评不合格的施工现场，由主管考评工作的建设行政主管部门根据责任情况，可给予相应的处罚 1）可对建筑业企业、监理单位进行警告、通报批评、降低一级资质等处罚 2）可对项目经理和监理单位进行取消资格的处罚 3）可责令施工现场进行停工整顿的处罚 4）发生工程建设重大事故的，对责任者可给予行政处分，情节严重构成犯罪的，可由司法机关追究刑事责任

全、文明施工标准。

2）严格落实早会、周例会、月度安全大会等安全会议制度。

3）注重安全前期规划，针对各阶段危险源制定专项措施及应急预控方案。

4）安全样板层，由工程部参加评审，通过后按此执行。

5）加强工人的管控，严格落实人员实名制管理、班组红黄牌制度、实行班组打分，建立安全生产黑名单，每月排名，对安全文明不合格的班组强制实行处罚清退动作。

6）生活区管理，针对生活区临时房屋设施多、安置工人数量多，项目将从生活区的消防、卫生、食品安全、防盗等方面进行专项管理，为工程的顺利实施提供后勤保障。

7）建立项目内部安全互检机制，每半月进行交叉检查及评分，并在下次交叉检查中对上次安全检查出现的问题进行闭合复查。

1. 安全教育

(1) 安全教育的内容

1) 安全生产思想教育

安全生产思想教育是为安全生产奠定思想基础,通常从加强思想路线和方针政策教育、劳动纪律教育两个方面进行。

2) 安全知识教育

安全知识教育的主要内容包括:基本生产概况,施工(生产)流程、方法,施工(生产)危险区域及其安全防护的基本知识和注意事项,机械设备、场内动力的有关安全知识,有关电气设备(动力照明)的基本安全知识,高处作业安全知识,施工(生产)中使用有毒有害原材料或可能散发有毒有害物质的安全防护基本知识,消防制度及灭火器材应用的基本知识,个人防护用品的正确使用知识等。

3) 安全技能教育

每个职工都要熟悉本工种、本岗位的专业安全技术知识。安全技能知识是比较专业、细致和深入的知识,它包括安全技术、劳动卫生和安全操作规程。

(2) 安全教育的基本形式

1) 三类人员安全培训教育

承包商的主要负责人、项目负责人和专职安全管理人员必参加安全生产培训,并通过建设行政主管部门或者其他有关部门考核合格并取得安全生产考核合格证书后,方可担任相应职务。

2) 新工人三级安全教育

新工人(包括新招收的合同工、临时工、学徒工、农民工及实习和代培人员)都必须接受公司、分公司(工程处)、班组的三级安全教育。新工人经教育考试合格后才准许进入生产岗位;不合格者必须补课、补考。对于新工人的三级安全教育情况,要建立档案。新工人工作一个阶段后,还应进行重复性的安全再教育,以加深对安全的感性、理性认识。

3) 特种作业人员的培训

① 特种作业。对操作者本人,尤其对他人和周围设施的安全有重大危害因素的作业,称为特种作业。其包括:电气作业、锅炉司炉、压力容器操作、起重机械操作、爆破作业、金属焊接(气焊)作业、煤矿井下瓦斯检验、机动车辆驾驶和轮机操作、机动船舶驾驶、建筑登高架设作业、符合特种作业基本定义的其他作业。

② 特种作业人员。直接从事特种作业者,称为特种作业人员。建筑施工特

种作业人员包括：建筑电工、建筑架子工、建筑起重信号司索工、建筑起重机械司机、建筑起重机械安装拆卸工、高处作业吊篮安装拆卸工、经省级以上人民政府建设主管部门认定的其他特种作业人员。

③建筑施工特种作业人员上岗资格。应通过安全技术理论和安全操作技能培训，经建设主管部门对其考核合格或每两年复核合格取得有效的建筑施工特种作业人员操作资格证书，方可上岗从事相应作业。

④经常性教育

经常性的普及教育贯穿管理的全过程，并根据接受教育对象的不同特点，采取多层次、多渠道和多种活动方法，可以取得良好的效果。

安全教育培训可以采取各种有效方式开展活动，应突出讲求实效，要避免枯燥无味和流于形式，可采取各种生动活泼的形式，并坚持经常化、制度化。同时，应注意思想性、严肃性、及时性，要避免片面性、恐怖性，应正确指出造成事故的原因并提出防患于未然的措施。

2. 安全职责划分

（1）总咨询师安全职责

1）总咨询师为工程项目安全生产第一责任人，对工程项目的安全生产负全面管理责任。针对项目特点，建立健全职业健康安全管理体系。

2）认真贯彻、执行国家有关建筑安全生产的方针、政策、法律法规和标准。

3）认真落实安全生产检查制度，对违反安全技术标准、规范和操作规程的行为要及时予以纠正或制止。

4）根据施工进度，认真组织相关人员制定安全技术措施，按规定程序进行安全技术交底。

5）要求施工现场的施工作业人员使用符合要求的安全防护机具及机械设备，定期组织检查、维修、保养，保证安全防护设施的有效性，使机械设备可以安全被使用。

6）根据工程特点，组织对施工现场易发生重大事故的部位、环节进行监控。

7）严格按照施工现场生产安全事故应急救援预案建立应急救援组织，配备应急救援人员、器材、设备等并组织演练。

8）发生事故后，积极组织抢救人员，采取措施防止事故进一步扩大，同时保护好事故现场，按照规定的程序及时、如实上报，积极配合事故并进行调查处理，认真落实纠正和预防措施。

（2）技术负责人安全职责

1）对工程项目中的安全生产负技术领导责任。

2）严格执行安全生产技术规程、规范、标准，主持项目安全技术措施交底工作。

3）组织编制施工组织设计中的安全技术措施，保证其可行性与针对性，并检查监督落实工作。

4）及时组织使用新材料、新技术、新工艺人员的安全技术培训。认真执行安全技术措施与安全操作规程，防止施工中因化学物品引起的火灾、中毒或其新工艺实施中可能造成的事故。

5）主持安全防护设施和设备的验收。

6）参加安全生产检查，从技术上分析施工中不安全因素产生的原因，提出改进措施。

（3）安全员安全职责

1）认真贯彻国家有关安全生产方针、政策、法令以及上级有关规章制度、指示和精神，坚持原则，尽职尽责，不违章指挥。

2）协助项目经理开展各项安全生产工作，定时向单位负责人汇报安全生产情况，参与编制安全技术专项施工方案，协助制定安全技术措施及各种制度、纪律、规定等工作。

3）开展危险源辨识、风险评价和风险控制策划活动，确定本项目重大危险源和重大隐患，建立重大危险源和重大隐患监管台账。

4）行使安全生产监督检查职权，监督检查施工组织设计、安全专项施工方案中的各项安全技术措施的落实情况。

5）负责日常安全监督检查工作，随时随地督促有关人员解决不安全问题和制止违章指挥、冒险作业行为。遇重大险情或事故隐患，有权责令停产，立即采取措施控制或上报处理。

6）对员工及其他相关人员进行安全技术知识、安全纪律教育培训。做好特殊工种持证上岗管理工作。

7）发生安全事故按规定报告并参与应急救援。

8）组织学习安全操作规程，教育工人不违章作业。

9）准备好各种安全技术档案、安全检查、安全教育的有关资料，及时做好各种安全活动记录，做好安全生产文件材料的管理以及其他安全档案工作。

10）组织对施工现场各种安全防护装置进行验收，合格后方能使用。

（4）材料员岗位责任制

1）在购置施工现场各种防护用品、机械、机具时，必须确保产品质量符合国家有关规定和标准，并具有生产许可证、出厂合格证、检测报告等，严禁伪劣产品进入施工现场。

2）对施工现场使用的脚手料具、安全网、安全带、安全帽等用品，使用时要认真检查，不合格的应及时报废。

3）加强施工现场各类材料的管理，特别是易燃、易爆等材料应做好隔离、防火、防泄漏等措施。

4）现场各类材料的运输、堆放应符合要求，并做好标识。

5）根据项目部劳动防护用品使用计划，及时采购、供应并保证质量。

6）对于所购的安全生产防护用品应妥善保管，定期清理，建立安全防护用品台账。

（5）资料员岗位责任制

1）应认真遵守国家及行业的法律法规、标准规范和相关规定，认真履行工作职责。

2）积极参与各项安全活动，了解施工现场生产进度和各种机械设备的需求状况及人员状况。

3）对照标准，结合施工现场的具体要求，收集各种安全生产技术资料和各种装备的验收资料并整理、汇总、建档。

（6）施工员安全职责

1）组织实施安全技术措施。

2）不违章指挥。

3）对施工中采用的新技术、新产品、新工艺或某些新的安全施工方法，要及时写出总结，以便吸取经验教训，提高施工技术和安全管理水平。

4）认真消除事故隐患，发生工伤事故组织抢救，保护好现场，并按规定上报，积极协助事故调查。

（7）班组长安全职责

1）安排生产任务时要认真进行安全技术交底，严格执行本工种安全操作规程，有权拒绝违章指挥。

2）岗前要对所使用的机具、设备、防护用具及作业环境进行安全检查和确认，发现问题立即采取整改措施，及时消除事故隐患。

3）组织班组开展安全活动，开好岗前安全生产会，做好收工前的安全检查。

4)发生工伤事故要立即组织抢救,保护好现场并及时报告。

(8)质检员岗位责任制

1)贯彻执行质量法规和质量管理规范制度、下达的质量指导标准和通知等要求。

2)负责对分部分项工程进行检查和等级核定,检查核校数量和检查应符合质量检验评定标准的有关规定。

3)参加单位竣工验收。

4)参加质量事故分析会,提出质量处理意见。

5)负责有关的质量记录和收集整理的审查,做到与施工进度同步,并负责转交内业资料员。

6)对于不按设计图纸与变更规范标准、施工组织设计要求施工,违反施工程序及使用不符合质量的材料、半成品、零配件以及现场管理混乱的,有权下达整改和停工通知,根据责任大小,有权提出对有关责任人的处理意见。

7)对于有预留或预埋件的部位应及时提醒施工人员注意,防止事后在楼面和墙面进行打洞开槽的违章操作。

8)努力学习施工规范和质量评定标准,提高业务素质和管理水平。

9)其他由公司业务部门和项目领导交给的工作。

(9)预算员岗位责任制

1)应认真遵守国家及行业的法律法规、标准规范和相关规定,认真履行工作职责。

2)加强对施工现场安全文明施工措施费使用情况的监督检查,保证安全文明施工措施费及时到位。

3)积极参与各项安全活动,起到参谋作用。

(10)测量员岗位责任制

1)测量员在项目技术负责人的领导下,负责项目施工测量全面工作。

2)严格执行国家及上级的相关技术规范、标准和管理制度。

3)组织编制工程施工组织设计中的测量方案和具体措施的测量作业设计,负责落实施工测量的准备工作。

4)参加工程图纸会审。

5)负责施工的轴线定位、标高控制、抄平及沉降观测测量工作,解决施工测量中的技术问题。

6)负责及时进行施工测量资料的填写、绘制、报验、汇集、整理、归档、移交等工作。

7）负责测量器具的管理、使用、保养、维修等工作。

8）参加推行 ISO 9000 等系列标准及全国质量管理活动。

9）完成其他有关技术工作。

（11）操作工人安全职责

1）在"安全促进生产、生产必须安全"的原则下，牢固树立"安全第一"的思想，努力提高自我防护意识。

2）自觉遵守各项安全规章制度，遵守安全技术操作规程和劳动纪律，不得进行违章作业和冒险施工。

3）施工前全面检查施工场地、防护措施、机具设备、电源线路、易燃易爆物品等安全情况，若发现所存在的不安全问题时，应及时向班组长或安全员汇报，在事故隐患未排除前，不得进行操作。

4）施工中要注意安全并经常检查施工环境的安全情况，注意班内和工种间的相互配合，避免因相互影响导致工伤事故的发生。

5）施工结束时，全面检查施工现场、电源、线路、机械设备，不得遗留可能发生安全事故的隐患。

6）接受安全人员的检查和监督，违章作业一经指出要立即进行改正。

7）接受安全员的安全技术交底，并在操作中严格遵守。

8）发生工伤事故要保护好现场，如实讲清事故经过，并积极协助调查人员工作，接受合理的处分。

9）经常自学安全技术操作规程，刻苦学习操作技术，提高安全操作技术水平。

10）身体不适或健康情况不佳者，除前往医院治疗外，应向班组长讲清缘由，以便适当安排工作。

11）积极参加班组安全活动。

12）正确使用各种安全装置和个人防护用品。

3. 文明施工管理

（1）文明施工的组织和制度管理

1）施工现场应成立以总咨询师为第一责任人的文明施工管理组织。分包单位应服从总包单位的文明施工管理组织的统一管理，并接受监督检查。

2）各项施工现场管理制度应有文明施工的规定，包括个人岗位责任制、经济责任制、安全检查制度、持证上岗制度、奖惩制度、竞赛制度和各项专业管理制度等。

3）加强和落实现场文明检查、考核及奖惩管理，以促进施工文明管理工作的提高。检查范围和内容应全面、周到，包括生产区、生活区、场容场貌、环境文明及制度落实等内容。对于检查发现的问题应及时采取整改措施进行改进。

（2）制定文明施工资料收集及保存的制度

制度的建立主要依据以下五点：

1）上级关于文明施工的标准、规定、法律法规等资料。

2）施工组织设计（方案）中对文明施工的管理规定，各阶段施工现场文明施工的措施。

3）文明施工自检资料。

4）文明施工教育、培训、考核计划的资料。

5）文明施工活动各项记录资料。

（3）现场文明施工的基本要求

1）施工现场必须设置明显的标牌，标明工程项目名称、发包方、设计单位、承包商、项目经理和施工现场总代表人的姓名，开、竣工日期，施工许可证批准文号等。承包商负责施工现场标牌的保护工作。

2）施工现场的管理人员在施工现场应当佩戴证明其身份的胸卡。

3）应当按照施工总平面布置图设置各项临时设施。现场堆放的大宗材料、成品、半成品和机具设备不得侵占场内道路及安全防护等设施。

4）施工现场的用电线路、用电设施的安装和使用必须符合安装规范和安全操作规程，并按照施工组织设计进行架设，严禁任意拉线接电。施工现场必须设有保证施工安全要求的夜间照明；危险潮湿场所的照明以及手持照明灯具，必须采用符合安全要求的电压。

5）施工机械应当按照施工总平面布置图规定的位置和线路进行设置，不得任意侵占场内道路。施工机械进场须经过安全检查，经检查合格方能使用。施工机械操作人员必须建立机组责任制，并依照有关规定持证上岗，禁止无证人员操作。

6）应保证施工现场道路畅通，排水系统处于良好的使用状态；保持场容场貌的整洁，随时清理建筑垃圾。在车辆、行人通行的地方施工，应当设置施工标志，并对沟、井、坎、穴进行覆盖。

7）施工现场的各种安全设施和劳动保护器具，必须定期进行检查和维护，及时消除隐患，保证其安全有效。

8）施工现场应当设置各类必要的职工生活设施，并符合卫生、通风、照明等要求，职工的食品、饮水供应等应当符合卫生要求。

9）应当做好施工现场安全保卫工作，采取必要的防盗措施，在现场周边设立围护设施。

10）应当严格依照《中华人民共和国消防条例》的规定，在施工现场建立和执行防火管理制度，设置符合消防要求的消防设施，并保持完好的备用状态。在容易发生火灾的地区施工或者储存、使用易燃、易爆器材时，应当采取特殊的消防安全措施。

11）施工现场发生工程建设重大事故的处理，依照《工程建设重大事故报告和调查程序规定》执行。

（4）加强文明施工的宣传和教育

1）在坚持岗位练兵基础上，要采取派出去、请进来、短期培训、上技术课、刊登黑板报、听广播、看录像和看电视等方法狠抓教育工作。

2）要特别注意对临时工的岗前教育。

3）专业管理人员应熟悉掌握文明施工的规定。

4. 现场环境保护

（1）施工现场空气污染的防治措施

1）施工现场的垃圾渣土要及时清理出现场。

2）在清理高大建筑物施工垃圾时，要使用封闭式的容器或者采取其他措施处理高空废弃物，严禁凌空随意抛撒。

3）施工现场道路应指定专人定期洒水清扫，并形成制度，防止道路扬尘。

4）对于细颗粒散体材料（如水泥、粉煤灰、白灰等）的运输、储存要注意遮盖、密封，防止和减少飞扬。

5）车辆开出工地要做到不带泥沙，基本做到不洒土、不扬尘，减少对周围环境的污染。

6）除设有符合规定的装置外，还应禁止在施工现场焚烧油毡、橡胶、塑料、皮革、树叶、枯草、各种包装物等废弃物品以及其他会产生有毒、有害烟尘和恶臭气体的物质。

7）机动车都要安装减少尾气排放的装置，确保其符合国家标准。

8）工地茶炉应尽量采用电热水器，若只能使用烧煤茶炉和锅炉时，应选用消烟除尘型茶炉和锅炉，大灶应选用消烟节能回风炉灶，使烟尘降至允许排放范围内。

9）大城市市区的建设工程已不容许搅拌混凝土。在容许设置搅拌站的工地，应将搅拌站封闭严密，并在进料仓上方安装除尘装置，采用可靠措施控制工地粉尘污染。

10）拆除旧建筑物时，应适当洒水，防止扬尘。

（2）施工过程水污染的防治措施

1）禁止将有毒、有害废弃物作为土方进行回填。

2）施工现场搅拌站废水，现制水磨石的污水，电石（碳化钙）的污水必须经沉淀池沉淀合格后再排放，最好将沉淀水用于工地洒水降尘或采取措施回收利用。

3）现场存放油料，必须对库房地面进行防渗处理，如采用防渗混凝土地面、铺油毡等措施。使用时，要采取防止油料跑、冒、滴、漏的措施，以免污染水体。

4）施工现场100人以上的临时食堂，污水排放时可设置简易有效的隔油池，定期清理，防止污染。

5）工地临时厕所、化粪池应采取防渗漏措施。中心城市施工现场的临时厕所可采用水冲式厕所，并有防蝇、灭蛆措施，防止污染水体和环境。

6）化学用品、外加剂等要妥善保管，库内存放，防止污染环境。

（3）施工现场的噪声控制

噪声控制技术可从声源、传播途径、接收者防护、严格控制人为噪声和控制强噪声作业的时间等方面进行考虑。

1）声源控制，从声源上降低噪声，这是防止噪声污染的最根本的措施。

①尽量采用低噪声设备和工艺代替高噪声设备与加工工艺，如低噪声振捣器、风机、电动空压机和电锯等。

②在声源处安装消声器消声，即在通风机、鼓风机、压缩机、燃气机、内燃机及各类排气放空装置等进出风管的适当位置设置消声器。

2）传播途径的控制，在传播途径上控制噪声的方法主要有以下几种。

①吸声：利用吸声材料（大多由多孔材料制成）或由吸声结构形成的共振结构（金属或木质薄板钻孔制成的空腔体）吸收声能，降低噪声。

②隔声：应用隔声结构，阻碍噪声向空间传播，将接收者与噪声声源分隔。隔声结构包括隔声室、隔声罩、隔声屏障和隔声墙等。

③消声：利用消声器阻止传播。允许气流通过的消声降噪是防治空气动力性噪声的主要装置，如针对空气压缩机、内燃机产生的噪声等。

④减振降噪：对来自振动引起的噪声，通过降低机械振动减小噪声，如将阻尼材料涂在振动源上，或改变振动源与其他刚性结构的连接方式等。

3）接收者的防护，让处于噪声环境下的人员使用耳塞、耳罩等防护用品，减少相关人员在噪声环境中的暴露时间，以减轻噪声对人体的危害。

4）严格控制人为噪声，进入施工现场不得高声喊叫、无故摔打模板、乱吹哨，限制高音喇叭的使用，最大限度地减少噪声扰民。

5）控制强噪声作业的时间，凡是在人口稠密区进行强噪声作业时，须严格控制作业时间，一般晚10点到次日早6点停止强噪声作业。确系特殊情况必须昼夜施工的，尽量采取降低噪声措施，并会同发包方找当地居委会、村委会或当地居民协调，出安民告示，求得群众谅解。

（4）固体废物的处理

1）施工工地常见的固体废物

①建筑渣土包括砖瓦、碎石、渣土、混凝土碎块、废钢铁、碎玻璃、废屑和废弃装饰材料等。

②废弃的散装建筑材料包括散装水泥、石灰等。

③生活垃圾包括餐厨废物、丢弃食品、废纸、生活用具、玻璃、陶瓷碎片、废电池废旧日用品、废塑料制品、煤灰渣和废交通工具。

④设备、材料等的废弃包装材料

⑤粪便。

2）固体废物的处理和处置

①固体废物处理的基本思想是采取资源化、减量化和无害化的处理，对固体废物产生的全过程进行控制。

②固体废物有如下几种主要处理方法：回收利用、减量化处理、焚烧、稳定和固化、填埋。

5.5.4 项目安全管控措施

1. 建立安全管理体系

（1）建立健全安全管理体系

施工现场建立健全安全管理体系，建立各级安全生产岗位责任制，总咨询师对安全工作负全面责任，是安全生产的第一责任人，认真贯彻"安全第一，预防为主"的安全生产方针，杜绝重大伤亡事故（图5-32）。

（2）确保安全生产的技术组织措施

1）总咨询师应把安全生产当作头等大事来抓，认真贯彻、执行国家有关安全生产的各项政策、法规。总咨询师应该建立健全安全管理制度，并严格予以执行。

①进入工地的人员必须遵守安全生产规章制度和劳动纪律，严禁违章作业。

②进入施工现场，所有人必须戴好安全帽。

③高空作业，必须系好安全带。

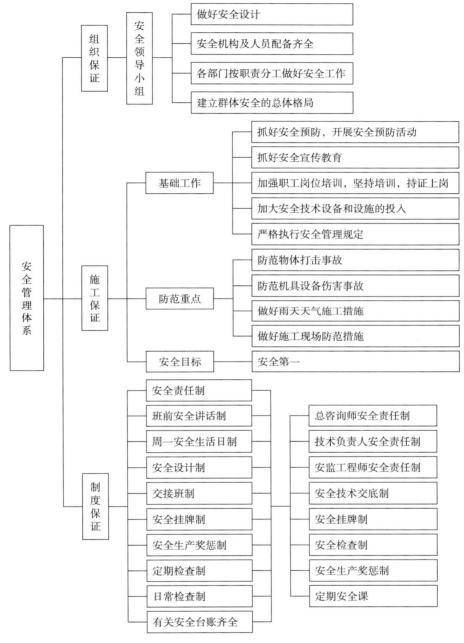

图 5-32 安全管理体系

④ 现场内不准赤膊、赤脚或穿拖鞋、高跟鞋。

⑤ 严禁酒后上岗工作。

⑥ 特种作业人员应持证上岗，无证人员禁止从事特种作业。

⑦不准在施工现场嬉耍、打闹或乱动设备。

⑧不准在施工现场往下或往上抛掷材料、工具等物件。

⑨施工现场一切安全设施、装置及安全标志，禁止随意拆除或移动。

⑩禁止带小孩进入施工现场、禁止在危险禁区通行。

2）加强安全检查是贯彻执行安全标准的重要环节。施工员、班组长、安全员、值班员需每日检查，通过安全检查、监督，做到随时发现问题或隐患随时解决，做到防患于未然，使整个施工现场处于受控状态。实施安全生产"一票否决权"制度，专职安全员有权中止施工的违章作业和违章指挥，并限期整改，而且有权进行奖励和处罚。

3）全体职工必须进行安全技术教育和培训，牢固树立"安全为了生产，生产必须安全"的思想，经考试合格后方可进行施工作业。禁止烟火的地方严禁吸烟。

4）特殊工种全部持证上岗，用电设备实行"一机、一闸、一漏、一箱、一保护"，并定机、定岗、定人操作，加强机械的管理和保养、防止机械事故的发生。

5）现场用电线路必须采用"三相五线制"并架空敷设，各种手持电动工具必须安装漏电保护装置。

6）施工现场要有足够的消防灭火器材。

7）施工前应进行安全技术交底，施工中严格按照安全操作规程和各项安全规定进行施工操作。每周进行定期安全教育，严禁违章指挥和违章操作。

8）注意现场交通安全。

9）在安排施工任务的同时，必须进行安全技术交底，所有安全技术交底均应有书面资料并有交接人签字。

10）坚持领导安全值班制度，加强现场的安全生产监督和检查工作。每个进场职工，必须遵守国家建筑工程总局颁发的《建筑安装工人安全技术操作规程》进行施工。

11）坚持每周召开一次工地全员职工安全例会，在下达任务的同时总结上周的安全情况，提出不安全的因素和整改措施，对不利于安全的施工，任何人都可以制止，由安全员按公司奖惩制度处理。

12）凡参加施工的人员必须坚守岗位，严禁酒后操作、争吵、打闹，违者根据情节轻重予以处理。司机严禁酒后开车，疲劳驾驶。

13）当发生重大伤亡、设备事故或未遂事故时，应抢救伤员、维护现场情况，并立即报告有关部门。

14）各级领导和安全机构经常深入现场，查看不安全因素是否存在，如存在应马上采取措施予以纠正。

2. 制定安全应急预案

（1）物体打击事故处置预案

1）发生物体打击事故后，现场有关人员应立即向单位负责人报告，单位负责人接到报告后立即赶到事故现场，根据受伤人员情况启动事故应急救援预案。

2）现场有关人员应尽快把受伤人员转移到安全的地方进行救治。

3）现场指挥人员应立即通知救治组、后勤保障组等相关救援小组快速集结，争取时间，履行各自的职责。

4）对于重伤人员，现场救援人员应及时拨打120，抢救受伤人员，并派人接应急救车辆。

5）受伤人员应按以下原则进行处理：

①对于伤势较轻的受伤人员，创伤处用消毒纱布或干净的棉布覆盖，送往附近医院进行治疗。

②对于有骨折或出血的受伤人员，进行相应的包扎、固定处理，搬运伤员时应以不压迫创伤面和不引起呼吸困难为原则。

③对于心跳、呼吸骤停者应立即进行心脏复苏、人工呼吸，胸部外伤者不能用胸外心脏按压术。

④救治受伤较重的伤员，在抢救的同时及时拨打120医疗救护电话，由医务人员救治伤员。

（2）机械伤害事故处置预案

1）确定事故发生的准确位置、可能波及的范围、设备损坏的程度、人员伤亡等情况，并根据不同情况进行处置。

2）划出事故特定区域，非救援人员未经允许不得进入特定区域。迅速核实机械设备上的作业人数，如有人员被压在倒塌的设备下面，要立即采取可靠措施加固四周，然后拆除或切割压住伤者的杆件，将伤员移出。

3）救治受伤人员时几种情况的处理：

①如确认人员已死亡，立即保护现场。

②如发生人员昏迷、伤及内脏、骨折及大量失血：

a. 联系120急救车或距现场最近的医院，并说明伤情。为取得最佳抢救效果，还可根据伤情联系专科医院。

b. 对于大出血的伤员，急救车未到前，现场采取止血措施。

c. 注意搬动时的保护，对昏迷、可能伤及脊椎、内脏或伤情不详者一律用担架或平板,不得一人抬伤员肩、一人抬伤员腿。

③对于一般性外伤的伤员:a.视伤情程度送往医院,防止破伤风;b.轻微内伤,送医院检查。

4)制定救援措施时,一定要考虑所采取措施的安全性和风险性,经评价确认安全无误后再实施救援,避免因采取措施不当引发新的伤害。

(3)起重伤害事故处置预案

1)起重机械伤害事故发生后,现场有关人员应立即向周围人员报告,并报告企业负责人。

2)企业负责人到达事故现场后立即实施现场处置指挥工作,并通知抢救人员、保卫人员等到达事故现场。

3)对于较轻的受伤人员,视伤情及时进行止血、包扎、固定等措施,并送往医院治疗。

4)对于被压在重物下面的受伤人员,应立即采取搬开重物或用起重工具、机械吊起重物,将受伤人员转移到安全地带,进行抢救。

5)发生触电,应立即切断起重机械的电源,然后抢救触电人员。

6)对于伤情较重或企业无能力自救的,应立即拨打120救治受伤人员,或拨打119进行现场拆除起重机械、吊运重物的救援工作。

7)保护好事故现场,以便对事故原因进行调查。

(4)触电事故处置预案

当施工现场发生触电事故后,应立即截断电源,关闭插座上的开关或拔除插头。

1)截断电源,关闭插座上的开关或拔除插头。切勿试图关闭某件电器用具的开关,因为可能正是该开关漏电。

2)若无法关闭开关,可站在绝缘物上,如一叠厚报纸、塑料布、木板之类,用扫帚或木椅等将伤者拨离电源,或用绳子、裤子或任何干布条绕过伤者腋下或腿部,把伤者拖离电源。切勿用手触及伤者,也不要用潮湿的工具或金属物质把伤者拨开,也不要使用潮湿的物件拖动伤者。

3)如果患者呼吸、心跳停止,则要立即进行人工呼吸和胸外心脏按压。切记不能给触电的人注射强心针。若伤者昏迷,则应将其身体放置成卧式。

4)若伤者昏迷、身体遭烧伤,或感到不适,必须拨打120,或立即将伤者送到医院进行急救。

5)出现高空触电事故时,应立即截断电源,把伤员抬到附近平坦的地方,并立即对伤员进行急救。

6）现场人员应立即停止作业，并迅速向施工现场调度室汇报，并通知现场人员迅速撤离危险区域。

7）施工现场调度室接到事故报告后，应立即通知施工现场所有作业点的人员事故的发生地点，并告知施工现场所有人员严禁进入发生危险的区域。

8）施工现场调度室立即报告项目经理。项目经理接到事故报告后，立即汇报项目部所属公司、区建设局等部门，通知救护队立即出动救援，并召集本单位人员迅速投入救灾。

（5）坠落事故处置预案

1）救援人员应首先根据伤者受伤部位立即组织抢救，促使伤者快速脱离危险环境，送往医院救治并保护现场。同时，查看事故现场周围有无其他危险源存在。

2）在抢救伤员的同时迅速向上级报告事故现场情况。

3）抢救受伤人员时的几种情况的处理：

①如确认人员已死亡，立即保护现场。

②如发生人员昏迷、伤及内脏、骨折及大量失血：

a. 立即联系 120 急救车或距现场最近的医院，并说明伤情。为取得最佳抢救效果，还可根据伤情送往专科医院。

b. 外伤大出血：急救车未到前，现场采取止血措施。

c. 骨折：注意搬运时的保护，对昏迷、可能伤及脊椎、内脏或伤情不详者一律用担架或平板，禁止用搂、抱、背等方式运送伤员。

d. 一般性伤情也要送往医院检查，防止破伤风。

3. 危险源及防控措施

危险源既存在于施工活动场所，也存在于可能影响施工场所的周围区域，其形成原因来源于施工前期的勘察设计及施工过程的活动、物质条件。危险源辨识就是要采用科学规范的方法（基本分析法、工作安全分析法、安全检查表法）对其进行识别，采用作业条件危险性评价法（LEC 定性评价方法）对识别出的危险源进行风险评价。只有充分辨识危险源的存在，确定危险源的风险等级，找出其存在的原因，制定分级控制方案，才能有效监控事故（危害）的发生。

建筑施工"五大伤害"（高处坠落、触电事故、物体打击、机械伤害、坍塌事故）和人的不安全行为（即"三违"——违章指挥、违章作业、违反劳动纪律）是构成工程施工的主要危险源，也是导致施工现场及周围相邻人员伤亡、财产损坏、环境破坏等潜在的不安全因素。

根据《中华人民共和国安全生产法》《生产过程危险和有害因素分类与代码》

GB/T 13861—2009以及《危险化学品重大危险源辨识》GB 18218—2018的规定，工程施工危险源的辨识，是加强施工安全生产管理，预防重大事故发生的基础性的、迫在眉睫的工作（表5-34）。

工程施工危险源的辨识及控制措施 表5-34

分属阶段	部位	高危风险源	防控措施
基础阶段	深基坑临边	高坠	（1）基坑周边安装定型化防护栏板进行全封闭； （2）防护栏板周边不得堆靠材料； （3）如因施工需要打开，须有明显的警示标志，并及时恢复
	边坡支护	雨季排水不畅、临边过载导致边坡坍塌	（1）沿基坑周边设置排水沟，并结合周边标高进行有组织引排； （2）划定坑边警戒线，区分严禁堆载区、堆载区、行车路线； （3）土方开挖时及时进行边坡支护； （4）密切关注基坑监测结果，对形变部位坍塌隐患实行早发现早排除
	坑内桩基施工	施工机械伤害	（1）持证上岗、施工区做好警戒，专人指挥，安全员旁站、监督； （2）桩基施工前需确保基底平整、坚实，结合混凝土路铺钢板等方式，防止机械倾斜
主体装饰阶段	主体临边洞口	高坠	临边洞口按照底线标准及时设置，防护设施工具化以方便及时恢复，临边防护设置专项交接记录，以备先后工序交接
	爬架	高坠	（1）须有专项方案且经专家论证； （2）必须安装非人工操作的机械防坠装置； （3）架体超出作业面1.5m； （4）找平辅助架水平兜网封闭； （5）桁架底部满铺脚手板，与建筑物墙面之间设置脚手板全封闭
	塔式起重机	群塔作业、高坠、倾覆	（1）做好塔式起重机基础处理，防止倾覆； （2）制定群塔作业防碰撞方案，对塔式起重机布置时应充分考虑各地块、各施工工况下塔式起重机的运行情况； （3）严格遵照"十不吊"作业； （4）塔式起重机安拆由具备资质的单位进行，定期做好复检工作； （5）针对塔式起重机覆盖展示区及市政道路情况，做好限位措施、安全防护措施，加强日常巡视
	施工电梯	高坠	（1）安拆单位资质齐全，告知手续完善； （2）安全装置齐全有效； （3）电梯基础满足设计要求，排水措施齐全； （4）专职司机持证上岗； （5）楼层防护门严禁内开
	吊篮	高坠	（1）定期检查配重块、支架、钢丝绳、吊篮结构，不得带病作业； （2）作业人员安全帽、安全带完备，且安全带单独须固定在生命绳上； （3）作业人员严禁在悬空状态下进出吊篮，无作业时，吊篮落地； （4）爬架提升时严禁吊篮施工

续表

分属阶段	部位	高危风险源	防控措施
专项施工阶段	施工用的临时电缆、电线破损、老化等	施工用电	（1）严格按《施工现场临时用电安全技术规范》JGJ 46—2005 规范文件编制专项方案，并履行审批程序； （2）严格按规范设置三级配电、两级保护； （3）电工加强日常巡查，发现隐患及时处理
	易燃物、电焊、	现场消防	（1）按《建设工程施工现场消防安全技术规范》GB 50720—2011 编制消防安全措施并严格执行； （2）木料等堆放区按规定配备足够的消防水源和灭火器； （3）易燃易爆物品设置专用库房，保持安全距离； （4）严格执行动火制度，设专人监护，并设置有效的防火措施； （5）氧气、乙炔瓶和焊接点保持10m以上安全距离； （6）电焊工必须持证上岗，并加强特种作业人员持证上岗检查
	集成式升降操作平台	架体堆放材料、操作人员	（1）编制专项施工方案，并履行审批程序； （2）对各个班组交底，架体严禁堆放材料； （3）操作人员必须持证上岗，进场时加强特种作业人员持证上岗检查； （4）加强作业人员教育，提升或下降过程中严禁站立在架体上或逗留危险区域，设警示带并派专人监控
	施工电梯	电梯安装及后期维护	（1）安装单位选取具有相应作业资质的安装队伍； （2）编制专项方案和应急预案进行审批； （3）机械设备进场前严格验收程序并留有验收记录； （4）加强进场管理，特种作业必须持证上岗，加强日常保养与巡检
	幕墙作业	幕墙施工	（1）对专项方案和应急预案进行审批； （2）先交底后作业，加强日常巡查与过程监督，严格按照方案进行施工； （3）加强日常教育与巡查，严禁酒后作业

4. 日常安全检查措施

（1）安全检查的内容及形式

安全检查内容主要应根据施工特点，制定具体检查项目、标准。概括起来主要是：查思想、查制度、查机械设备、查安全设施、查安全教育培训、查操作行为、查劳保用品使用、查伤亡事故的处理等。

安全检查的组织形式应根据检查目的、内容而定，参加检查的组成人员也不完全相同。

1）针对主要问题进行检查

这类检查有针对性、调查性，也有批评性，同时，通过检查总结，扩大了安全生产经验的传播面，对基层推动的作用较大。

2）定期安全检查

这种制度性的定期检查，属全面性和考核性的检查。

3）专业性安全检查

专业安全检查应由企业相关业务部门组织相关专业人员对某项专业（如垂直提升机、脚手架、电气、塔式起重机、压力容器、防尘防毒等）安全问题或在施工中存在的普遍性安全问题进行单项检查，这类检查专业性强，也可以结合单项评比进行。

4）经常性安全检查

在施工过程中进行经常性的预防检查能够及时发现隐患，消除隐患，保证施工正常进行。通常有：①班组进行班前、班后岗位安全检查；②各级安全员及安全值日人员巡回安全检查；③各级管理人员在检查生产的同时检查安全。

5）季节性及节假日前后安全检查

季节性安全检查是针对特定气候（如冬季、暑季、雨季、风季等）可能给安全施工带来危害而组织的安全检查。

节假日（特别是重大节日，如元旦、春节、劳动节、国庆节）前、后安全检查是为了防止职工纪律松懈、思想麻痹等进行的检查，应由单位领导组织相关部门人员进行。节日加班，更要重视对加班人员的安全教育，同时要认真检查安全防范措施的落实。

（2）安全检查方法及要求

安全检查基本上都是采用安全检查表记录和实测实量的检测手段，进行定性定量的安全评价。不论何种类型的安全检查，都应做到以下几点：

1）加强组织领导。

2）要有明确的目的。

3）检查记录是安全评价的依据，因此要认真、详细记录。

4）安全评价。安全检查后要认真、全面地进行系统分析，用定性和定量相结合的方法进行安全评价。

5）整改是安全检查工作的重要组成部分，是检查结果的归宿。整改工作包括隐患登记、整改、复查、销案。

5. 安全事故发生后的处置措施

（1）安全事故发生后的处置方法

1）事故发生后，应立即组织人员救护受伤害者，并采取有效防护措施防止事故蔓延扩大。

2）认真保护事故现场，凡是与事故有关的物体痕迹、状态均不得被破坏。

3）抢救受伤者需要移动现场某些物体时，必须做好现场标记。

4）伤亡事故发生后，负伤者或事故现场的相关人员应立即直接或逐级报告企业负责人，工伤事故的调查处理应遵守四个基本原则，也就是我们常说的"四不放过原则"：事故原因未查清楚不过放、事故责任人未受到处理不放过、事故责任人和相关人员及群众没有受到教育不放过、未采取防范措施不放过。其目的就是要认真分析事故原因，从中接受教训，采取相应措施，防止类似事故重复发生。

（2）伤亡事故的报告制度

1）伤亡事故的分级。

a.轻伤事故：指职工负伤后休息一个工作日以上，且构不成重伤的事故。

b.重伤事故：指造成职工肢体残缺或视觉、听觉等器官受到严重损伤，一般能引起人体长期存在功能障碍，或劳动能力有重大损失的伤害。

c.死亡事故：指一次死亡一人以上的事故；重大伤亡事故：指一次死亡三人以上（含三人）以上的事故。

2）发生重伤或一次负伤两人以及死亡事故的，必须立即电话报告至项目经理部及总咨询师，且最迟于事故发生后1小时内将事故的时间、地点、经过、原因、初步分析伤情及现场处理情况简要报告至经理部，其中重伤及以上事故，总咨询师最迟于事故后12小时内报告至相关部门。

3）发生机动车辆重大、特大事故的，事故发生现场的相关人员必须立即逐级上报，并最迟于事故后2小时内将事故地点、时间、肇事人姓名、驾驶车牌照号、车型、车辆受损部位损坏情况简要报告至经理部。如有随车或其他人员伤亡，必须同时报告受伤人员姓名、伤情及初步救治的处理情况。发生一般事故，亦必须在事故当天报告至经理部。机动车辆重大及以上事故，经理部最迟应于事故后24小时内报告至相关部门。

4）发生铁路行车事故、锅炉、压力容器爆炸事故及其他施工安全大事故，事故单位必须立即报经理部，总咨询师最迟于事后12小时内报相关部门。

5）发生重伤、死亡、重大死亡事故，应立即报告至企业发包方管部门和企业所在地劳动部门、公安部门、人民检察院、工会。

6）发生死亡、重大死亡事故后经理部应保护事故现场，并迅速采取必要措施抢救人员和财产，防止事故进一步扩大。

（3）伤亡事故的调查制度

1）轻伤、重伤事故，由总咨询师及安全领导小组负责人或其指定的组织生产、技术、安全等有关人员以及工会成员参加的事故调查组，进行调查。

2）死亡事故，由公司会同企业所在地的劳动部门、公安部门、工会组成事故调查组，进行调查。

3）事故调查组成员应当符合下列条件：

①具有事故调查所需要的某一方面的专长；

②与所发生事故没有直接利害关系。

4）事故调查组的职责：

①查明事故发生的原因、过程和人员伤亡、经济损失情况；

②确定事故责任者；

③提出事故处理意见和防范措施的建议；

④写出事故调查报告；

5）事故调查组有权向发生事故的企业和有关单位、有关人员了解有关情况和索取有关资料，任何单位和个人不得拒绝。

6）现场处理：事故发生后，应救护受伤害者。采取措施制止事故蔓延扩大；认真保护现场，凡是与事故有关的物体、痕迹、状态，均不得破坏；为抢救受伤害者需要移动现场物体时，必须做好现场标记。

7）发生轻伤事故由所在单位负责调查处理，并于事故后15天内将事故调查处理报告报至公司结案批复。

8）发生重伤事故，一次3人（包括3人）以上轻伤事故，由公司派员工去事故发生单位，必要时请地方安全生产监督管理部门派工作人员组成调查组，由事故所在单位最迟于事故后20天内将事故调查报告报至公司批复结案。

9）凡发生死亡事故或一次重伤3人（包括3人）事故，由公司领导组织调查组并报请集团公司安质部，地方安全生产监督管理部门派工作人员立即赶赴现场进行调查分析，由公司于事故后30天内写出事故调查报告书（附地方有关部门的结论性意见）报至公司安委会审定后报至局集团公司，集团公司批复结案。

10）事故调查组在查明事故情况后，对事故的分析和事故责任者的处理意见如果无法取得一致，劳动部门有权提出结论性意见；如果仍有不同意见，应当报至上一级劳动部门处理；仍不能达成一致意见的，报至同级人民政府裁决。但不得超过事故处理工作的时限。

5.6 酒店工程专项施工方案

5.6.1 酒店大堂施工重难点解决方案

酒店大堂是酒店业务活动和宾客集散中心，是酒店文化、身份的象征。大堂是酒店最为重要的组成部分之一，酒店规划设计和施工质量控制是重点。

1. 大堂的功能区域构成

大堂主要由接待服务、公共活动、经营活动、后勤服务等几个功能构成（图 5-33、图 5-34）。

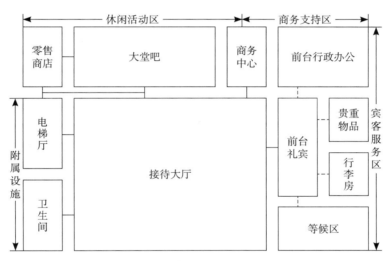

图 5-33 酒店大堂各功能设施示例图

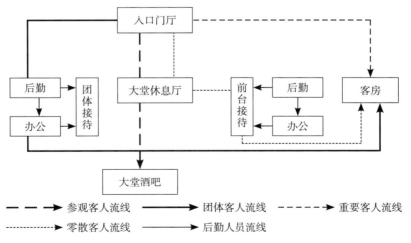

图 5-34 酒店大堂流线示意图

1）接待服务：包括礼宾接待、行李寄存、贵重物品保管、前台接待（办理入住、结算、问询、外币兑换等）、大堂副理等。

2）公共活动：主要包括大堂、门厅、休息区、公共洗手间、公共电话、电梯厅等活动空间。

3）经营活动：包括商务中心、精品商场、大堂吧、旅行社等。

4）后勤服务：主要包括值班办公室、消防指挥中心、员工电梯和通道、PA工作间等。

2. 大堂功能区域规划设计

1）大堂

酒店大堂总面积依据酒店的类型、规模、档次影响而定。大堂的面积通常用单项综合面积指标衡量，即大堂面积与客房间数比。酒店规模越大，档次越高，其总面积就越大，且单项综合面积指标就越高。可参见《旅游饭店星级的划分与评定》GB/T 14308—2010 与《设施设备及服务项目评分》对大堂的评分标准（表 5-35）。

国外不同类型酒店大堂单项综合面积指标　　　　表 5-35

酒店类型	大堂面积（m²/ 客房间数）
城市商务型	1.1～1.2
旅游度假型	1.1～1.2
会议型、主题娱乐型、商业中心型	1.2～1.4
汽车、机场和经济型	0.8～0.9

2）总服务台

总服务台包括信息咨询、收银结算、外币兑换、接待服务、物品保管等工作内容，有站式和坐式两种，无取采用哪种方式，其空间尺度都必须以方便宾客、提升服务质量以及方便宾客和服务人员之间的交流为前提。

总服务台通常设置在大堂醒目、视线较好的位置上，造成整个大堂的视觉畅通以便于宾客的识别。从大门到总服务台的距离应小于到电梯厅的距离，总服务台的功能设置应按接待、咨询、登记、收银、外币兑换等工作流程排序，总服务台的设备设施（电话、电脑、打印机、扫描仪、磁卡机、验钞机、信用卡授权机、资料抽屉和资料柜等）应满足工作的需要并使用方便、合理，尽量减少不必要的操作流程，提高工作效率，降低工作强度。

3）酒店大门

不同类型的宾客在酒店大堂活动的规律不同，因此在规划设计中要考虑入口和大门的数量与位置。正门通常设置在大堂中间位置，是散客和主要宾客的入口。对于团队宾客可设置专门的团队入口，对于本地用餐和娱乐消费宾客可设置专门入口进入餐厅或娱乐场所。邻街的餐厅、商店可单独开设大门但要与正门保持一定距离。

酒店大门是宾客进入酒店的主入口，也是酒店与外界的分隔界定。大门的尺度要保障一定数量人员的正常通行，并与整个酒店建筑空间保持协调合理的比例关系和视觉关系。大门通常有两种形式，即平开手推门、红外线自动感应门、自动旋转门。

手推门和红外线自动感应门的开启宽度必须保证双手携带行李以及行李车能顺畅通过。单人通过尺寸应大于1.3m，侧门宽度为1.0～1.8m。为了降低空调能耗，可采用双道门的组合形式，双道门的门厅深度要保证门扇开启后不影响客人行走和残疾人轮椅正常行驶，门扇开启后应留有不小于1.2m的轮椅正常通行距离，通常深度不小于2.44m。

旋转门的规格很多，不同厂家的规格不尽相同，要考虑旋转门与建筑的整体协调性和大堂空间的大小，空间过小不宜设置旋转门。

4）礼宾服务

包括礼宾台、行李车、雨伞储存架、行李寄存间等。礼宾台区域约占6～10m^2，行李寄存间以酒店每间客房0.05～0.06m^2计算。

礼宾服务是酒店接待宾客的第一个环节。礼宾台设置在大门内侧边，便于及时提供服务、行李寄存、雨伞储存等，行李寄存室通常设置在礼宾台附近区域。

5）贵重物品保管室

贵重物品保管隶属于大堂总服务台，保管室面积和设施设备的配置根据酒店客房数量来确定，国家标准规定了三星级以上酒店必须设置贵重物品保管室，并对数量、规格有量化的规定。参见《旅游饭店星级的划分与评定》GB/T 14308—2010与《设施设备及服务项目评分》，通常贵重物品保管室面积按保管箱数量×0.3m^2计算。

贵重物品保管室应设置在总服务台旁边的隐蔽位置，避免设在大堂流动人员能直视的范围中。贵重物品保管室分设两个门，分别用于工作人员和宾客进入。

6）大堂副理

大堂副理区域主要由一套大班台椅、两个客人座椅、台灯或落地灯、地面块形地毯、绿色植物等组成，面积约为 6~12m²。大堂副经理应设置在相对安静和醒目的角落，其位置应既能全面观察到整个大堂的情况，又不影响大堂的正常活动。此位置不宜太靠近总服务台和休息区，避免影响总服务台的正常工作和对宾客造成心理压力。

7）值班经理办公室

在酒店大堂，副理通常非 24 小时值班，应设置值班经理，处理日常事务，值班经理办公室面积 10m² 左右。

8）大堂办公室

主要是大堂经理、前台服务等工作人员办公室。大堂办公室面积通常可按每 50 间客房 6~8m² 计算，超过 600 间客房的按每 50 间客房 5~7m² 计算。大堂办公室应设在靠近总服务台附近。

9）宾客休息区

宾客休息区是为宾客提供休息的区域，由沙发、茶几、台灯、植物等组成。宾客休息区起着疏导、调节大堂人流的作用，其面积约占大堂面积 8% 左右。宾客休息区可分为若干组，分别设于不同位置，每组面积约占 10~15m² 不等。

宾客休息区通常设置在不受干扰的区域。不宜太靠近总服务台和大堂副理的区域，这样可以保证一定的隐私性。从经营角度考虑可将休息区靠近酒吧、咖啡厅等商业经营区域，引导宾客消费。

10）公共卫生间

大堂公共卫生间的面积约占大堂总面积的 15%。卫生间洁具设置没有固定数量，可按客房床位数量的比例关系设置。男女卫生间可参照 3:2 或 2:1 的比例设置。卫生间洁具约每 80 名男性和 40 名女性设置一个大便器，但最少设置 2 个；每 20 名男性设置一个小便器。盥洗盆可按每 1~15 人设置 1 个、16~35 人设置 2 个、36~65 人设置 3 个、66 人以上设置 4 个为参考。每个大便器所占用面积 1m² 左右，小便器约占 0.7m×0.8m，卫生间内过道的宽度应不小于 1.2m。

公共卫生间应设置在较隐蔽处。卫生间的门不能直对大堂。公共卫生间按相关规定和指标配置卫生洁具，条件允许的应设置单独的残疾人卫生间，没有条件的应在公共卫生间内设置残疾人专用厕位。卫生间内还应设置清洁工具储藏室。

11）电梯厅

电梯厅的面积大小对宾客的活动影响很大，国家《民用建筑设计统一标准》GB 50352—2019 规定单侧排列的电梯不超过 4 部，双侧排列不超过 8 部，电梯厅的深度尺寸要符合相关规定。残疾人（坐轮椅）可使用的电梯厅深度不小于 1.5m。

根据各酒店建筑空间形式的不同以及电梯数量的不同，电梯厅的排列形式有很多种。若电梯数量不超过4部，可采用并列布局形式，若超过4部可采用巷道形式排列。电梯厅的空间尺度要符合相关国家规定（图5-35）。

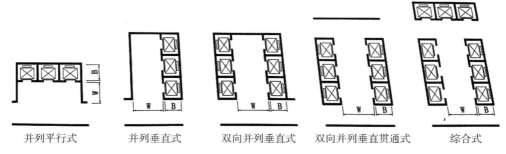

图 5-35 电梯厅的排列形式

员工通道和员工电梯的入口应设置在建筑物的边侧或后面和地下室，不能与宾客通道和流线发生任何交叉和冲突。

12）经营性功能区域

包括大堂吧、酒吧咖啡厅、精品商店、商动中心、美容美发厅等，应设置在大堂的边缘和较隐蔽处，同时经营项目应尽量集中。

13）消防控制中心

根据消防要求，消防指挥中心应设置在一楼与外界相邻的区域位置，并且有专门通往室外的消防门和通道。消防控制中心面积的大小是由消防自动报警系统的设施设备尺度和工作活动尺度来确定的。

施工难度大。由于酒店大堂的特殊性，在施工期间常会遇到各种操作问题。大堂高顶棚的安装难度较大，部分顶棚安装部位与结构楼板距离较大，需增加反向支撑。又如，圆柱石材板材面积大、质量较重，圆弧面板材定位难、施工高度高，这些方面都不利于现场施工的质量控制。针对酒店大堂装饰施工中存在的质量问题，为了全面提高装饰工程的艺术效果，要加强对施工阶段的质量控制。

3. 大堂装饰施工质量管理

大堂装饰应严格控制内部结构与饰面层的施工质量，从整体上严格落实酒店工程的相关质量标准，严格操作流程和程序。大堂施工的质量控制需要创建综合性的质量管理体系，为整个项目的质量控制提供有利的条件。

由项目部项目技术负责人或专业工程师向各专业工种的班组长进行技术交底。对技术要求高、施工难度大的某个工序或环节，对操作人员、材料、工具、施工工艺参数和方法均需进行重点控制。如对于大堂墙面石材的装饰施工,应对墙体原来的外形尺寸进行严格检查,并对石材进行试排版,安装时要分别对钢龙骨、面板进行验收。

(1) 材料控制

酒店大堂装饰是为了给消费者创造高贵典雅的消费环境,通过大堂施工能够对酒店建筑进行二次改造和美化,为酒店的品牌塑造、市场推广、价值提升等创造有利的硬件条件。材料控制主要是对材料的质量、性能、寿命等方面进行控制,严格按照设计与业主指定的装饰材料品牌及样板进行采购,以保证装饰效果与设计相同。此外,对于新型装饰材料也要积极采用,如大堂施工采用环保型的地材、墙材、漆料、照明等,可有效地改善大堂的健康指标。

(2) 效果控制

大堂装饰施工效果的控制需灵活运用传统元素,这样才能为消费者创造典雅的消费环境。"壁画"是大堂装饰的重点内容,壁画的合理运用能显著提高酒店内部的环境价值,创造高贵、典雅的艺术效果,如国画、敦煌壁画、写意画等。酒店大堂传统元素的运用效果至关重要,这往往会影响消费者的消费情绪。中式酒店施工中采用"梅""兰""竹""菊"等植物对大堂进行搭配装饰,可营造小型的绿色景观结构。加入欧式风格的雕花纹饰,其特点在于"手工雕花",如大堂施工可采用巴洛克和洛可可艺术。这些手工雕饰抽象而纤柔,有的仅在表面装饰,有的则在立体上塑形。在相对比较平直的面板上,可采用诸如树叶、卷叶草、贝壳状的表面雕刻纹饰。有的体现在边角交界处,有的则用花纹雕成整条边线,甚至在金属拉手等外置配件也可采用卷纹形状。这些精致流畅的雕花体现了经典艺术的超凡气质和美感。

为了保证酒店大堂装饰施工的质量标准,施工单位可以根据具体的进度安排将大型的装饰工程详细拆分,逐一对每个小型施工项目进行质量控制。按照国内酒店经营发展的需要,大堂装饰施工的重点项目应集中于干挂石材、地面拼花石材、顶棚安装、艺术漆材等方面。

1) 干挂石材

干挂石材的工艺流程为:墙面基层处理→墙面分格分线→钢骨架加工→钢骨架安装固定→检查、调整、验收骨架平整度及牢固性→石材干挂样板制作→大面积干挂石材→石材表面清理→嵌缝→装饰面清洗→验收。

影响石材干挂质量的主要因素有以下几个方面:

① 石材色差是石材干挂外观效果的最主要的影响因素之一。石材到达现场

后首先进行排样，确定石材安装位置后编号待用，提前将存在细微色差的石材尽量安排在阴角等不影响整体外观的位置上。

②骨架安装牢固，骨架表面平整度控制得当，并做好防腐、防锈处理。龙骨安装不牢固容易产生安全隐患，龙骨安装如果不在同一个平面上，后续工序容易造成石材扭曲、石材拼缝不合格等缺陷。

③石材应表面洁净、平整，拼花正确，纹理清晰，颜色均匀一致，非整板部位安装适宜，阴角处石板压向正确，并做好石材轻微破损的修补工作，将轻微破损的石材安装在不明显的角落。

④干挂圆柱石材还应先在地面上将圆柱面定位和放样，安装时要保证板块间的衔接弧面与所放样圆形吻合。

2）地面拼花

地面拼花是源自欧式建筑装修的新方式，通过对石材的深度加工发挥出更好的艺术效果。地面拼花应按照酒店大堂装饰的要求选择石材，施工人员要根据大堂地面的尺寸大小合理确定拼花的中心位置，严格按照施工图纸上的要求切割材料。石材地面拼花装饰的基本工艺流程为：清扫整理基层地面→放线→试拼→铺设拼花石材→勾缝、打磨→打蜡抛光→成品保护。对基层的处理要干净，高低不平处要先凿平和修补，基层不能有砂浆尤其是白灰砂浆灰、油渍等，并用水湿润地面。根据石材的施工图、派位图和加工图，放好石材的控制线、水平标高线、石材分格线，确定石材安装的起始点和安装方向。放线后，将石材按照派位图与石材分格线进行试拼。检查石材的尺寸、图案、颜色和纹理是否与图纸一致。铺装石材时必须安放标准块，标准块应安放在十字线交点，对角安装。铺装操作时要每行依次挂线，石材必须浸水湿润，阴干后擦净背面，以免影响其凝结硬化而发生空鼓、起壳等问题。石材地面铺装后的养护十分重要，铺贴完后覆盖锯末洒水保湿养护，2天内不得上人。

3）天花安装

吊顶施工前，顶棚以上的电器布线、接线、空调管道、消防管道、供水管道、报警线路等必须安装到位，并且采取有效的保护措施，以免在吊顶施工中破坏上述设施。吊顶施工前复核其高度是否与图纸相符，根据其设计标高在四周墙上弹线。对于立体异形顶棚，必须严格按照图纸放样，并按照实际结构平面进行必要的调整，注意驳接接缝要适当，接缝宽度控制在4～6mm之间，垂直面与平面交接处要均匀、密实、整齐，板面与龙骨的固定要稳固。吊顶内的灯、斜撑、剪刀撑等，应根据工程情况适当布置。轻型灯具应吊在主龙骨或附加龙骨上，重型灯具或电扇不得与吊顶龙骨连接，应另设吊钩；吊杆不与专业管道接触，吊杆与专业管道发生冲突时，采用型钢支架过渡。若有高低跨，通常是先安装高跨部分，再安装低跨。对于检查孔、上人孔、通风箅子等部位，在安装龙骨时应将尺寸及位置留出，将封边的横撑龙骨安装完毕。当吊顶设计标高距原结构顶面高度超过吊杆限度（1.5m）时，会产生吊杆不稳、不垂直现象，造成吊顶龙骨不平直，进而影响整个吊顶的安装质量。应采取反向支撑稳固措施，其方法为：首先保证吊杆本身顺直，从吊杆的下端斜向顶棚安装一个连接拉杆，使吊杆形成一个稳固的三角形，以达到稳定的效果。如果吊顶设计标高距原结构顶面高度太大，可先在顶棚与结构顶面之间做一层钢结构骨架，再在钢结构骨架上连接下吊筋来做吊顶龙骨，进行吊顶施工。

4）艺术漆材

艺术漆是酒店大堂装饰的主要材料，由于艺术漆经过特殊的加工处理，因而产品满足"无毒、环保、防水、防尘"等多方面的性能要求。大堂墙壁装饰应根据不同酒店的风格特色制定施工方案，"中式酒店""欧式酒店"大堂装饰的差异十分明显，对不同风格酒店的漆材涂刷流程的控制要综合把握。大堂墙面涂刷艺术漆时要控制好漆面的厚度，使漆材能够均匀地布置于墙面。另外，也可以根据装饰需要对艺术漆进行调配，将不同的艺术漆材混合使用，从而创造出更好的装饰效果。

以浮雕型质感艺术涂料为例，其施工方法如下。

①基层处理：要彻底清除空鼓、起皮、疏松、粉化的基层，去除基层的尘埃、油脂等污染物。然后用腻子对墙面的破损、裂缝部位进行修补，腻子完全干燥后进行打磨，使基层平整。

②底漆：腻子完全干燥后，涂刷一遍封闭底漆，一般采用滚涂施工。要求涂布均匀，不遗漏。

③喷涂浮雕骨浆：喷枪压力宜控制在 0.4～0.8MPa 范围内。喷枪与墙面应保持垂直，距离宜在 500mm 左右，匀速平行移动。两行重叠宽度宜控制在喷涂宽度的 1/3。与下一道工序施工的时间间隔不少于 24h。

④浮雕型质感艺术漆涂刷面漆：面漆施工时的黏度应根据产品说明书和施工工具进行调节。为了使涂料具有很好的流平性和施工性，施涂时一般需要加入 5%～10% 的稀释剂对涂料进行稀释。要求涂布均匀，不流挂、不漏涂。

5.6.2 酒店客房施工重难点解决方案

1. 客房的功能规划与设计

客房的营业收入在酒店的总营业收入中所占比例最大，是酒店的主要经营和盈利项目，其他都是辅助经营部门。客房又是宾客在酒店停留和活动时间最长、直接接触的私人休息场所，直接关系宾客住宿舒适程度对酒店的评价。因此，客房的规划与设计是整个酒店规划设计最为重要的组成部分。

客房类型

客房是指用实体墙将酒店客房层的空间分隔成一个独立的空间，每个独立空间基本包括一个住宿空间和一个卫生间，这个独立的空间通常称为标准客房，标准客房构成了客房层的基本单元。按照基本单元的组合形式，客房分为单开间、套间和残疾人客房。

1）单开间

单开间客房是以一个标准客房为单元，通常又按照床位数量可分为以下几种。

①单人间：单人间配置一张单人床。适合不愿意与人共住一间客房的单身宾客，这种客房的隐私性较强，受到商务旅行的单身宾客的喜爱。

②双人间：双人间配置一张双人床，主要为夫妇旅行者提供。如夫妇携带儿童入住，可临时增加一个活动床。

③标准间（标准客房）：标准间配备两张单人床，可供两人同时入住，是入住率最高的客房类型。如果配备单双两张床，在双人间供不应求时，可将两床合并作为双人间出租，当客源增多时，临时增加一个活动床变为三人间。

④三人间：三人间配置三张单人床。

2）套间（套房）

套间是指由两间或两间以上标准客房组合构成的一个独立的单元出租客房。根据客房的组合形式和间数以及功能性质，分为普通套间（双间套）、复式套间、连通套房、商务套房、豪华套房、总统套房等几种（图5-36）。

3）残疾人客房

残疾人客房主要是为四肢以及眼睛有残障的宾客专门提供的客房，其设施设备配置是以残疾人的生活起居活动需求来规划设计的。残疾人客房通常为普通单人间或双床间，也可为连通间，以便应对残疾宾客的陪护与照顾的需要。

2. 客房功能区域的构成

酒店客房功能区域的构成是以标准客房为基础的，主要由睡眠、起居、书

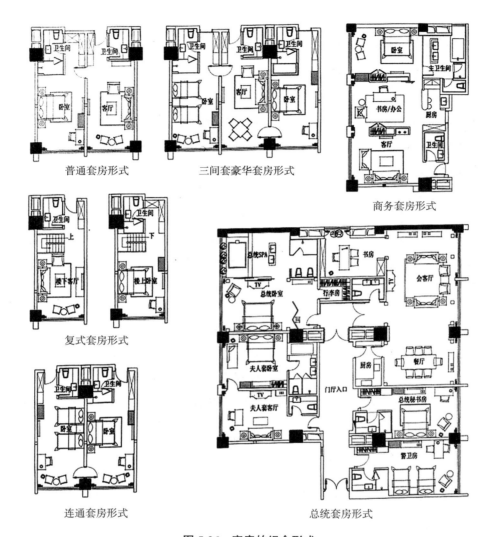

图 5-36 客房的组合形式

写、盥洗、储存等几个功能区域组成。其他任何类型的客房都是在此基础上增加和扩大功能项目设置满足其使用要求的。如套房,是将功能区域分别设置于组成套房的各个标准间中,卧室与起居室分离并分别设置主人卫生间和宾客洗手间两个盥洗区域等。

(1)客房相关面积概念

①客房部分的面积(客房总面积):酒店客房功能区域占用的总建筑面积,包括所有客房楼层和辅助面积,如电梯厅、走廊、休息厅、服务间等占用的建筑面积。

②客房层面积：是指每个客房层所包含的楼层和其辅助面积，如电梯厅、走廊、休息厅、服务间等占用的建筑面积。

③每间客房的面积：是指每一间客房所分摊的客房层面积，是客房层面积与楼层客房间数之比。

④开间和进深：开间是指客房的宽度，即客房两面隔墙中线的距离尺寸，净开间是不包含墙体厚度的实际宽度尺寸。进深是指客房的长度，即客房前后墙中线的距离尺寸，净进深是不包含墙体厚度的实际长度尺寸。

⑤客房单元面积：是指客房开间尺寸与进深尺寸相乘之积，指客房门内所有面积，包括门厅过道、卫生间、壁橱衣柜、管道井和客房面积。

⑥客房净面积：是指客房净开间和净进深之和减去卫生间、门廊、壁橱、管道井后的净面积。在规划设计时根据自身的情况确定其参数。国家标准对五星级酒店规定了"70%的客房面积（不含卫生间和门廊）不小于$20m^2$"，规定四星级"70%的客房面积（不含卫生间）不少于$20m^2$"。

⑦客房层平面效率：是指客房单元面积之和占客房层建筑面积的百分比。

根据酒店所在区域、档次、类型不同，一个服务员通常服务10～17间客房。从服务员设置角度，高层酒店客房层的客房间数以12～14的倍数进行设置，即每层36～42间客房较好。

在客房层面积与客房间数规划时，按照建筑防火规范的相关规定，在酒店客房层之间的封闭楼梯设置防火卷帘或防火门时，每个客房层的建筑面积为1000～$2000m^2$，根据标准客房的单元面积不同，可计算出该客房层可布置的标准客房间数，如按每间标准客房平均占有建筑面积为$35m^2$左右计算，可布置28～56间。

商务型酒店：通常配置较多的单人间，少量配置普通套房和豪华套房。通常单人间占客房总间数的30%以上，套房占客房总间数的10%以上，其余为标准间。

国家标准《旅游饭店星级的划分与评定》GB/T 14308—2010与《设施设备及服务项目评分》对不同星级酒店中不同类型的客房配置有相关的规定。

（2）客房走廊

客房层走廊的宽度，以保证客房清洁车停靠时不影响行人的正常行走为基础。走廊两侧布置客房时，走廊的宽度通常为1.5～1.8m，最小不能低于1.4m。单侧布置客房时，走廊宽度通常为1.4～1.6m，最小不能低于1.3m。走廊净高因为顶部设备管道而降低，但不能低于2.1m。走廊两侧的客房门最好能错开，减少门对门的干扰和保护宾客的隐私。客房层走廊的地面可根据酒店的档次铺设地毯、地砖或石材。墙壁可贴墙纸或装饰墙漆，走廊内墙面上的管道井检修口要做装饰上的设计处理。

（3）标准客房的规划设计

1）标准客房的空间尺度

客房卫生间其净开间应在20m以上，其他客厅的形式、其他开间尺度是以宾客活动舒适和设施设备占用空间尺寸的依据。客房尺寸，该尺寸是一个基本尺寸要求，在条件允许的情况下，应尽量增大客房的面积，客房的净高不宜低于2.7m，国家标准对相应的星级酒店标准客房面积和数量。

在客房规划设计时应根据酒店的档次、类型和自身实际情况确定客房和卫生间的面积指标。经济型酒店适当控制其面积，以保证满足宾客的基本使用要求为基础；豪华酒店必须保证客房有足够宽敞的面积，给宾客更大的活动空间；度假型和主题型酒店强调家庭感受和文化性，这些酒店对面积的要求也比较高。

2）客房的功能区域规划设计

①客房的设施设备

设施设备是保证宾客生活起居使用的硬件设施。客房的设施设备主要包括床、床头柜、写字桌、椅子、电视、柜、行李柜、沙发、小圆桌、灯具等这些家具的尺寸基本规范化。

多功能床头控制柜是传统控制客房照明和电器的控制设备，其将客房内的开关集中在一个控制面板上，有按钮式和触摸感应式两种，但这种形式已不适应时代要求，已被更加方便、灵活、简洁的方式取代。现在酒店将控制面板固定在床头墙上，也有不设控制面板的，采用家庭式开关控制方式，就是开关、电器跟着灯具和设施设备灵活设置，使整个空间更直接和简单。传统客房的三连柜已不适应时代要求，被更新颖、简洁、灵活、方便、时尚和更富设计艺术感的形式所取代。床头部分因与人的头部相接触是属于容易受污的地方，所以要考虑防污和清洁问题，通常设计一个床头背景来解决。因此，对酒店的客房规划和设施设备的配置上要有一定的超前意识，在规划中应能突破传统客房套路和模式的束缚，在满足相关标准的前提下有创新意识，设计出具有创新、人性化和个性化的空间和产品设施，更好地为宾客提供服务，以适应和满足宾客的需求。

窗户是客房的自然采光和观景窗口，可以说通过客房窗户看到的窗外景观（视线和景观）是客房的一个很重要的组成部分，是客房向外延伸的视觉心理领域，会极大地影响人的心情。如果客房没有一个好的窗外景观，那这个客房好似一个被禁锢了的空间，缺少生机，使人心情不畅。因此在客房规划设计时，应考虑窗户的大小、角度以及窗外的视野、景色等，尽可能地使人与自然近距离接触。

酒店客房地面通常铺设地毯、木地板或石材和地砖。低档酒店可选用地砖或木地板，既容易维护保养同时又降低投入；中高档酒店可选择尼龙和混纺地毯；高档酒店的豪华套房可选用纯羊毛地毯。客房的门廊的地面可采用石材地面，起到空间划分和干湿分区的作用，通常卫生间的门设置在门廊处。

客房内应留有必要的备用电源插座和24小时不间断电源。客房衣橱是为宾客提供储藏衣物和储藏客房备用棉被等物品的地方，通常设置在门廊过道的边侧。壁橱门有客房的推拉、折叠、平开等几种方式，壁橱的进深应大于衣架的长度，如果衣橱的进深小于衣架的长度时，悬挂杆应纵向设置，方便挂衣。壁橱内通常设有一个密码保险柜供宾客使用。

客房内通常设有一个水吧柜，为宾客提供饮品、茶水等生活用品，其形式可多种多样，位置也可灵活巧妙，可与客房家具或壁橱等相结合，如可将水吧柜设在门廊的壁橱边角上，或茶几和家具柜下面。水吧柜除提供酒水、饮品外，还配有一个小冰箱供宾客使用。

②卫生间的设施设备

客房卫生间的设施设备主要由各种洁具、梳妆用具等组成。卫生洁具主要有：洗漱盆、马桶、浴缸、净身器、淋浴、按摩浴缸、桑拿浴房等。酒店根据客房档次选配适合自己的洁具设备。单开间客房卫生间通常是最基本的标配置，一般由洗漱台、马桶、浴缸和淋浴组成（表5-36）。

卫生间设施设备相关尺寸　　　　　　　　　　　　　　　表5-36

设备名称	规格（mm）	备注
浴缸（大号）	1680×800×450	
浴缸（大号）	1500×750×450	
浴缸（大号）	1200×700×450	
马桶	（720~720）×（360~400）	前方留≥450mm的活动空间，左右留≥300mm的活动空间
净身盆	560×380×410	尺寸略小于马桶
洗脸盆	约550×400	距地高度760mm，前方留≥450mm的活动空间

在浴缸选择时要注意浴缸有无裙边，无裙边浴缸安装后还需要在其外侧贴装饰瓷砖或石材，同时要注意左裙边还是右裙边的选择。浴缸按材质分为亚克力、钢板、铸铁等几种。铸铁浴缸的质地最理想，钢板浴缸又分为沙林浴缸和普林斯

顿浴缸。浴缸缸底还要注意有无防滑圈。普林斯顿浴缸外部包有一层复合材料，水流冲击不会产生很大的响声。高档套房卫生间可选择冲浪按摩浴缸。洁具的选择配置还需要考虑节能环保和尺寸大小，如节水马桶等。

卫生间墙面、地面根据酒店档次选用地砖或石材，电源配置110V/220V电源插座。照明采用局部照明，但要保证足够的照明亮度，通常安装镜前灯、防水筒灯、淋浴灯等。盥洗台上需设置吹风机和化妆放大镜等设备供宾客使用。

3. 客房区域施工质量管理

客房卫生间的装饰施工分为前期、中期、后期三个阶段。这三个阶段分别是：

①装饰施工前阶段：施工交底与现场检测→基层的改造与修整→水、电线管的安装→墙地面防水→防水层保护。

②装饰施工中阶段：墙面装饰（镶贴墙砖、石）→吊顶→地面装饰（铺设地砖、石）→门、门套安装。

③装饰施工后阶段：洁具的选择与安装→安装灯具、插座→安装镜子等五金配件。

前阶段工作以检测、修整和防护为主，属于基础的阶段；中期是饰面，属于装饰的阶段；后期是点缀，属于配饰的阶段。装饰前阶段各工序的工作重点。

（1）施工交底与现场检测

施工图是施工的依据，施工管理人员必须认真研究施工图纸，充分理解设计者的意图。在实际施工前，还应该邀请设计师和组织施工人员到现场对客房卫生间进行一次施工交底与现场检测，由设计师对明细进行说明。例如，各种器、洁具是如何选型的，墙、地面装饰如何搭配，砖与砖之间如何拼角或留缝等；现场施工管理人员也应该对施工工人进行一个技术交底，明确要求的质量标准，例如墙、地砖铺设的平整度、垂直度要求；工人师傅也可以根据自己的施工经验，提出能否达到设计师设计意图的意见以及现场施工的困难等。现场检测要解决几个问题：

1）现场实际尺寸是否与图纸相符，高度能否做到设计要求的尺寸。

2）是否需要新做土建项目，如壁龛、浴缸基座等。

3）卫生间的墙体是否达到平整度、垂直度的要求，阴阳角是否有偏差等。

4）土建预留的排污管孔是否与装饰相符。

①设计图上摆设浴缸、地漏、坐便器、洗脸盆以及小便斗等的地方是否都留好了预留孔。

②查看浴缸、坐便器、洗手盘摆放后，三者的排污管预留孔之间的位置和

朝向是否正确。一般坐便器孔中心左右两侧都要预留有 750mm 以上的空位。洗手台前要有 900mm 以上的活动空间，客人才会使用得舒服；而浴缸摆放有头、尾之分，排水管预留孔应开在离浴缸排水口最近的位置，排水才会顺畅；洗手盘下水的安装口一般通过不锈钢玻纹管引向地面排水，如果地面预留口的位置严重偏离洗手盘的安装位置，以后进行下水连接时不锈钢排水管就会妨碍排水的通畅。

③根据坐便器的选型检查排污管孔尺寸是否偏移。坐便器的安装一般是贴墙，最大间距不要超过 20mm。排污管预留洞的位置准确，是坐便器安装合适的关键。

通常坐便器预留孔的墙距（所谓的墙距是指座厕下水中心线距完成墙面的距离）是 250mm、300mm、400mm，设计师确定好尺寸后，就可以计算坐便器排污孔中心的墙距是否正确了。例如，选定孔距是 300mm 的坐便器，在批灰墙面平整度和垂直度达到要求的情况下，未贴墙砖前土建预留孔的中心位置离批灰墙的距离应该是"300mm + 水泥砂浆粘结层厚度 + 砖厚"；如果批灰墙面垂直度、平整度不够理想，未贴砖前土建预留孔的中心位置离墙尺寸，应该是"300mm + 批灰修整层厚度 + 水泥砂浆粘结层厚度 + 砖厚"。

④门洞的预留位置是否影响浴缸、洗手盆的安装；检查门洞大小尺寸是否一致，星级酒店的卫生间门，大小尺寸应该是统一的。如果不符合要求，则必须修改门洞。

（2）基层的改造与修整

现场检测完毕后，可以安排工人对卫生间不符合要求的项目进行土建改造。

①修整卫生间的角度。除卫生间的造型是专门的圆弧形、扇形设计之外，五星级酒店的卫生间都要把四面墙体的角度修整，做到墙、地面对缝镶贴。

②修整墙面的平整度和垂直度。

③修整柱角的大小尺寸。星级酒店卫生间的镶贴工艺，应该避免出现小块补砖现象。如果墙砖 300mm 宽，而柱宽 310mm，要补 10mm 的砖就会很难看。应该根据要镶贴墙砖的宽幅，或者拆改柱子，或者将柱宽加大成 4/3 柱宽，或加厚里墙从而变相削减柱宽。

④控制地面标高。客房卫生间地面应该比室内低 10～20mm，而地砖（石）镶贴前，还要经过地面找平层、防水层、防水面保护层、水泥砂浆结合层的施工，每一层都有其施工厚度规范的要求。

⑤修整排污排水管预留孔。个别位置不准确的孔洞应使用水钻开孔，严禁

随意剔凿。

⑥支模、堵洞。堵洞用的模板可采用木模板或定型底模。支模后用水冲洗孔洞，先用表面处理剂（如 EC-1 界面处理剂）涂满预留洞口四周，再分两次灌缝。

第一次先把止水圈提起，用加微膨胀剂的半干硬性细石混凝土灌入并捣实，混凝土应比楼板混凝土提高一个强度等级，其厚度为楼板厚度的 1/2。第二次落下止水圈，用与第一次相同的混凝土填缝，使其与楼板齐平。填缝混凝土要及时养护，达到一定强度后（一般 5 天）进行管道根部 24 小时蓄水试验，合格后再做找平层。

⑦及时做好找平层施工。为使找平层和基层结合牢固，应将基层的浮灰、油污等处理干净，找平层施工时应边扫素水泥浆边抹灰，卫生间周围墙角处抹成 $r=30mm$ 的圆弧，管道周围留凹槽内嵌油膏。分两次抹压、压平，找平层要及时养护，以防找平层开裂、空鼓或起砂。

（3）水、电线管的预埋与防护

1）给水管路。卫生间管路的暗埋敷设属于隐蔽工程，采用埋墙式施工，一旦出现水管渗漏和爆裂，将带来严重的后果。

因此，水管的选择和安装成了装修中一个必须重视的问题。客房的管路应选用安全、耐老化、符合卫生间饮用标准的管材，如 PPR 管等。安装应区分冷水管、热水管、饮用水管。

客房的管道安装尽量统一高度和走向，做到横平竖直、铺设牢固，坡度符合要求。为了减少隐患，管路的安装应尽量减少接头。角阀（水龙头）或花洒接口出墙高度控制在比贴砖完成面低 10mm（过凹，须加内芽接头接出来，导致不易安装；过凸，花洒安装后不贴墙面）。

管路安装好后，须有书面文字向其他队组进行管路走向及位置的施工交底，禁止在管路敷设位置打孔、打钻，以免因打穿管路出现漏水而返工。竣工后，管路安装的交底资料也应该向业主移交。

2）电器线路安装与防护。电器线路根据配套电器数量和安装位置进行调整。由于有强电弱电之分，线路敷设不能穿在同一根线管，电话线和电视线应穿在有屏蔽功能的薄壁钢管内，强电弱电的插座面板位置间隔 500mm 以上。

由于使用了大量的电器设备，应设等电位联结。通过局部等电位联结端子板（箱），将下列部分连通：各种金属管道、结构件（包括混凝土楼板中的钢筋）、金属浴缸、金属毛巾架、用电设备外壳等。接线色彩要统一（即黄绿相间的导线），联结线的敷设要铜导线穿管暗敷。等电位联结完毕要进行测试。电器线路安装后，管线位置及走向要进行施工交底。

（4）防水

星级酒店的防水会委托专业公司施工（如果是由专业防水或土建单位施工的，完毕后，不论是否有蓄水试验报告，作为后续施工单位都需要重做蓄水试验复查，有碰损处或新凿槽埋管处一定要重做防水处理，之后再做蓄水试验），防水的防护重点：

①背面贴墙纸木饰面的墙壁、地面接缝、管根处、给水排水管暗敷处、门槛处等均为问题多发处。

②墙面防水高度要足够。通常，墙面要做30cm高的防水处理，但是非承重的轻体墙，就要将整面墙做防水，至少做到1.8m高；与淋浴位置邻近的墙面防水也要做到1.8m高；若使用浴缸，与浴缸相邻的墙面防水涂料的高度也要高于浴缸的上沿。

③墙内水管凹槽也要做防水。铺设水、电管线前开凿的凹槽一律做大于管径的凹槽，槽内抹灰圆滑，然后凹槽内刷聚氨酯防水涂料。

④防水层施工注意。待找平层完全干透后，将找平层彻底清扫干净。应先在管根、地漏、四周墙根周围涂刷一道涂膜附加层内加玻璃丝布，管道周围直径为300mm，墙角处沿墙高和楼板水平方向各150mm。相邻两层涂膜涂刷方向应相互垂直，时间间隔根据环境温度和涂膜固化程度控制。防水层厚度要符合设计要求。

⑤如需更换卫生间原有地砖，将原有地砖凿去后，要先用水泥砂浆将地面找平，再做防水处理，这样可以避免防水涂料因厚薄不均造成渗漏。在做防水之前，要将地面清理干净，用聚氨酯防水涂料反复涂刷2～3遍。

⑥为了防止水从门槛处渗入客房，门槛处防水要注意：卫生间地面贴砖时分两步，镶贴至门口处时暂停，预留门口的一排地砖不贴，在确定好门槛高度后，先将门槛石底部用水泥砂浆做好垫层，待水泥砂浆垫层干后，在此位置再做一次防水处理，使新防水层与原防水层连成一片，形成"桶形"结构。防水层干后镶贴门边地砖，再用素水泥浆贴门槛石，门槛石与地砖交接处打防霉变的密封胶。

⑦二次试水。卫生间内防水层完工后应做24h蓄水试验，蓄水深度30～50mm，合格后办理隐蔽工程验收手续。卫生间内防水层上的饰面层完工后应做第二次24h蓄水试验（要求同上），以最终无渗漏为合格，合格后方可办理验收手续。

对于轻质墙体防水施工的验收,应采取淋水试验,即使用花洒让水在做好防水涂料的墙面上自上而下不间断地进行喷淋 3min,4h 以后观察墙体的另一侧是否出现渗透现象,如果无渗透现象出现即可认为墙面防水施工合格。

⑧进行聚氨酯防水处理之前,先在防水层快干时撒粗砂,以增加之后贴砖的粘合力,以防之后的墙砖镶贴出现空鼓现象。

⑨蓄水试验合格后要及时进行保护层施工,以防人为破坏。防水层上的保护层要一次成活。施工时要做好成品保护,防止破坏防水层。保护层向地漏坡度不小于 3%。

第 6 章　高星级商务酒店项目竣工阶段

6.1 竣工阶段组织模式

高星级酒店项目竣工阶段是工程建设的一个主要阶段，主要包括验收、结算的审查、竣工资料的管理、配合决算、移交及维护期的管理工作，是全面检验工程建设是否符合设计要求和施工质量的重要环节，也是检查全过程工程咨询项目各参与方合同执行情况的重要环节，同时也是全面考核投资效益、检验设计和施工质量的重要环节，竣工阶段是五星级酒店项目投资成果转入生产或使用的标志。竣工阶段的管理需要梳理各参与方之间的工作关系，明确各参与方的职责，规范竣工阶段各项工作的操作流程。

通过梳理国内 20 个省市颁布的全过程工程咨询项目管理办法中竣工阶段主要参与方的工作职责，可知，竣工阶段的参与主体主要包括使用单位、委托方、全过程工程咨询机构、施工单位、监理单位、造价咨询单位以及相关政府部门等，各单位与政府相关部门之间的组织关系如图 6-1 所示。

6.2 竣工阶段工作内容

项目竣工阶段参与验收等工作的主体工作涉及的主体众多，参与方工作职责不尽相同，但各省市五星级酒店管理办法对五星级酒店单位工作职责的规定基本一致，主要包括以下几个方面：

（1）与委托方共同组织工程竣工验收、备案及交付使用；

（2）负责组织将项目工程档案及有关技术资料整理汇编及移交，并将工程向使用单位办理移交手续，向行政主管部门及委托方报送项目五星级酒店总结报告；

（3）在项目移交前，督促施工单位签订维护服务协议，负责工程维护期管理；

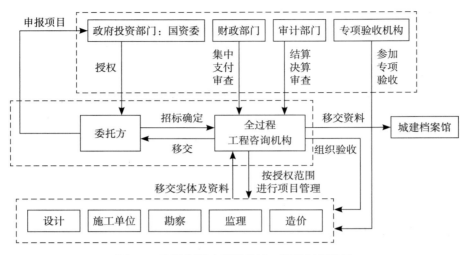

图 6-1 高星级酒店项目的竣工管理组织关系

（4）负责组织竣工结算，对结算书进行初审，向相关单位报送；
（5）配合委托方完成工程决算工作；
（6）负责竣工验收完成前的建设和养护管理，并办理相关手续。

各单位与政府相关部门之间各参与方的工作职责，如表 6-1 所示。

竣工管理项目各参与方工作职责一览表　　　　表 6-1

序号	工作任务	业主		施工单位	监理单位	勘察设计单位	造价咨询单位	政府相关职能部门
		委托方	全过程工程咨询机构					
1	组织设备、系统的调试和验收		参与	负责	参与		参与	
2	组织预验收	参与	参与	参与	负责	参与	参与	
3	报送竣工验收申请报告	参与	参与	编制	审核			
4	组织专项验收	参与	负责	参与	参与	参与		审批
4.1	电梯验收	参与	负责	参与	参与			审批
4.2	环保验收	参与	负责	参与	参与			审批
4.3	质监验收	参与	负责	参与	参与			审批
4.4	消防竣工验收	参与	负责	参与	参与			审批
4.5	防雷竣工验收	参与	负责	参与	参与			审批
4.6	卫生防疫竣工验收	参与	负责	参与	参与			审批
4.7	人防验收等	参与	负责	参与	参与			审批
5	单位工程验收	参与	负责	参与	参与	参与		审批

续表

序号	工作任务	业主 委托方	业主 全过程工程咨询机构	施工单位	监理单位	勘察设计单位	造价咨询单位	政府相关职能部门
6	竣工验收	参与	负责	参与	参与	参与		审批
7	竣工结算	确认	参与	编制	参与		审核	审批
8	规划竣工验收	参与	负责	参与	参与	参与		审批
9	办理竣工验收备案	参与	负责	配合	配合		配合	备案
10	编写项目使用维护手册	接收	负责	参与	参与	参与		
11	专业人员培训	参与	组织负责	参与	参与			
12	工程档案移交	接收	负责	参与	参与	参与	参与	接收
13	项目移交	接收	负责	参与	参与	参与	参与	
14	维护后期工作		参与	参与	负责	参与	配合	

注：政府相关责任部门为建设行政主管部门、消防部门、规划部门、气象部门、卫生部门、安检部门、环保部门、人防部门、水务部门、市政档案管理等部门。

全过程工程咨询机构在本阶段主要以工程资料整理、竣工验收、竣工结算为主。一方面需要整理和收集从决策、设计、发承包、实施等阶段中形成的过程文件、图纸、批复等资料，同时，协助投资人完成竣工验收、结算、移交等工作；另一方面，把经过检验合格的建设项目及工程资料完整移交给运营人进入运营阶段。

竣工阶段完成后，项目建设过程基本结束，各方集合对项目组织竣工验收并收集竣工资料。公司以此为基础进行项目结算或项目决算审核。竣工验收合格后，项目进入维护期，全过程咨询机构在监管协调下进行五星级酒店项目移交工作。

依据《建设工程项目管理规范》GB/T 50326—2017，项目竣工管理包括竣工收尾、竣工验收、竣工结算、竣工决算、维护运营及管理考核评价等。在此基础上公司将建设项目竣工管理的内容概括为竣工验收、竣工结算、竣工资料管理、竣工移交、竣工决算、维护期管理等工作。

依据《建设工程项目管理规范》GB/T 50326—2017，《海绵城市建设技术指南——低影响开发雨水系统构建》中五星级酒店项目竣工管理包括项目竣工收尾、项目竣工验收、项目竣工结算、项目竣工决算以及项目回访维护。在此基础上公司将五星级酒店全过程工程咨询项目竣工管理的内容概括为竣工验收、竣工结算、竣工资料管理、配合决算、移交及维护期的管理工作，具体工作内容如图6-2所示。

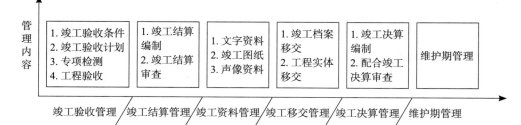

图 6-2 高星级酒店项目竣工管理的工作内容

6.2.1 高星级酒店项目竣工验收管理

全过程工程咨询机构对本项目的竣工验收是资产转入生产的标志，是全面考核和检查建设工程是否符合设计要求和工程质量的重要环节。该阶段五星级酒店项目的验收主要包括验收的程序、验收的依据、条件以及验收组织管理。

6.2.2 高星级酒店项目竣工结算管理

项目竣工验收条件具备后，施工单位应按合同约定和工程价款结算的规定，及时编制并向工程单位递交项目竣工结算报告及完整地结算资料，工程单位组织监理单位、造价咨询单位进行结算审查，同时，应配合委托单位完成政府审计工作。

6.2.3 高星级酒店项目竣工资料管理

全过程工程咨询单位应督促监理单位、施工单位建立健全竣工资料管理制度，注意在施工过程中及时完成各类资料的签署、收集、归档工作，制定竣工资料形成、收集、整理、交接、立卷、归档的管理程序，实行"科学收集、定向移交、统一归口、按时交接"的原则，保证竣工资料的完整、准确、系统和规范，便于存取和检索。

6.2.4 高星级酒店项目竣工移交管理

全过程工程咨询机构对高星级酒店项目竣工移交包括竣工档案和项目实体移交两大部分。其中项目档案资料是指在整个建设项目从酝酿、决策到建成投产（使用）的全过程中形成的、应当归档保存的文件，包括基本建设项目的提出、调研、可行性研究、评估、决策、计划、勘测、设计、施工、调试、生产准备、竣工、试生产（使用）等活动中形成的文字材料、图纸、图表、计算材料、声像材料等形式与载体的文件材料，在项目实施过程中，应注意相关资料的存档工作，验收通过后，及时整理、建档、立卷等，确保竣工档案的按时移交。项目实体移交包括建设项目实体，配套的通用设备和专用设备等，施工单位应履约按时移交工程成品，并建立交接记录，完善交工手续。

6.2.5 高星级酒店项目竣工决算管理

项目竣工决算应协助委托方编制的项目从筹建到竣工投产全过程的全部实际支出费用的经济文件。竣工决算综合反映竣工项目建设成果和财务情况，是竣工验收报告的重要组成部分，按国家有关规定所有新建、扩建、改建的项目竣工后都要编制竣工决算。全过程工程咨询单位协助委托方编制决算报告，同时应配合其完成政府的决算审计工作。

6.2.6 高星级酒店项目工程维护期管理

《中华人民共和国建筑法》《建设工程质量管理条例》中对于不同工程的维护期限做了具体规定，施工单位在规定期限内必须履行相应的责任和义务，维护期满后需要使用单位自行管理，一般委托专业的质保单位和物业管理公司共同对项目进行专业维护和日常维护管理。